RAYONNEMENT...

Comptant près de 760 km de frontières (dont 450 km avec l'Allemagne), la région Grand Est a facilement le regard qui la porte au loin. Avec quatre pays voisins directs (l'Allemagne, donc, la Belgique, le Luxembourg et la Suisse), elle est habituée à partager les dynamiques. La moitié des frontaliers français (les résidents qui travaillent dans un pays voisin) habitent dans le Grand Est. Une région certes plurielle, mais qui a surtout l'Europe au cœur et la vit quotidiennement. Depuis le 1er janvier 2021 et pour une durée de deux ans, elle a assuré la présidence de ce qui a été un peu pompeusement et sans beaucoup d'originalité baptisé la Grande Région, un espace transfrontalier regroupant près de 12 millions d'habitants sur 5 pays. Cultivant ainsi les synergies dans les domaines les plus variés : économie, emploi, formation, culture, tourisme, environnement...

Sans jamais perdre ce qui constitue une identité unique. Avec quelque 50 000 exploitations, les filières agricoles, viticoles et forestières sont les principaux moteurs de l'économie du territoire. Faisant de la région l'un des principaux exportateurs français de produits agroalimentaires. Avec notamment près de 20 000 vignerons (80% en Champagne, 20% en Alsace), pour 49 616 ha de vignes, qui œuvrent chaque jour au rayonnement de 59 AOP ou AOC. Car c'est bien d'éclat ou de prestige qu'il s'agit : de défendre, de diffuser, de transmettre, puis aussi d'assurer une transition responsable (zéro herbicide visé pour les 3 vignobles d'ici à 2025) des savoir-(bien) faire. De faire que cette situation unique, tant d'un point de vue géographique que politique, oblige et soit un véritable facteur porteur d'excellence. De faire de cette situation le meilleur des atouts pour faire éclore, circuler et cohabiter toutes ces énergies.

Des énergies qu'il faut valoriser en leur apportant un soutien constant et éclairé. C'est bien ce que nous faisons chez Gault&Millau car c'est là notre mission première : dénicher des talents et les mettre en avant, révéler de nouvelles forces et les promouvoir, repérer ceux qui inventent la gastronomie de demain et poser sur eux nos regards d'experts résolument neutres et impartiaux, objectifs mais bienveillants, passionnés, bien sûr, mais inflexibles.

Et laissez-vous porter, vous, au fil de ces pages, par la richesse de ces terroirs et territoires, de ces regards et talents, de ces gestes et élans qui tendent tous vers l'excellence.

STÉPHANE BRÉHIER
DIRECTEUR DE LA RÉDACTION

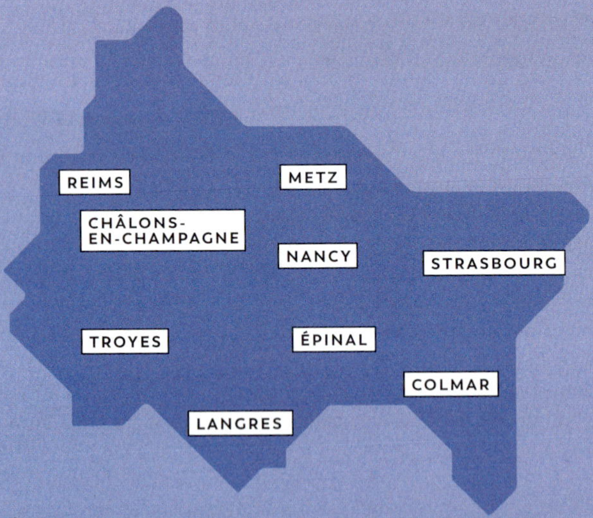

GRAND EST

5 549 586 hab.
en Grand Est, soit 8,5% de la population en France métropolitaine

57 430 km²
soit 10,5% de la surface métropolitaine, 9e région en termes de superficie

760 km
de frontières. La région est frontalière avec 4 pays (Belgique, Luxembourg, Allemagne et Suisse)

10,4 Mds €
le PIB lié au tourisme de la région en 2020

6
pôles de compétitivité

10
départements,
39 arrondissements,
200 cantons,
5 121 communes, 3 métropoles (Strasbourg, Nancy et Metz)

2e
région exportatrice, après l'Île-de-France

1re
région œnotouristique, elle rassemble près de 20 000 vignerons et 59 AOP/AOC

826 hôtels
dont vingt 5-étoiles

8
sites classés par l'Unesco

SOMMAIRE

SAVEURS LOCALES

LE KIRSCH

Comme l'Alsace est également terre des eaux-de-vie, et particulièrement de fruits, le kirsch (cerise, en alsacien) tient une grande part de sa production. Il est aussi souvent l'une des vedettes des grands noms de la région, tels Metté, à Ribeauvillé, Nusbaumer, à Steige, ou encore Massenez, à Dieffenbach-au-Val. Élaboré à partir de cerises noires, par distillation des jus, pulpe et noyau, le kirsch alsacien est la plus ancienne des eaux-de-vie régionales.

LE BOUDIN BLANC DE RETHEL

Recette emblématique de ce bourg des Ardennes proche de la frontière belge, le boudin blanc de Rethel affiche quatre siècles d'existence. À l'origine, un charcutier local, ancien officier de Louis XIII, fit figure de pionnier en utilisant exclusivement de la viande de porc, une pratique aujourd'hui assez répandue chez de nombreux spécialistes. Le boudin blanc de Rethel peut être truffé à la saison de la savoureuse mélano, et une foire au boudin blanc se déroule chaque année au printemps à Rethel.

LE PRESSKOPF

Presskopf, ou tête pressée, ou encore fromage de tête dans d'autres régions, cette charcuterie alsacienne vérifie l'adage que « tout est bon dans le cochon ». Dans les winstubs, c'est une entrée incontournable, et un véritable test pour connaître la fiabilité du lieu. La tête est cuite entière, avec les oreilles et la langue, l'assaisonnement du bouillon et sa composition (légumes, bouquet garni) étant bien sûr primordiaux. Certains ajoutent les pieds de porc, d'autres mouillent avec du vin blanc, et chacun en Alsace a ses petits secrets.

TÊTES D'AFFICHE

GUY-PIERRE BAUMANN
CHEF

Un parcours professionnel, une carrière de cuisinier, ne se résume bien sûr pas à une recette. Pourtant, le nom de Guy-Pierre Baumann reste attaché à une création qui a traversé les décennies, tout simplement parce qu'elle a transporté la tradition régionale dans l'ère moderne : la choucroute de la mer.

Né dans le Sundgau, du côté de Sierentz, Guy-Pierre a été élevé à la sauce carpe frite et autres plats typiques. Très tôt, il intègre Le Chambard de Kaysersberg comme apprenti, puis décroche son CAP de cuisinier à l'école hôtelière de Strasbourg. Mais il voit déjà plus loin et plus grand. Il décide alors de « monter » à Paris pour découvrir le monde, et les portes s'ouvrent vite : le Ritz, Maxim's, avant de se lancer dans sa première aventure personnelle, à 26 ans, en créant Le Baumann, la première des « brasseries Baumann » à Paris. Un jeune journaliste nommé Christian Millau le prend d'affection, lui conseillant d'adapter les plats emblématiques de sa région, en les allégeant et en les modernisant. La sérendipité fait le reste : un commis lui apporte un poisson à la place de la viande pour préparer une choucroute. Le chef y réfléchit longuement, invente une sauce façon beurre blanc dont il gardera toujours le secret et, dans la foulée, la fameuse « choucroute aux trois poissons », merlan, flétan, haddock, à savourer dans cet ordre. Au fil du temps, le saumon, plus noble et davantage apprécié, a souvent remplacé le merlan.

Rapidement, la recette devient « virale », dirions-nous aujourd'hui. Dans ces années 1980, le Tout-Paris vient goûter l'emblématique choucroute, les lieux pour la déguster se multiplient, aux Halles, aux Ternes, à l'Étoile et à l'Hôtel Napoléon, avenue de Friedland. Tout le monde adore l'Alsace de Baumann, et Gault&Millau parle d'un *« empire confortablement assis sur un lit de choucroute, dans une débauche de confits, de saucisses, d'oreilles de cochon, de queues de bœuf, de pintade et même de poisson et d'huîtres ».* Sans trop extrapoler, on peut dire que Baumann a renforcé durablement l'idée de la brasserie parisienne qui sert dans un même espace les fruits de mer et la choucroute.

En 1987, lors d'un passage dans ses terres natales, on lui propose un monument, la Maison Kammerzell, à Strasbourg. D'un côté, une institution, de l'autre, une image de l'Alsace alors réputée dans le monde entier. Tout fait sens pour le mariage. La célèbre demeure Renaissance au pied de la cathédrale prend un tournant en devenant la table de l'hôte Baumann. Durant vingt-deux belles années, elle rayonnera dans l'univers touristique, et des milliers de voyageurs viendront se régaler et célébrer l'Alsace chez l'empereur de la choucroute.

Guy-Pierre Baumann nous a quittés au début du mois de septembre de cette année 2022. Bien plus qu'une recette, une empreinte et une conviction, c'est un message qu'il nous laisse : chaque terroir, par sa richesse et son histoire, mérite qu'on le fasse vivre et progresser. Avec un peu d'imagination, un peu de talent, et beaucoup de travail.

ÉMILE ERCKMANN & ALEXANDRE CHATRIAN ÉCRIVAINS

Nés au début du XIXe siècle dans l'actuelle Moselle, les deux écrivains, réunis en un tandem prolifique sous le pseudonyme Erckmann-Chatrian, font figure, à travers leur fameux héros Fritz, de porte-étendard du bon vivre à l'alsacienne.

Pour de nombreux Alsaciens, *L'Ami Fritz* (publié en 1864) est le symbole de la tradition régionale, l'épicurien qui ne saurait se passer d'un moment heureux en dînant avec ses compagnons. Car il y a dans ce roman, certes un peu angéliste, les deux dimensions de la table, telle qu'on la conçoit et telle qu'on l'aime : la bonne chère, mais aussi la bonne compagnie pour la partager. Comme le disait Jean Carmet, l'important, pour un plat ou pour un vin, ce n'est pas de savoir avec quoi on le goûte, mais avec qui.

Le bon vivant Fritz Kobus a reçu une excellente éducation. Durant des années, sa servante Katel, « *la meilleure cuisinière de Hunebourg, lui servit toujours les morceaux qu'il aimait le plus, apprêtés de la façon qu'il voulait : il eut toujours la meilleure choucroute, le meilleur jambon, les meilleures andouillettes et le meilleur vin du pays* ». Fritz boit cinq chopes d'affilée à sa brasserie favorite et profite ainsi de la vie, tandis que son ami David, le rabbin, lui conseille de se marier.

Comme par hasard, c'est lors d'un banquet entre amis que l'événement se produit. « *Est-il rien de plus agréable en ce bas monde que de s'asseoir avec trois ou quatre vieux camarades devant une table bien servie, dans l'antique salle à manger de ses pères ; et là, de s'attacher gravement la serviette au menton, de plonger la cuiller dans une bonne soupe aux queues d'écrevisses qui embaume, et de passer les assiettes en disant "Goûtez-moi ça, vous m'en donnerez des nouvelles !"* » Après avoir pris « *le grand couteau à manche de corne pour découper des tranches de gigot fondantes ou la truelle d'argent pour diviser tout du long avec délicatesse un magnifique brochet à la gelée* », après la cinquième ou sixième bouteille, alors que « *la chose devient tout à fait réjouissante et que le paradis, le vrai paradis, est sur la terre* », c'est là qu'apparaît une jeune fille, Suzel, qui apporte des œufs et du beurre frais... L'histoire d'amour, compliquée, mais emplie d'eau de rose, peut alors commencer, jusqu'au mariage final.

Ce roman plein de bons sentiments réunit de façon œcuménique toutes les professions de foi, celle de la table étant la plus rassembleuse. C'est aussi une œuvre qui donne de l'appétit, puisque de nombreuses scènes sont consacrées aux repas.

Erckmann et Chatrian se partageaient la tâche pour écrire, relire, amender, améliorer. Ils ont produit ensemble moult contes, fables et récits historiques ou fantastiques. Durant plus de quarante ans, leur association a fourni une image idyllique, joyeuse et bon enfant de la région et, s'ils passeraient aujourd'hui pour des réactionnaires de la plus belle eau, on ne peut vraiment en vouloir à ceux qui décrivent ainsi leurs héros : « *Voilà des gaillards qui se portent bien et qui viennent de bien dîner.* »

THIERRY SCHWARTZ
CHEF

Il représente aussi bien la tradition alsacienne du bien-vivre que l'avenir et la modernité. Installé depuis vingt ans à Obernai, Thierry Schwartz incarne en visionnaire cette harmonie si recherchée avec la nature et tous ses artisans, ceux qui travaillent la terre et créent un lien durable. Lorsqu'il reprend la winstub Au Bœuf Rouge pour y apposer son nom, Thierry Schwartz a déjà un bagage solide et les idées bien en place. Après un apprentissage au Valentin Sorg, à Strasbourg, dont il est originaire, il passe trois ans à Paris chez Joël Robuchon. Il y côtoie d'autres pointures, comme Frédéric Anton, Benoît Guichard et Olivier Bellin. À son retour en Alsace, tout est prêt dans sa tête, mais tout est à construire. Patiemment, au fil du temps, il noue des relations de confiance avec un réseau de plus en plus solide. *« On a tissé une toile. Aujourd'hui, je collabore avec 60 artisans, dans tous les domaines. »*

Car la vérité, sa vérité, s'exprime au quotidien : un travail minutieux et prolifique pour valoriser la production régionale dans une cuisine aussi ancrée dans la tradition que personnelle et progressiste. *« Parler de terroir, parfois, ça fait un peu rétrograde. En réalité, le renouveau est bien là : on est en train de construire un avenir écologique et humain, mais également économique. »* Avec Le Restaurant, puis La Boulangerie, Thierry Schwartz continue d'avancer. En pensant que, un jour, son fils Oscar, actuellement chez Troisgros, pourrait bien le rejoindre…

Thierry Schwartz – 16/20

35, rue de Sélestat (Le Restaurant) et 7, rue du Marché (La Boulangerie) – 67210 Obernai

CAROLE ECKERT ET LUCAS ENGEL
SOMMELIÈRE & CHEF

« La patronne, c'est moi », me répond Carole Eckert en souriant quand je m'enquiers de la distribution des rôles dans le restaurant. Elle le dit sans vanité, sans rouler des mécaniques. Dans cet ancien atelier de menuiserie transformé en auberge forestière à l'écart du village, tout et chacun est en effet à sa place, dans le naturel et la fluidité. Gault&Millau écrit cette année : *« Enfin un restaurant moderne ! Qui ne prend ses clients ni pour des enfants, ni pour des ignares, ni pour des gogos. Bref, un ovni. »* Car il s'agit bien de cela : derrière la cuisine ouverte, Lucas Engel est cuisinier avant d'être chef comme Carole Eckert est sommelière et au service de ses visiteurs avant d'être « patronne ».

Enfin, c'est une histoire collective que chaque participant a envie de voir grandir. Carole avait appris aux Strasbourgeois ce que peut être un bistrot moderne au délicieux Comptoir à Manger, une aventure menée durant trois ans avec Bérangère Pelissard. Son expertise, sa passion pour le vin de vigneron s'allie à la précision et à la même exigence pour la qualité du produit chez Lucas, chef à la tête bien faite qui fut second à l'Auberge Frankenbourg de Sébastien Buecher. Carole Eckert, formée auprès du chef alsacien Nicolas Scheidt, réalise ici une forme d'aboutissement, associant les meilleurs produits, le bon vin et une convivialité qui n'est pas une simple mise en scène de restaurant.

Enfin – 15/20

2, chemin du Château-d'Andlau – 67140 Barr – T. 03 69 61 37 30

MARC HAEBERLIN
L'Auberge de l'Ill

OLIVIER NASTI
La Table d'Olivier Nasti

ARNAUD LALLEMENT
L'Assiette Champenoise

PHILIPPE MILLE
Le Parc Les Crayères

LOÏC VILLEMIN
Toya

JEAN-LUC BRENDEL
La Table du Gourmet

PAUL STRADNER
La Villa René Lalique

LES GRANDES TOQUES

TOQUE D'OR

Marc Haeberlin
L'Auberge de l'Ill
Illhaeusern, 68

5 TOQUES

Arnaud Lallement
L'Assiette Champenoise
Tinqueux, 51

Olivier Nasti
La Table d'Olivier Nasti
Kaysersberg, 68

4 TOQUES

Loïc Villemin
Toya
Faulquemont, 57

Philippe Mille
Le Parc Les Crayères
Reims, 51

Jean-Luc Brendel
La Table du Gourmet
Riquewihr, 68

Paul Stradner
La Villa René Lalique
Wingen-sur-Moder, 67

THIERRY SCHWARTZ
Thierry Schwartz, Le Restaurant

CHARLES COULOMBEAU
La Maison dans le Parc

JEANNE SATORI & DAVID DEGOURSY
De:Ja

JULIEN RAPHANEL
La Grande Georgette

CHRISTELLE ET CÉDRIC DECKERT
La Merise

GAULT&MILLAU TOUR GRAND EST 2023

GAULT&MILLAU D'OR

Thierry Schwartz
Thierry Schwartz, Le Restaurant
Obernai, 67

GRAND DE DEMAIN

Charles Coulombeau
La Maison dans le Parc
Nancy, 54

TECHNIQUES D'EXCELLENCE

Yves Kieffer
Restaurant Kasbür
Monswiller, 67

TRADITION D'AUJOURD'HUI

Fabrice Arnould
La Brasserie des Arts et Métiers
Metz, 57

JEUNE TALENT

Julien Raphanel
La Grande Georgette
Reims, 51

JEUNE TALENT EN SALLE

Sandie Ling
Au Gourmet
Drusenheim, 67

SOMMELIÈRE

Charlotte Leray
La Nouvelle Auberge
Wihr-au-Val, 68

PÂTISSIER

Guillaume Besson
Les Funambules
Strasbourg, 67

ACCUEIL

Christelle et Cédric Deckert
La Merise
Laubach, 67

CUISINE DE LA MER, DES LACS ET DES RIVIÈRES

Chatchai Klanklong
L'Orchidée
Altkirch, 68

TERROIR D'EXCEPTION

Jeanne Satori & David Degoursy
De:Ja
Strasbourg, 67

LA MAISON POLMARD BOUCHERIE

C'est l'un des noms les plus glorieux de la boucherie française et le fournisseur attitré des plus grandes tables. Pour un restaurateur, afficher à sa carte une viande de chez Polmard est gage de considération.

Six générations successives ont porté le nom de Polmard au rang de la noblesse carnée. Depuis la ferme familiale de Saint-Mihiel, au XIXe siècle, bourg agricole de la Meuse auquel la famille est restée fidèle, les progrès ont été accomplis dans la même démarche de sélection et d'expertise. Ce qui a amené la maison, à la fin du siècle précédent, à posséder son propre élevage. Les blondes d'Aquitaine y bénéficient des meilleurs soins, d'une vie au grand air et d'une alimentation spécifique. Après François, à l'initiative de l'activité, c'est aujourd'hui Alexandre qui mène l'entreprise avec dynamisme.

Depuis peu, Polmard est également présent en restauration : à la maison mère de Saint-Mihiel, au Beaupassage de Paris et à Nancy, où un projet de table gastronomique est en cours avec le chef Martin Debuiche.

Maison Polmard

9, place du Saulcy – 55300 Saint-Mihiel - T. 03 29 89 10 83

LES FRÈRES MARCHAND FROMAGER-AFFINEUR

L'un des titres de gloire des Frères Marchand est d'être présent dans le *Livre Guinness des records* : en 2016, l'établissement a réalisé le plus grand plateau de fromages du monde, avec 730 variétés au lait cru exposées simultanément. Chez Les Frères Marchand, le volume n'exclut pas l'excellence. L'histoire a commencé en 1880, et la marque compte aujourd'hui huit boutiques, dont quatre en Meurthe-et-Moselle, deux dans les Vosges, une à Metz et une à Lyon. Dans la région, ce maître fromager-affineur est devenu un label, non seulement de qualité, mais aussi de modernité. Fini l'image traditionnelle du fromage un peu fort et manquant de délicatesse. Les présentations, le caractère convivial de plats emblématiques, tels que la raclette, et les plateaux qui piochent dans toute la France apportent une touche actuelle.

À Nancy, on mange du fromage de chaque côté de la place Stanislas : à la boutique du marché couvert et au bout de la Grande-Rue, où la fromagerie est aussi un restaurant. Accueillant, moderne, il propose des formules pour le déjeuner et des dégustations qui montrent l'étendue du savoir-faire de la maison. Enfin, une boutique en ligne propose des fromages et préparations fromagères, mais aussi du beurre et de la charcuterie, ainsi que des terrines et confits.

Les Frères Marchand

99, Grande-Rue – 54000 Nancy - T. 03 83 32 85 94

Une passion peut toujours en cacher une autre... La preuve avec l'entrepreneur suisse Silvio Denz, propriétaire de prestigieux vignobles, président de Lalique Group (ex-Art & Fragrance), dédié à la création de parfums et de cosmétiques et, depuis 2008, de la marque Lalique. «*À l'époque, j'étais totalement investi dans l'univers des parfums, mais la société Lalique risquait de revenir à des compagnies chinoises ou indiennes. J'ai pensé qu'il était impossible de laisser partir un tel héritage. J'ai racheté la maison, avec ses 600 salariés.*» Silvio Denz s'attelle à redonner à la marque toute son aura. Il attire les meilleurs artisans d'art, développe des collaborations avec des créateurs renommés, comme l'architecte Zaha Hadid. Il décide aussi d'offrir une nouvelle vie à la villa historique du maître verrier, en la transformant en un hôtel – largement imaginé par l'architecte Mario Botta et les designers Lady Tina Green et Pietro Mingarelli.

Le coup d'essai est un coup de maître... La Villa René Lalique, membre Relais & Châteaux, est aujourd'hui auréolée de 5 étoiles et son restaurant gastronomique, emmené par le chef Paul Stradner, compte parmi les plus prisés de France. Certains se seraient satisfaits d'un tel succès. C'est méconnaître l'esprit d'entreprise de Silvio Denz, qui entend amplifier encore le rayonnement de la marque. Il vient ainsi d'acquérir l'hôtel Florhof, à Zurich, qui sera entièrement restauré avant d'entrer dans la collection.

Villa René Lalique

18, rue Bellevue - 67290 Wingen-sur-Moder - T. 03 88 71 98 98

VINCENT CHARLOT VIGNERON

Vous ne sortez pas indemne d'un passage chez Vincent Charlot. D'abord, il vous fait goûter tous ses vins, en barrique comme en amphore, par terroir et par cépage. Et ce n'est qu'après avoir constaté tant de différences d'expression que Vincent vous explique ce qui peut tenir en quelques mots : « *Mon but, c'est de donner vie à chaque sol. Ce qui s'y développera sera de qualité.* » Pour lui, la Champagne offre une variété de terroirs (sols et sous-sols, altitude, exposition, climat) et chacun, s'il est vivant, donnera une expression particulière pour chaque cépage. Son objectif est de garantir cette bonne expression. D'année en année, le résultat plaît plus ou moins, mais c'est la réalité d'un terroir qui est dans le verre.

Vincent Charlot est venu à la biodynamie par la phytothérapie. Après avoir assisté aux formations de Pierre Masson, le déclic est né de la perspective de soigner les plantes par les plantes et de favoriser l'équilibre des sols sans produits chimiques. En cave, pas de passage au froid, de chaptalisation ou d'acidification. Il intervient le moins possible et produit des champagnes à la fois puissants, vibrants, vivants et d'une grande longueur. Dans les années chaudes, on peut trouver un petit surcroît d'alcool, mais ses vins ont de la présence, du caractère et de l'énergie. Vincent Charlot consacre aujourd'hui beaucoup de temps à accompagner des domaines qui souhaitent sincèrement s'engager dans la biodynamie.

Domaine Vincent Charlot et Charlot-Tanneux

23, rue des Semons – 51530 Mardeuil – T. 03 26 51 93 92

BRUNO SCHLOEGEL VIGNERON

« Si on a confiance dans le vivant, dans les pieds de vigne, là, ça marche tout seul. » Loin des vignes taillées au cordeau où pas une branche ne dépasse ni une herbe ne pousse, les vignes de Bruno Schloegel relèvent davantage d'une terre sauvage. Pour permettre à la vie de s'équilibrer, le vigneron laisse faire : ni rognage, ni effeuillage, ni labourage, ni désherbage. Résultat, des dizaines d'espèces de plantes, des vignes qui font des ponts de feuille d'un rang sur l'autre en été, des centaines d'insectes et d'animaux qui parcourent les rangs. Une véritable jungle !

Les vins sont réalisés dans le même esprit, sans intrants, parcelle par parcelle, dans des foudres. Ils trouvent leur équilibre sans méthode préétablie. Le vigneron n'intervient pas. *« Si les raisins sont bons, tout se fait très bien tout seul. »* Cela semble d'une simplicité enfantine, mais c'est justement tout l'inverse. Car l'œuvre de la nature est d'une grande complexité. Il en résulte des vins très différents, avec des expressions, des acidités, des salinités et des amers très variables, mais qui, tous, vibrent intensément. Cette viticulture et ce travail en cave permettent de fournir quelque 40 000 bouteilles par an pour 9 hectares. Ce qui est bien inférieur aux rendements d'une production industrielle, mais pas du tout ridicule. *« Quand la vigne se plaît, elle fait du raisin. »* Un domaine à découvrir d'urgence.

Domaine Lissner

16, rue de Strasbourg – 67120 Wolxheim – T. 03 88 38 10 31

ESCAPADES GOURMANDES

ROUTE DES VINS

3 JOURS SUR LA ROUTE DES VINS

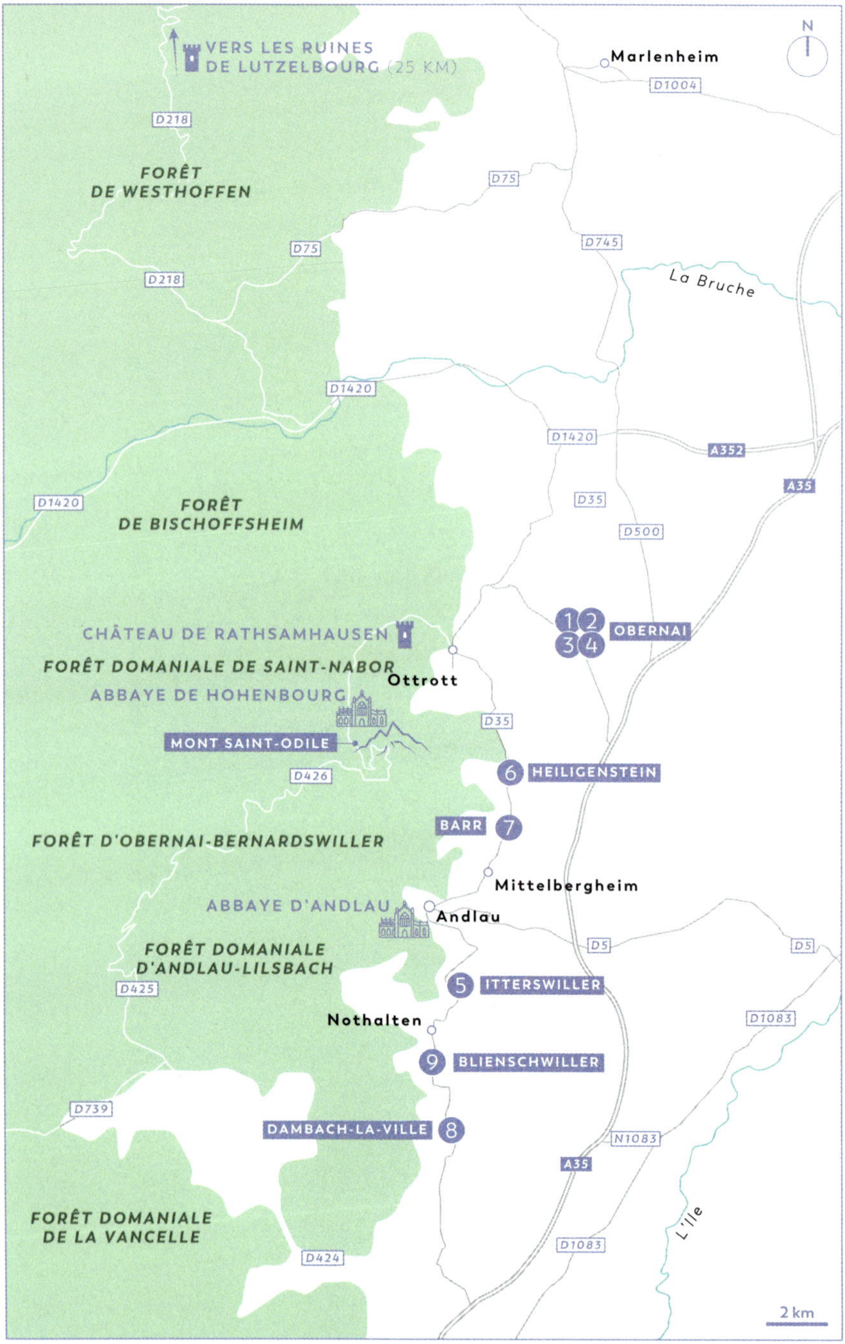
VERS LES RUINES
DE LUTZELBOURG (25 KM)
Marlenheim
D1004
D218
FORÊT
DE WESTHOFFEN
D75
D745
D75
D218
La Bruche
D1420
D1420
A352
A35
D1420
FORÊT
DE BISCHOFFSHEIM
D35
D500
1 2 3 4 OBERNAI
CHÂTEAU DE RATHSAMHAUSEN
FORÊT DOMANIALE DE SAINT-NABOR
Ottrott
ABBAYE DE HOHENBOURG
D35
MONT SAINT-ODILE
6 HEILIGENSTEIN
D426
BARR 7
FORÊT D'OBERNAI-BERNARDSWILLER
Mittelbergheim
ABBAYE D'ANDLAU
Andlau
D5
D5
FORÊT DOMANIALE
D'ANDLAU-LILSBACH
5 ITTERSWILLER
D425
D1083
Nothalten
9 BLIENSCHWILLER
D739
DAMBACH-LA-VILLE 8
N1083
A35
FORÊT DOMANIALE
DE LA VANCELLE
L'Ill
D1083
D424
2 km
N

3 JOURS SUR LA ROUTE DES VINS

Si la route des Vins d'Alsace commence officiellement à Marlenheim pour descendre vers le sud, la suivre à partir d'Obernai constitue une belle entrée en matière. Jusqu'à Dambach-la-Ville, cette portion offre ce qu'il faut en vignes, châteaux, winstubs et maisons à pans de bois pour saisir l'essence de ce mythique itinéraire.

Obernai, perle alsacienne, avec ses maisons colorées à colombages, est propice à une balade touristique et gourmande, disposant notamment d'un grand nombre de caves à visiter. Sa splendide halle aux blés datant du XVIe siècle, classée monument historique →

2

DORMIR

Le Parc Hôtel – 4 étoiles

169, route d'Ottrott – 67210 Obernai

Cet hôtel familial est l'une des grandes institutions alsaciennes, abritant 62 chambres et suites à la décoration traditionnelle avec boiseries anciennes, literies parfaites et tapis douillets. Le lieu propose également une authentique Stub et, depuis 2020, l'un des plus beaux spas de la région, voire de France.

JOUR 1

1

DÎNER – 16/20

La Fourchette des Ducs

6, rue de la Gare
Place Anne-Sophie Pic
67210 Obernai

C'est la maison voulue par Bugatti, c'est la maison de Lalique et de Spindler, c'est la maison d'Alsace par excellence. Cette excellence, dans le détail comme dans le fond, est portée avec un tel degré de professionnalisme par Nicolas Stamm et Serge Schaal qu'elle en est la suite naturelle, artistique et gastronomique.

JOUR 2

3

PANIER GOURMAND

La Cloche à Fromages

3, rue Dietrich
67210 Obernai

Une belle boutique qui présente un grand nombre de fromages régionaux et nationaux, un affinage très sûr par un grand professionnel. Également des plats préparés, des produits régionaux, de l'épicerie fine.

4

PAUSE DÉGUSTATION

Robert Blanck

167, route d'Ottrott
67210 Obernai

De beaux vins de tradition sur ce domaine sérieux aux mains de la même famille depuis près de quatre siècles. Toute la gamme alsacienne, y compris un très bon pinot noir rouge d'Ottrott, des vieilles vignes et des vendanges tardives de qualité.

5

DÉJEUNER – 11/20

Winstub Arnold

98, route des Vins
67140 Itterswiller

Le village est un bijou et cette winstub, une carte postale. Plus pittoresque, on ne saurait pas, alors bien sûr on joue le jeu jusqu'au bout en s'en tenant aux plaisirs classiques des flammekueches, presskopf, jarret, choucroutes.

→ depuis plus de cent ans, abrita d'anciennes boucheries avant de servir d'entrepôt. Elle fut entièrement restaurée après un incendie à la fin du XXe siècle et constitue l'un des plus remarquables édifices de la commune, avec l'hôtel de ville et la célèbre tour de la chapelle, le Kappelturm, sans compter les nombreuses demeures traditionnelles que l'on découvre au fil de la promenade, le long des ruelles pavées. Le panorama gastronomique très riche – deux grandes tables à 3 toques et de beaux commerces de bouche – fait d'Obernai le camp de base idéal.

À quelques kilomètres, on ne manquera pas Ottrott, un autre bijou aux maisons pittoresques vraiment bien tenues, connu également pour sa spécialité de pinot noir, le rouge d'Ottrott. De nombreux vestiges des environs méritent le détour, comme les ruines des châteaux de Lutzelbourg et de Rathsamhausen. Le village se trouve au pied du mont Sainte-Odile, un haut lieu de pèlerinage. L'abbaye de Hohenbourg, fondée par sainte Odile (née Odile de Hohenbourg), domine la région et accueille plus d'un million de visiteurs chaque année.

On poursuit vers Heiligenstein, une autre célèbre localité viticole, mais cette fois-ci pour un cépage assez rare sur ce territoire, le savagnin rose. Également appelé traviner ou klevener (à ne pas confondre avec le klevner, un pinot blanc), il déploie de subtiles notes fruitées et exotiques.

ABBAYE DE HOHENBOURG

6

PAUSE DÉGUSTATION

Domaine Heywang

7, rue Principale
67140 Heiligenstein

Un vigneron en bio qui vous permet de faire une belle visite de cave et de goûter le rare et délicieux klevener d'Heiligenstein, aux côtés des vins du terroir grand cru Kirchberg qui donne riesling, pinot gris et gewurztraminer.

7

DÎNER — 15/20

Enfin

2, chemin du Château-d'Andlau
67140 Barr

L'osmose complète dans un lieu beau, ouvert, rustique contemporain sous les poutres de cette ancienne menuiserie, entre Carole Eckert, animatrice idéale et sommelière experte à l'esprit ouvert, aimant tout ce qui est bon, Lucas Engel, le chef adroit et précis, et Léa, qui accueille et coanime la salle.

Juste à côté, Barr est un gros bourg agricole et viticole qui s'est bien développé grâce à sa foire aux vins centenaire. On y découvrira quelques beaux monuments religieux, dont l'église protestante Saint-Martin et le musée de la Folie Marco, consacré aux arts décoratifs.

La suite de cette route des vins est un chapelet de splendides villages, peut-être un peu moins connus que Ribeauvillé ou Riquewihr, mais qui possèdent le même charme et cette forte identité alsacienne. Andlau détient →

ENFIN

JOUR 3

8

PETIT CREUX

Pâtisserie Kamm

85, rue du Maréchal Foch
67650 Dambach-la-Ville

Mathieu Kamm, lauréat du trophée Pâtissier lors du Gault&Millau Tour en 2018, est l'un des grands noms de la pâtisserie alsacienne. Cadre et environnement très propices à la gourmandise.

9

DÉJEUNER – 12,5/20

Le Pressoir de Bacchus

50, route des Vins
67650 Blienschwiller

Sylvie Grucker a toujours la main adroite et les idées larges pour adapter le terroir à sa manière. Avec son fils Kevin, formé notamment à Frankenbourg et chez Nasti, elle avance en terrain sûr. Produits de saison arrangés avec talent, carte renouvelée avec imagination.

→ un passé historique important. Les seigneurs y établirent une dynastie dès le XIIe siècle, élevés au rang de barons, puis de comtes, au XVIIe siècle. La ville doit sa renommée à la fondation de l'abbaye, au IXe siècle. Elle connut un rayonnement planétaire, le pape Léon IX s'y arrêtant en 1049. À partir du XIIIe siècle, les abbesses successives ont pris le titre de princesses-abbesses. L'église abbatiale, classée monument historique depuis 1840, a été largement retouchée depuis sa construction médiévale, mais garde son superbe portail roman du XIIe siècle.

En grimpant légèrement, à 2 kilomètres, Mittelbergheim mérite bien de figurer parmi les plus beaux villages de France. Pittoresque, avec ses maisons alsaciennes parfaitement entretenues, c'est une commune qui sent la bonne chère et le bon vin, débordant de charme et d'authenticité. On poursuit dans la même veine avec Itterswiller, qui offre une magnifique vue sur le vignoble, avec ses demeures également fleuries et ses incontournables caveaux, avant de rejoindre Nothalten, Blienschwiller et Dambach-la-Ville.

Présentant la plus grande densité de vignerons de toute l'Alsace – quelque 60 maisons de vins sur la commune –, Dambach-la-Ville a elle aussi un long passé médiéval, comme en attestent les portes d'entrée et de sortie. À l'intérieur, on retrouve le même pittoresque que les villages voisins, en plus vaste, avec les maisons à pans de bois, pignons et oriels, le sentier viticole, la chapelle Saint-Sébastien et l'auberge de la Couronne sur la place centrale, inscrite aux monuments historiques depuis 1930.

PLACE STANISLAS

48 HEURES À NANCY

GRAINETERIE GENIN LOUIS, RUE SAINT-JEAN

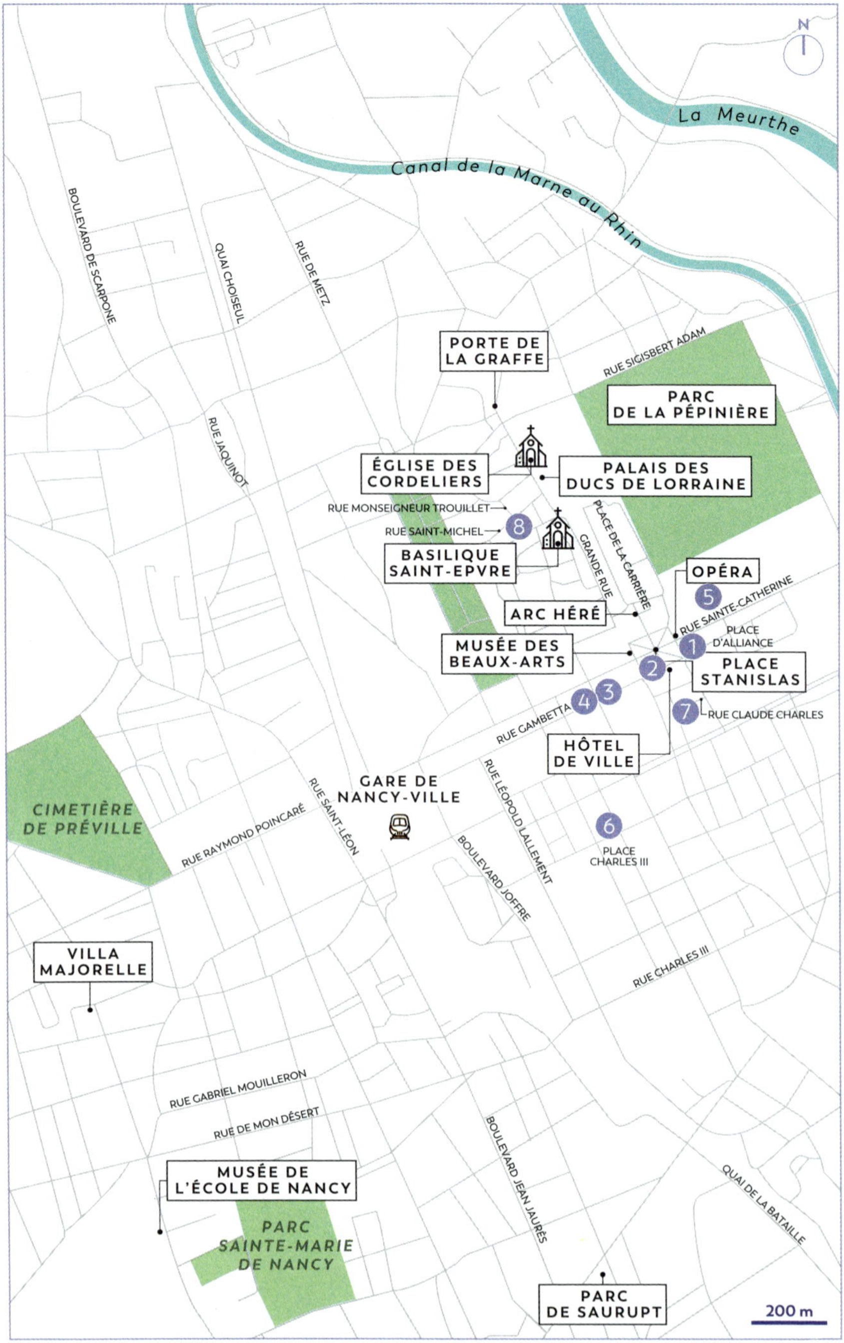
La Meurthe
Canal de la Marne au Rhin
BOULEVARD DE SCARPONE
QUAI CHOISEUL
RUE DE METZ
PORTE DE LA GRAFFE
RUE SIGISBERT ADAM
PARC DE LA PÉPINIÈRE
RUE JAQUINOT
ÉGLISE DES CORDELIERS
PALAIS DES DUCS DE LORRAINE
RUE MONSEIGNEUR TROUILLET
RUE SAINT-MICHEL
8
BASILIQUE SAINT-EPVRE
PLACE DE LA CARRIÈRE
GRANDE RUE
OPÉRA
5
RUE SAINTE-CATHERINE
ARC HÉRÉ
PLACE D'ALLIANCE
1
MUSÉE DES BEAUX-ARTS
2
PLACE STANISLAS
3
4
7
RUE CLAUDE CHARLES
RUE GAMBETTA
HÔTEL DE VILLE
CIMETIÈRE DE PRÉVILLE
GARE DE NANCY-VILLE
RUE SAINT-LÉON
RUE RAYMOND POINCARÉ
RUE LÉOPOLD LALLEMENT
6
PLACE CHARLES III
BOULEVARD JOFFRE
VILLA MAJORELLE
RUE CHARLES III
RUE GABRIEL MOUILLERON
RUE DE MON DÉSERT
MUSÉE DE L'ÉCOLE DE NANCY
PARC SAINTE-MARIE DE NANCY
BOULEVARD JEAN JAURÈS
QUAI DE LA BATAILLE
PARC DE SAURUPT
200 m

48 HEURES À NANCY

La chaleur des villes du Nord, la ferveur des cités du Sud... Nancy n'est pas comme les autres. Ses habitants le savent bien, eux qui vivent toute l'année au cœur d'une animation constante, qu'elle soit culturelle, artistique, sportive ou gastronomique. Ici, les architectures et les styles qui se croisent et s'entremêlent ont créé un cadre unique.

La place Stanislas, redevenue le cœur battant de la ville grâce aux travaux de rénovation réalisés pour son 250e anniversaire, est le point de départ idéal pour visiter Nancy. Depuis 2005, adieu bitume, grisaille et voitures. Un ancien pavé en poche contre un euro symbolique – les vieilles dalles de granit ont fait l'objet d'une vente –, et les locaux →

2

DORMIR

Grand Hôtel de la Reine – 5 étoiles

2, place Stanislas

Ce bijou d'architecture a longtemps été une école de musique. Réaménagé en hôtel, il offre le luxe rare de séjourner dans un édifice qui rend hommage au meilleur de l'art décoratif français avec boiseries et moulures anciennes. Plus contemporaines, les 51 chambres donnent sur la plus belle place d'Europe.

JOUR 1

1

DÎNER – 14/20

La Toq'

1, rue Monseigneur-Trouillet

Juste à côté de la basilique Saint-Epvre, Bertrand Heckmann tient l'une de ces tables auxquelles on se rend les yeux fermés, pour le cadre d'un goût raffiné et les assiettes gastronomiques imbattables.

JOUR 2

3

PANIER GOURMAND

La Maison des Sœurs Macarons

21, rue Gambetta

L'adorable boutique a conservé un esprit 1900, pour marquer le passage du temps avec beaucoup de poésie. Outre les macarons, on pourra se laisser tenter par les chocolats ou les spécialités à la bergamote.

4

DÉJEUNER – 12/20

Le 27 Gambetta

27, rue Gambetta

Dans un cadre élégant et intimiste, avec ses grandes fenêtres en arrondi, son intérieur bois et ses lignes contemporaines, cette table propose une cuisine de chef, dans la lignée d'un bistrot.

→ et touristes ont découvert un espace d'une blancheur éclatante, ceinturé de ses incontournables grilles en fer forgé. Voulue par Stanislas, roi de Pologne, duc de Lorraine et beau-père de Louis XV, la place fut érigée sous la houlette de l'architecte Emmanuel Héré en trois ans, entre 1752 et 1755.

La statue du souverain trône au centre, entourée de l'hôtel de ville et des autres pavillons princiers, également rénovés, qui hébergent l'opéra, le Grand Hôtel de la Reine (où nous vous conseillons de loger, bien sûr) et le Musée des beaux-arts. Ce dernier abrite une superbe collection Daum, la cristallerie locale, et accueille jusqu'au 19 mars 2023 l'exposition «Architectures impossibles». La place Stanislas, l'arc Héré, la place de la Carrière et la place d'Alliance forment un ensemble classé au patrimoine mondial de l'Unesco depuis 1983.

L'histoire de Nancy se révèle toutefois bien plus ancienne. Son passé médiéval resurgit dans le quartier Saint-Epvre, avec une basilique néogothique, un palais ducal Renaissance, l'église des Cordeliers, puis la porte de la Craffe, vestige des fortifications. Le quartier, à la fois historique et pittoresque, aux nombreux recoins, est très fréquenté par les étudiants des universités et établissements voisins.

LA MAISON DES SŒURS MACARONS

© DR

5

DÎNER – 15,5/20

La Maison dans le Parc

3, rue Sainte-Catherine

Charles Coulombeau se trouve de mieux en mieux dans cette maison à laquelle Françoise Mutel avait donné une classe à part et bouscule, dans l'impudence de sa jeunesse, la hiérarchie et la tradition nancéiennes. Peu de choix dans le beau menu à 78 €, mais tout est minutieusement pensé et réalisé avec talent.

LA MAISON DANS LE PARC

6

PETIT CREUX

Hulot

22, place Charles-III

Un espace entièrement redécoré pour ce pâtissier-chocolatier bien placé face au marché couvert. Il propose un grand choix de douceurs à tout moment de la journée, du petit déjeuner au tea time en passant par les propositions salées pour le déjeuner. Nombreuses variétés de thés et spécialités de desserts chocolatés.

La capitale de la Lorraine est aussi riche de son histoire moderne. La création de l'école de Nancy, berceau de l'Art nouveau, a fait de la commune un véritable chantier à ciel ouvert entre 1890 et 1914. Tous les bourgeois, commerçants et industriels voulaient alors une maison dans le style imaginé par Louis Majorelle et Émile Gallé. La ville en porte fièrement les traces aujourd'hui sur de nombreux édifices, qu'elles soient spectaculaires, comme au parc de Saurupt, où six villas – les seules construites sur un projet d'une centaine pour un quartier fantasmé de cité-jardin – témoignent d'une inventivité sans bornes, ou plus discrètes, avec ici ou là un vitrail ou des ferronneries sur la façade d'un bâtiment. *« L'art pour tous, et l'art dans tout »*, revendiquait le mouvement Art nouveau. Qui sait regarder verra donc partout ces éléments… →

MAISON JEAN PROUVÉ

JOUR 3

7

PAUSE DÉGUSTATION

Les Domaines de Nancy

2, rue Claude-Charles

Cette grande boutique promet une expérience caviste à la pointe de la modernité. Les sélections sont bien rangées et les conseils sont de bonne hauteur pour ne pas se perdre au milieu des vignes.

8

DÉJEUNER – 12,5/20

V'Four

10, rue Saint-Michel

Bruno Faonio et Michelle tiennent cette charmante table fuchsia, d'obédience bistronomique et actuelle. Le chef retravaille les produits phares de la cuisine française dans des alliances plus actuelles et créatives.

→ Le musée de l'École de Nancy et la villa Majorelle sont des incontournables. Cette dernière, rénovée en 2020, est un véritable manifeste, des meubles à l'architecture, en passant par les vitraux, la verrerie et la ferronnerie. À ne pas manquer non plus, les maisons Art déco, toujours autour du parc de Saurupt, ou celle de l'un des maîtres de l'architecture contemporaine, Jean Prouvé, qui y vécut jusqu'à la fin de sa vie. Bâtie en un été sur les hauteurs de la ville, cette construction moderne aux lignes affûtées est devenue iconique.

La ville de Nancy a d'ailleurs rendu hommage à cet enfant du pays – Jean Prouvé est né à Paris, mais est issu d'une famille nancéenne –, cofondateur de l'Union des artistes modernes, en lui dédiant l'imposant palais des congrès. Ce qui fut un centre de tri postal construit à la fin des années 1960, par Jacques André et Claude Prouvé (fils de... et gendre du premier) a été sauvé de la démolition et entièrement réhabilité. Un millefeuille architectural qui prouve, si besoin était, que Nancy a été, et est toujours, un terrain de jeux pour de nombreux architectes.

VINS
& VIGNOBLES

LE GRAND EST, UN TERROIR DE GRANDS BLANCS

La région Grand Est regroupe deux des plus beaux vignobles de grands vins blancs en France. L'Alsace, dont la production, issue de nombreux cépages, va des blancs secs aux superbes vins moelleux et liquoreux, offre une palette de saveurs intarissable. La Champagne, de son côté, produit les blancs à bulles les plus réputés au monde dont la variété d'expressions n'est peut-être pas encore assez connue.

CHAMPAGNE, MÊME SANS LES BULLES

Avant le XIXe siècle, la Champagne produisait uniquement des vins tranquilles, c'est-à-dire sans effervescence. De nombreux vignerons champenois reprennent cette tradition, produisent et commercialisent de nouveau des « coteaux-champenois » qu'on vous invite à découvrir d'urgence.

La Champagne

À seulement une heure de Paris commence le vignoble champenois : 33 000 hectares qui s'étirent en plusieurs zones distinctes. Le cœur se situe aux pieds des deux villes qui se disputent souvent la dénomination de capitale de la Champagne : Reims et Épernay. La montagne de Reims entoure la première dans son versant orienté nord et regarde la seconde dans son versant dirigé vers le sud. Les autres secteurs sont la vallée de la Marne, la côte des Blancs, la côte des Bar et, dans une moindre mesure, des terroirs comme le Sézannais, le massif de Saint-Thierry ou les coteaux Vitryats. La variété des expressions tient davantage aux récoltants-manipulants qu'aux grandes maisons, ces dernières assurant la reconnaissance et la stabilité exemplaire de la production.

L'Alsace

L'Alsace est connue pour avoir sans doute la plus belle route du vin de France avec de nombreux vignerons qui vous reçoivent au cœur de villages typiques. Mais elle est surtout l'une des régions de vins blancs les plus enthousiasmantes. Avec les cépages riesling, gewurztraminer, mais aussi pinot gris, pinot blanc, muscat et sylvaner, ce n'est pas moins de 6 cépages sur 7 qui sont blancs. Même le dernier, le pinot noir, souvent vinifié en rouge, peut produire un vin blanc (« blanc de noirs ») puisque son jus l'est en sortie de pressoir.

Les blancs d'Alsace

D'une variété quasi infinie d'expression en fonction des cépages et des sols, les blancs d'Alsace présentent un équilibre idoine entre finesse, ampleur et tension. Ce sont de remarquables vins pour la table et peu de plats ne trouvent pas un bon compagnon alsacien. Même les asperges trouvent chaussure à leur pied avec le muscat. Sauf indication contraire sur la bouteille, les vins blancs alsaciens sont secs. Dans les faits, il y a souvent une part plus ou moins importante de sucres résiduels. Mais l'Alsace produit également de superbes vins sucrés, qu'ils soient vendanges tardives (VT) ou en sélection de grains nobles (SGN), les raisins étant alors ramassés tardivement, en surmaturité ou botrytisés (gagnés par le botrytis, une pourriture noble). Ils sont alors complètement gorgés de sucres, mais conservent paradoxalement une acidité élevée qui permet de réaliser des vins divins. Si vous n'avez pas encore goûté, précipitez-vous !

LE VIGNOBLE DE STRASBOURG

Si la route des vins d'Alsace est mondialement connue pour ses paysages et ses villages viticoles, peu d'amateurs savent que Strasbourg, capitale européenne, en est la véritable porte d'entrée par le nord. À quelques kilomètres de sa cathédrale, la route des vins débute à Marlenheim. Avant même de rejoindre la route des vignobles, commencez par une visite, au cœur même de la ville, de la cave historique des hospices.

On considère que le vignoble « de Strasbourg » s'étire de Marlenheim au nord jusqu'à Molsheim au sud sur une dizaine de kilomètres. Mais s'il vous prend de prolonger l'aventure, vous pourrez aller de village en village sur la route des vins jusqu'à Thann et son fameux rangen.

De Marlenheim...

Charmant petit village viticole à vingt minutes de voiture de Strasbourg, Marlenheim propose de nombreuses balades et activités. Vous pourrez ainsi parcourir les « circuits de la Couronne d'Or » sur 5, 30 ou même 50 kilomètres. À la clé de cette balade dans les vignobles, des vues fantastiques sur Strasbourg et toute la plaine d'Alsace. Pour les amateurs de deux-roues, la voie cyclable vous permet de rejoindre les villages alentour. Vous pourrez également visiter plusieurs domaines comme celui « du Petit Poucet », qui propose des vins en conversion bio.

... entre les grands crus...

Prenez la route qui serpente entre les crus et qui passe par Wangen, Westhoffen (capitale des cerises) et Bergbieten pour rejoindre Molsheim. Vous passerez devant un grand cru, l'altenberg-de-bergbieten, dont les vins signés par des domaines comme Frédéric Mochel ou Roland Schmitt sont particulièrement savoureux. Vous pouvez également faire le détour vers Wolxheim et son grand cru.

LE SAVIEZ-VOUS ?

La plus ancienne route des vins de France est alsacienne : depuis 1953, cet itinéraire touristique et viticole traverse 119 communes sur 170 km de long. On y croise pas moins de 51 grands crus différents.

... jusqu'à Molsheim

Réputé pour accueillir le siège de la marque Bugatti, Molsheim offre une véritable diversité de visites. Le musée de la Chartreuse – fondation Bugatti ou la Metzig (ancienne grande boucherie) raviront les amateurs d'architecture. Pour le vin, prenez le sentier viticole du Bruderthal et arpentez ce grand cru célèbre sur 2 kilomètres. Après l'effort, le réconfort d'une dégustation commentée des vins du cru : vous pouvez sonner aux domaines Philippe Heitz, Henri Kaes ou Neumeyer.

ALSACE

HOSPICES DE STRASBOURG

L'hôpital de la ville possède depuis 1395 sa propre cave – comme en Bourgogne, à Beaune, Dijon ou Nuits-Saint-Georges. Les legs de vignes alimentèrent le domaine viticole de l'hôpital, aujourd'hui disparu. Depuis 1996, des vignerons engagés dans la sauvegarde de cette cave ont décidé d'élever une partie de leur production dans les foudres historiques. Le site de 1200 m² de caves voûtées se visite et cache un véritable trésor: le plus vieux vin du monde encore en tonneau depuis 1472. Inutile d'espérer le goûter lors de la visite, il n'a été servi que trois fois en cinq siècles… Vous pourrez en revanche acheter les vins élevés dans la cave.

Cave historique
1, place de l'Hôpital
67000 Strasbourg
T. 03 88 11 64 50

ARTHUR METZ

La maison Arthur Metz propose, au sein même du village, un caveau pour goûter les vins maison, mais également une école de formation à la dégustation qui fait partie d'un réseau national permettant de s'initier aux différents vins français. Localement, elle propose différentes formules : approfondissement sur les vins d'Alsace évidemment, mais également des dégustations plus étonnantes. Vous pourrez ainsi vous livrer à une « Murder Party » mêlant enquête policière et dégustation, des associations spécifiques entre vins d'Alsace et saveurs ibériques ou asiatiques, et même des associations spécifiques avec les fromages… fondus. À découvrir.

102, rue du Général-de-Gaulle
67520 Marlenheim
T. 03 88 59 28 69

DOMAINE NEUMEYER

Domaine familial de référence depuis quatre générations, le domaine Neumeyer cultive ses vignes en biodynamie sur les villages à l'entour de Molsheim, Mutzig et Avolsheim. Sur ces parcelles essentiellement de calcaire coquillier (appelé localement Muschelkalk), le domaine produit des crémants, des vins secs et des liquoreux de vendanges tardives. Les vins du grand cru bruderthal sont particulièrement admirables, alliant une ampleur assez sudiste et une salinité complexe. Le domaine vous reçoit sur rendez-vous uniquement. Pensez à appeler avant, mais la dégustation vaut le détour.

29, rue Ettore-Bugatti
67120 Molsheim
T. 03 88 38 12 45

SAVAGNIN ROSE

LA BIODYNAMIE À L'ÉCOUTE DE LA VIGNE

La biodynamie peut s'expliquer en la comparant aux autres modes de culture. La viticulture conventionnelle alimente la vigne avec des produits principalement chimiques. La culture raisonnée soigne la vigne, mais uniquement quand elle en a besoin, avec des traitements chimiques. La culture biologique consiste également à soigner la vigne quand elle en a besoin, mais avec des produits non chimiques. La biodynamie, elle, cherche à maximiser la vie et l'équilibre de la plante pour ne pas avoir à la soigner : une sorte de médecine chinoise préventive pour la plante. Avec certaines pratiques de dynamisation, les vignerons s'emploient donc à donner énergie et résistance aux plants de vignes.

DES ORIGINES À NOS JOURS

En 1924, le philosophe et scientifique autrichien Rudolf Steiner donne une série de conférences, « Les cours aux agriculteurs », considérés comme la première pierre de la biologie dynamique, devenue biodynamie. À sa suite, des chercheurs vont développer le mouvement, mais c'est au tournant du siècle que la biodynamie s'implante vraiment dans le vignoble. Aujourd'hui, environ 700 domaines sont certifiés.

Une fois en cave, les raisins issus de la biodynamie sont traités selon un cahier des charges spécifique, mais pas obligatoirement sans intrants. S'il est impossible de dire formellement que les vins en biodynamie sont meilleurs que les autres, il faut reconnaître que beaucoup d'excellents domaines ont opté pour cette culture. C'est particulièrement le cas pour l'Alsace et la Champagne.

En Alsace , révéler le terroir quel que soit le cépage

La biodynamie est une pratique particulièrement bien ancrée en Alsace, avec une centaine de domaines certifiés, notamment parmi les plus en vue. Ainsi, Zind-Humbrecht, Marcel Deiss ou Ostertag sont en culture biodynamique certifiée. L'enjeu, comme ailleurs, est d'avoir des sols vivants et des plants de vigne en pleine forme. Mais spécifiquement en Alsace, où les cépages sont nombreux, la biodynamie et sa philosophie de sols vivants visent à davantage exprimer le terroir à travers les différents cépages que le goût de chaque cépage lui-même. Avec une pluviométrie proche de celle de Montpellier et des étés très chauds, la lutte contre les maladies de la vigne se révèle moins marquée qu'en Champagne.

En Champagne, obtenir le bon mûrissement

Jusque dans les années 1980, pour la Champagne, région la plus septentrionale de France, l'enjeu était de parvenir à obtenir des raisins mûrs. Aujourd'hui, avec le réchauffement climatique, le raisin mûrit bien. Le sujet est plutôt de parvenir à obtenir la maturité phénolique (la richesse en tanin et en anthocyanes de la peau et des pépins) tout en maintenant les sucres en dessous des 11,5 degrés d'alcool. En effet, la champagnisation en bouteille tend à augmenter le taux d'alcool, alors que le champagne, vin d'apéritif par excellence, doit rester frais et peu alcoolisé. La biodynamie, en favorisant les équilibres vivants de la plante, contribue à faire mûrir le raisin sans trop accroître le taux de sucre et donc d'alcool. Autre enjeu primordial de la biodynamie, aider la plante à lutter contre les maladies qui sont nombreuses compte tenu de la pluviométrie importante de la région.

VINS D'ALSACE EN BIODYNAMIE

DOMAINE MANN VIGNOBLE DES 3 TERRES

Crémant-d'alsace

Brut nature

Assemblage d'auxerrois, de chardonnay et de pinot noir pour ce crémant parfaitement réalisé. Il s'ouvre sur des notes très fraîches de poire, d'agrumes et une très fine oxydation ménagée. En bouche, le vin se montre élégant, très aérien et cristallin. Beau crémant à ouvrir dès l'apéritif.

DOMAINE LÉON BOESCH

Riesling

2019

Très joli riesling doté d'un fruit mûr et puissant, finement rehaussé de notes pétrolées, qui délivre quelques notes de roses à l'aération. En bouche, le vin se montre à la fois rond, fin, digeste et net. Belle finesse agrumée en finale.

DOMAINE ALBERT MANN

Pinot noir

Clos de la Faille

2018

Joli nez de pinot fin doté de tout ce qu'on attend pour un tel vin : complexité et finesse. Le nez est dominé par des notes de cerises noires et de fleurs rouges d'une belle profondeur. La bouche est juteuse, précise, très nette, avec cette franche acidité et un tanin parfaitement poli. Très réussi. Avec des cœurs de canard gras au BBQ.

DOMAINE ÉTIENNE SIMONIS

Pinot blanc vieilles vignes

2019

Belle couleur claire pour ce pinot blanc au nez fin, droit, assez loin des caricatures variétales. Goûté frais, le vin se montre fruité et particulièrement franc. Beaux amers en finale pour ce vin qu'on aura plaisir à boire entre amis dès l'apéritif.

DOMAINE ÉMILE BEYER

Pinot gris

Lieu-dit Hohrain

2019

Très belle couleur dès l'ouverture pour ce cru qui offre un nez superbe, tout en finesse et élégance. Les notes de coing se fondent avec les agrumes et les fruits blancs. En bouche, le vin est somptueux, à la fois d'une belle acidité et d'une grande ampleur. Très belle longueur. On pourra l'ouvrir très largement sur des gambas flambées, un foie gras ou même un suprême de volaille. Coup de cœur.

DOMAINE BARMES-BUECHER

Sylvaner vieilles vignes

Rosenberg

2019

Très beau nez pour ce sylvaner très mûr aux notes de roses, de végétal noble et de fruits blancs. La bouche est ronde, gourmande et parfaitement équilibrée par de beaux amers très fins en finale. Un vin étonnant à déguster en priorité.

VINS D'ALSACE EN BIODYNAMIE

DOMAINE KUENTZ-BAS

Auxerrois

2018

Le nez s'ouvre sur l'ananas blanc, le pétale de rose et une pointe exotique pour cette cuvée très mûre. On retrouve en bouche ce côté solaire avec un fruit blanc presque compoté qui offre une sensation de sucre résiduel. Beau vin, classique, à associer avec une volaille au lait de coco et curcuma ou plus simplement sur un fromage de chèvre.

DOMAINE WEINBACH

Pinot gris

2019

Nez très fin, conjuguant notes citronnées et de mirabelle. En bouche, le vin se montre ample, généreux, parfaitement équilibré et d'une grande buvabilité. On est dans un équilibre tout alsacien, peut-être en légère retenue actuellement, mais d'une race profonde.

DOMAINE JOSMEYER

Pinot gris

Le Fromenteau

2017

Belle couleur dorée pour ce pinot gris que nous goûtons après 5 ans de cave dans le millésime 2017. Le nez est superbe d'équilibre. En bouche, l'attaque est franche, clairement fruitée et dotée d'une acidité structurante. Très long et savoureux, on l'ouvrira sur une araignée avec une mayonnaise pointe de raifort. Coup de cœur.

DOMAINE JEAN-BAPTISTE ADAM

Kaefferkopf

Le Grand K

2018

Assemblage à 70% de gewurztraminer et 30% de riesling pour cette cuvée au nez compoté. En bouche, le sucre domine, mais n'écrase jamais le vin. La finale fait ressortir le côté Zan/réglisse. Un vin peut-être pas très dans l'air du temps, mais d'un grand classique réconfortant. Dès l'apéritif.

DOMAINE VINCENT FLEITH

Muscat

2018

Superbe nez, complexe et frais à la fois, avec des notes de pamplemousse rose, de cédrat, de pêche de vigne et, à l'aération, des notes de litchi. La bouche est bien sèche, complète, englobante et longue. Belle finale aux nobles amers. Il sera idéal avec des asperges bien sûr.

DOMAINE BOTT-GEYL

Gewurztraminer

Sonnenglanz

2014

Superbe couleur or profond pour ce cru qui offre une complexité folle : le nez développe des notes de citron confit, de fleurs fanées, de litchi aussi. La bouche est un modèle d'équilibre : le sucre est présent certes, mais fondu et relancé par une acidité fine. Un vin qu'on a envie de goûter, mais surtout de boire. Superbe.

CHAMPAGNES EN BIODYNAMIE

CHAMPAGNE MARC AUGUSTIN

Brut

Feu

BSA

Issu de vieilles vignes, ce vin nous transmet de belles vibrations et se montre ciselé, léger, voire aérien en bouche, à l'opposé de la puissance que l'on pourrait attendre de vieilles vignes de pinot noir. Une cuvée rayonnante, flamboyante, à déguster pour elle-même ou accompagnée de crevettes légèrement épicées pour relancer la bouche.

CHAMPAGNE ROBERT BARBICHON

Extra-brut

Rosé de Saignée

BSA

Mais quel vin incroyable par sa couleur profonde, son fruité juteux et savoureux, et sa mâche pleine et goûteuse ! Cette mâche, que l'on n'est pas près d'oublier, remplit la bouche et donne la sensation de nous restaurer. Si vous aimez les rosés insipides, sans fond et sans âme, passez votre chemin. Ici, on parle de joie de vivre, de ripailles et de générosité. Alors, appelez les amis, la famille, et partagez ce magnifique vin coup de cœur.

CHAMPAGNE FRANÇOISE BEDEL

Brut

Origin'elle

BSA

Un pur meunier à la robe vieil or, aux bulles ciselées et au nez délicat de fruits jaunes confits, et légèrement fumé. Le toucher de bouche est magnifique, doté d'une patine saline et aqueuse très originale (d'où son nom). L'effet biodynamique joue à plein, procurant vibration, digestibilité, légèreté et appétence. Du grand art. Un des meilleurs meuniers de Champagne ! À savourer pour lui-même.

CHAMPAGNE BOURGEOIS-DIAZ

Brut nature

BD'3C

2014

Une composition des trois principaux cépages dominants pour cette cuvée au nez particulièrement expressif. En bouche, les notes boisées se mêlent à de beaux amers. Un champagne riche, massif et austère qui dévoile toute sa tension minérale lors de la dégustation et qu'on tentera d'accorder avec un pot-au-feu à l'os à moelle.

CHAMPAGNE CHARLOT-TANNEUX

Extra-brut

Les Meuniers de Moussy

2018

Très belle couleur finement rosée pour ce champagne issu des seuls pinots meuniers du village de Moussy. Le nez offre une aromatique gourmande de fruits blancs composés, de pêche de vigne et de prune. En bouche, le vin se montre très mûr, fort rond, avec des saveurs de liqueur et une délicieuse fraîcheur finale. Un champagne entier, plein et abouti.

CHAMPAGNE BENOÎT LAHAYE

Extra-brut

Blanc de noirs

BSA

Nez ouvert, marqué par la confiture de vieux garçon avec une dominante poire Beurré Hardy. Gourmandise assumée sur cette cuvée. La définition vient de la touche fraîche et anisée de badiane et de verveine en finale. Un dosage subtil et un champagne plus apéritif que le précédent. Une très belle cuvée précise et gourmande à la fois.

CHAMPAGNES EN BIODYNAMIE

CHAMPAGNE VINCENT COUCHE

Brut nature

Chloé

BSA

Nez envoûtant et grisant : la prune au sirop, l'amande amère, la verveine, mais aussi le chocolat au lait et l'albédo de pamplemousse jouent de concert. L'alliance entre de fines notes de rancio très gourmandes apportées par la solera et un environnement aérien, iodé, orienté par une bulle tonique, fait merveille. Une cuvée à la dimension gastronomique indéniable que l'on aime aussi pour elle-même !

CHAMPAGNE HUGUES GODMÉ

Brut nature

Blanc de noirs

BSA

Un blanc de noirs qui offre à la fois une belle structure et cette infusion de fruits propre au domaine. En bouche, on gagne encore en salinité et en longueur, ainsi qu'en rondeur. L'aspect eau de roche, tout en pureté, est superbe.

CHAMPAGNE DE SOUSA

Extra-brut

Cuvée des Caudalies

BSA

Le nez s'ouvre d'emblée avec race et panache sur des arômes de zeste de clémentine, d'herbe coupée, de cannelle, puis de bâton de réglisse. En bouche, le vin se révèle à la fois ample et percutant, avec juste ce qu'il faut de tension. Milieu de bouche remarquable avant de s'allonger en une finale saline et sapide, dotée de beaux amers. On l'ouvrira dès l'apéritif.

CHAMPAGNE ÉTIENNE SANDRIN

Extra-brut

À Travers Celles

BSA

Un assemblage de pinot noir complété de 20% de pinot blanc pour cette cuvée provenant de la vendange 2018 et issue de terroirs argilo-calcaires. Le nez s'exprime tout en finesse et senteurs florales. La bouche, caressante, arbore une minéralité désaltérante et se montre complexe, dotée de subtiles notes de poivre blanc. Superbe longueur en finale! À déguster à l'apéritif avec un gravlax de saumon.

CHAMPAGNE PIOLLOT

Brut nature

Colas Robin

2015

Très beau champagne. Le nez s'ouvre sur des notes de craie fraîche, cédrat, poire Williams et biscuit frais. Au palais, le vin propose une chair suave et pulpeuse, doté d'une finale complexe sur la mie de pain, la craie et le citron vert. On aura plaisir à l'ouvrir avec une terrine de hareng au wasabi.

CHAMPAGNE RODEZ

Extra-brut

Cuvée des Crayères

BSA

Le nez se montre très expressif avec de fines notes d'amande fraîche, de menthol et d'iode. En bouche, quelle délicatesse! Le vin se révèle caressant, velouté et en même temps propose une minéralité calcaire rafraîchissante qui appelle à se resservir sans fin. Un champagne qui réveille les papilles et invite au partage et à la convivialité. On l'apportera chez des amis pour un apéritif dînatoire chic.

CHAMPAGNES EN BIODYNAMIE

CHAMPAGNE FRANCK PASCAL

Brut nature

Reliance

BSA

Cette cuvée, réalisée à partir de pinot meunier, nous offre une robe dorée ambrée, un nez puissant sur des notes légèrement oxydatives. S'y mêlent les fruits secs avec une touche de végétal. La bouche, ample et généreuse, nous fait voyager sur des épices douces. À marier autour d'un gigot d'agneau de 7 heures et d'une tombée d'épinards à la crème d'Isigny.

CHAMPAGNE MARGUET

Brut nature

Shaman 18

BSA

Grosse dominante de pinot noir dans cette cuvée au nez aérien, élégant et floral qui fleure bon le « nature » au bon sens du terme : net, propre et profondément vivant. À l'aération se développe le côté brugnon et iris. La bouche est à l'avenant, vibrante, structurée sans être vineuse. Finale nette et précise.

CHAMPAGNE CHEVREUX-BOURNAZEL

Brut nature

La Capella

BSA

Superbe couleur pour cette cuvée vraisemblablement non décolorée qui se révèle d'une grande expression. Le nez oscille entre pâte de coing, épices douces, poire pochée et grain de café dans une belle complexité. En bouche, le vin se montre parfaitement sec et d'une belle fraîcheur, bien qu'élevé en fûts. Cette fraîcheur, qu'on retrouve en finale, donne envie de s'attabler. Très belle réussite.

LES 7 PRINCIPES DE GAULT&MILLAU

1

L'indépendance totale vis-à-vis des établissements.

2

Le recrutement d'enquêteurs exigeants, gourmets et gourmands.

3

L'anonymat des enquêteurs lors des évaluations.

4

La visite dans des conditions normales de fréquentation.

5

Le règlement des additions.

6

La mise à jour régulière par des évaluations continues.

7

La vérification de nos informations

08

ARDENNES

CARIGNAN 08110

La Gourmandière

14/20

19 avenue de Blagny - T. 03 24 22 20 99 - Menu(s) 40-90 €

Une bien belle table pas loin de la frontière belge tenue par la cheffe Nathalie Gérard qui officie en famille avec Thierry Gérard, sommelier et leur fils Maxence, maître chocolatier, en tant que chef pâtissier, qui possède désormais sa propre boutique en ville. Cet équipage de haut vol satisfait l'hôte de passage comme les nombreux habitués grâce au choix des produits, au classicisme assumé de recettes parfaitement maîtrisées et en tous points réussies. Des desserts magnifiques, une très belle carte des vins et un service actif et agréable.

PÂTISSIER

Maxence Pâtissier

19 avenue de Blagny - T. 06 01 29 41 21

Certains naissent dans les choux, les siens ressemblent à de gros gâteaux. Maxence Gérard, pâtissier de La Gourmandière, a ouvert en 2017 sa propre boutique à Carignan. C'est dans un environnement moderne et épuré que défilent ses premières créations, qui s'inscrivent dans le prolongement de ses compositions hôtelières.

CHARLEVILLE MÉZIÈRES 08000

La Table d'Arthur

12,5/20

11 rue Pierre Bérégovoy - T. 03 24 57 05 64 - Menu(s) 17-34 €

Une de ces tables aussi bien fréquentées des touristes que des locaux, qui en ont fait leur cantine de prédilection. La maison cossue est en retrait de la rue, pour une plus grande discrétion et un sentiment agréable d'entre-soi, idéal pour les repas d'affaires. Au choix et selon la météo, on pourra choisir entre la jolie terrasse sur cour, le rez-de-chaussée contemporain ou la cave voûtée en sous-sol, chic avec ses belles étagères de vins et sa pierre d'époque. Dans l'assiette, on se concentrera sur des standards de brasserie, d'une réalisation convaincante : cassolette d'œuf mi-cuit, jambon et tomme des Ardennes, orecchiette, crème de foie gras et sot-l'y-laisse, canard fumé, sole meunière, suprême de poulet et crème moutarde... Bon menu à 34 €.

CHARCUTIER

Maison Rossignol

5 rue du Petit Bois - T. 03 24 33 35 98

Le centre-ville de Charleville peut s'enorgueillir d'une boutique de choix en matière de charcuterie. Jambon bellota à la coupe, belles terrines maison, saucisses fumées, à griller, pâtés, saucissons secs... Du lundi au samedi, la patronne, d'une grande gentillesse, vous conseillera sur les plats cuisinés de saison et les menus traiteur, qui auront un grand succès lors de vos cérémonies.

TORRÉFACTEUR

Les Cafés Océ

6 rue Noël - T. 03 24 33 38 96

Amateur de café, au numéro 6 de la rue Noël, figure le seul et unique torréfacteur des Ardennes ! Et pas n'importe lequel. Quelque 42 variétés (dont 31 certifiées pure origine) sont torréfiées ici depuis 1952, sans colorants, ni conservateurs, ni arômes artificiels, selon des méthodes traditionnelles. La dégustation au comptoir est gratuite pour les clients qui souhaitent goûter avant d'acheter.

Membres de l'Académie Gault&Millau

Tables Exceptionnelles – 19/20 à 19,5/20

Tables de Prestige – 17/20 à 18,5/20

Tables Remarquables – 15/20 à 16,5/20

Tables de Chef – 13/20 à 14,5/20

Tables Gourmandes – 11/20 à 12,5/20

Tables Originales – 10/20 à 10,5/20

Brasserie-Restaurant Garden ice Café

DÉPAYSEMENT GARANTI

Grand voyageur, Azza Maziane, imagine et crée, en collaboration avec le Chef, de jolies et délicates assiettes en sélectionnant les pépites de chaque pays qu'il visite. Au menu, une large palette de gourmandises régionales, traditionnelles et du monde, servies à toute heure de la journée : boudin de Rethel à la bière*, cacasse à cul nu typique des Ardennes (pommes de terre, lard et oignons), salades ou *poke bowls* vegans, Tigre qui pleure d'Asie, wok au basilic Thaï, souris d'agneau confite au ras el hanout, duo de gambas et saint-jacques à la truffe, ceviche de saumon, Pavlova aux fruits rouges, planches de tapas à partager… On apprécie l'ambiance déco chic à l'intérieur et la très belle terrasse ombragée sur l'historique place Ducale.
Les + : Pour tous les goûts et toutes les bourses. Démarche écoresponsable.

7, place Ducale, 08000 CHARLEVILLE-MÉZIÈRES – Tél. : 03-24-35-02-99
Instagram et Facebook : gardenicecafecharleville

Au Palais Gourmand

SAVEURS D'ANTAN

Des pains, viennoiseries et pâtisseries sans additif ni conservateur tels qu'ils étaient fabriqués autrefois : voilà l'excellence proposée par Cyrielle et Benjamin Robert dans leur boutique. La bonne odeur du pain chaud cuit toute la journée vous attire immanquablement. Une excellente baguette, La Palaisienne, des pains spéciaux comme le Céréale noire au malt d'orge, le Campagne au seigle ou le Complet aux écorces de son sont les incontournables du Palais Gourmand. Les viennoiseries au pur beurre de Normandie sont fabriquées sur place à l'instar du chausson aux pommes à la compote maison, de même que le boudin brioché des Ardennes, le flan crémeux à la crème fraîche, les spécialités de pâte à choux ou encore les dix parfums de macarons. Les gourmandises sont ici sublimées.

45, rue de Sedan, 08160 FLIZE – Tél. : 03-24-29-12-26
Facebook : Au-palais-gourmand

*L'ABUS D'ALCOOL EST DANGEREUX POUR LA SANTÉ

DONCHERY 08350

HÔTEL

Domaine Château du Faucon - 4 étoiles

Rue de l'Atelier - T. 03 24 41 87 83 - à partir de : 173€

C'est l'un des grands châteaux de la région, propriété durant six générations d'industriels ardennais avant de revenir à la famille Robin, qui l'a transformé en hôtel 4 étoiles. La bâtisse XVIIe, qui n'a rien perdu de sa majesté, abrite désormais 34 chambres et suites, réparties entre la demeure principale et les dépendances. Parquets cirés, lourdes tentures et splendides échappées sur les 28 ha de parc arboré... toutes offrent un parfait mix de confort, de raffinement et de sérénité. Un lieu parfait pour l'organisation de séminaires (avec 750 m^2 de salles de conférences) ou un week-end en famille, puisque le château propose de multiples activités : centre de fitness, spa, practice de golf, balades à cheval... À découvrir avant de déguster la savoureuse cuisine du restaurant, qui fait la part belle aux produits locaux.

GIVET 08600

L'Auberge de la Tour

12,5/20

6 quai des Fours - T. 03 24 40 41 71 - Carte 71€ - Menu(s) 27-110€

Aux confins du pays, dans cette adorable vallée de la Meuse aux portes de la Belgique, Julien Ricail enchaîne les réussites, avec sa table d'inspiration gastronomique et son bistrot à côté (Giv' & Mouettes). Avec son épouse Élise, il tient une auberge raffinée et bien tenue, avec de beaux contrastes entre épure et ancien, de la grosse pierre et des murs bien lisses, un service impeccable et des beaux menus français. La formule à 70 € donne un bel aperçu des capacités, une entrée de coquille saint-jacques, cèpes, crème de coco et œuf 63°C, un dos de cabillaud, écrasé de pommes de terre à l'huile d'olive, un forestier filet de marcassin, airelles, potimarron et sauce poivrade, un baba au ratafia de champagne.

CAVISTE

Le Chai de Givet

5 ZAC route de Beauraing - T. 03 24 59 00 53

Aux confins du pays, tout près de la frontière, faites un stop pour apporter à vos amis belges quelques douceurs du pays. En particulier les fromages de chez Olivier, que vous trouverez en bonne place, à accompagner d'un vin bien choisi, ou pourquoi pas d'une bonne bière qui fera un alter ego de choix, notamment avec les fromages du Nord.

EARL Saint-Wast EN THIÉRACHE ARDENNAISE

Depuis 1959, la famille Toury exploite cette ferme où elle élève des vaches allaitantes. En 2015, des chèvres, nourries avec les céréales cultivées sur l'exploitation, sont venues rejoindre le cheptel et un atelier a été créé dans lequel de savoureux fromages frais de chèvre, affinés, tomes, chevrotins, yaourts et fromage blanc sont fabriqués. Vente à la ferme et sur les marchés de Charleville-Mézières, Launois-sur-Vence, Harcy, Rethel, Le Boulingrin et La Cassine.

19, rue Principale, 08150 LOGNY-BOGNY
Tél. : 06-70-56-16-91

Auberge du Port
UN HAVRE DE PAIX

En bordure de Meuse, cette propriété familiale a été transformée par Jean-François Robin et son épouse en un confortable hôtel-restaurant au cadre raffiné et contemporain. Le chef, Benjamin Clip, revisite une cuisine bistronomique inspirée des saisons et des pépites locales. Au menu, par exemple, une ballotine de volaille, un filet de dorade, un soufflé à l'orange...

Les + : 20 chambres fraîchement redécorées, un bar-lodge, des salons et deux terrasses. Privatisation possible.

Port de Bazeilles, 08450 REMILLY-AILLICOURT
Tél. : 03-24-27-13-89 – auberge@aubergeduport08.fr – www.aubergeduport08.fr

Hôtel Le Château Fort
QUATRE SIÈCLES D'HISTOIRE

52 chambres et suites tout confort et un restaurant gastronomique occupent une vaste partie de ce château médiéval. Aux fourneaux, le chef, Romaric Olivot, associe savamment les saveurs pour créer la surprise et vous faire découvrir une cuisine de saison : côte de veau grillée au poivre kampot ou rouget juste grillé et son tajine de légumes nouveaux enchanteront vos papilles.

Porte des Princes, 08200 SEDAN
Tél. : 03-24-26-11-00
www.hotel-lechateaufort.fr

> Bonne cuisine et bon vin,
> c'est le paradis sur terre...
> Henri IV (1553-1610)

MONTCY NOTRE DAME 08090

Auberge du Laminak 12/20

Rue de Nouzonville - T. 03 24 33 37 55 - Menu(s) 17-32€ Ⓟ

André Vaquero assure la liaison entre le Pays basque Laminaket les Ardennes, avec cette belle auberge en lisière de forêt, où ses origines viennent travailler le terroir local. Le chef et son épouse Florence, bien des Ardennes quant à elle, orchestrent une expérience joyeuse et généreuse, où l'on pourra retrouver les saint-jacques au lard noir de Bigorre, des langoustines aux cèpes des Ardennes et coulis de butternut, des poissons en bonne cuisson. Bonne saisonnalité.

RETHEL 08300

CHARCUTIER

Maison Demoizet

1 rue Taine - T. 03 24 38 42 05

On sait bien que, dans le cochon, tout est bon, mais ici vous êtes chez LE spécialiste du boudin blanc de Rethel, ce délicieux boudin à base de porc additionné de lait et d'œufs : chauffé simplement au gril, il est extra. La maison est, de manière générale, talentueuse et propose un rayon charcuterie de qualité (jambon à l'os, pâtés, pâtisseries charcutières...).

SEDAN 08200

HÔTEL

Hôtel Le Château Fort - 4 étoiles

Porte des Princes - T. 03 24 26 11 00 - à partir de : 89€

Au cœur de la vieille ville de Sedan, cet hôtel vaut d'abord pour le site extraordinaire où il a été aménagé - une magnifique forteresse du XVe siècle qui n'est autre que le plus vaste château fort d'Europe ! Restauré avec art, l'établissement abrite 52 chambres et suites qui mêlent confort contemporain (parfaites literies, vastes salles de bains) et atmosphère médiévale avec, pour certaines, des murs de pierre et des fresques rappelant les grandes heures des princes de Sedan, propriétaires historiques des lieux. Selon l'horaire, on optera pour le restaurant bistronomique Midi au Château ou la table La Principauté, où le chef Olivot régale chaque soir ses hôtes d'une cuisine locale revisitée, servie dans la salle historique et à la lueur des chandelles. Un lieu rare, tout proche de la somptueuse forêt des Ardennes et à deux pas de la frontière belge.

TOGES 08400

CAVISTE

Au Fin Dégustateur

29 rue de Belleville - T. 03 24 71 89 51

Dans ce village de 103 habitants, une cave aux centaines de références tient sa place depuis 2000. Grâce à une expérience et une connaissance aiguisée de près de quarante ans, la maison possède une solide réputation. Elle assure à son visiteur la certitude de repartir avec les bonnes bouteilles. On saluera la rigueur des sélections, avec des vins de propriétaire choisis sur place. L'endroit organise également des dégustations de groupe.

LES 10 COMMANDEMENTS DE GAULT&MILLAU

1

« Tu ne cuiras pas trop. »

2

« Tu utiliseras des produits frais et de qualité. »

3

« Tu allégeras ta carte. »

4

« Tu ne seras pas systématiquement moderniste. »

5

« Tu rechercheras cependant ce que t'apportent les nouvelles techniques. »

6

« Tu éviteras marinades, faisandages, fermentations, etc. »

7

« Tu élimineras les sauces riches. »

8

« Tu n'ignoreras pas la diététique. »

9

« Tu ne truqueras pas tes présentations. »

10

« Tu seras inventif. »

10

AUBE

BERCENAY EN OTHE 10190

PRIMEUR

La Ferme de l'Ancre

55 rue d'Estissac - T. 06 61 40 89 96

C'est le rassemblement du bio et du circuit court dans une ferme du pays d'Othe. Pain, fruits et légumes, œufs et produits laitiers. Les producteurs bio sont ici à la fête.

BRIENNE LE CHÂTEAU 10500

CHARCUTIER

Guilleminot Père et Fils

28-30 rue Jean Jaurès - T. 03 25 92 80 14

Une bonne équipe à votre service. Guilleminot tient un rayon boucher, charcutier, traiteur, épicerie fine à Brienne, et une deuxième boutique à Écrevolles. Cyril Guilleminot a été médaillé pour ses spécialités, qu'il met à disposition, comme le «Boudintella», une création de pâte à tartiner à la gelée sucrée et au champagne. Il est entouré d'une équipe solide attachée à une éthique : «Cuisiner les produits avec art, présenter les plats avec goût… assurer un service réactif.» Ce dont profite une clientèle tout aussi solide.

AOP, IGP ET AOC DES PRODUITS DU GRAND EST

Bergamotes de Nancy, boudin blanc de Rethel, chaource, choucroute d'Alsace, crème fraîche fluide d'Alsace, emmenthal français est-central, framboise d'Alsace, jambon sec des Ardennes, kirsch d'Alsace, langres, miel d'Alsace, miel de sapin des Vosges, mirabelle d'Alsace, mirabelle de Lorraine, munster, pâtes d'Alsace, quetsche d'Alsace, soumaintrain, volailles de la Champagne, volailles d'Alsace…

Saveurs d'Autrefois
DEPUIS 1973

De la boulangerie-pâtisserie historique créée par ses parents, Mickaël Hardy a dupliqué le modèle. Baguette Tradition ou Paysanne en fermentation longue, une dizaine de pains spéciaux chaque jour élevés sur levain côtoient des viennoiseries pur beurre dont les excellentes brioches aux pralines ou feuilletées, des pâtisseries déclinées selon les saisons de même qu'une jolie gamme de snacking. Labellisé « Boulanger de France », Mickaël fabrique tous ses mélanges, des pains aux fonds de tartelettes. Il utilise la farine du moulin voisin et les fruits et légumes des maraîchers locaux pour garantir une qualité maximale. De succulentes gourmandises pour tous les goûts !

4, place de la République, 10500 BRIENNE-LE-CHÂTEAU – Tél. : 03-25-92-81-06
www.boulangeriehardy.fr
39, boulevard Napoléon, 10500 BRIENNE-LE-CHÂTEAU – Tél. : 03-25-27-73-33
(espace dégustation)
16, avenue Paul Girard, 10500 DIENVILLE – Tél. : 03-25-92-24-60

> Dans les souvenirs d'enfance
> de chaque bon cuisinier
> se trouve une grande cuisine,
> une cuisinière en marche,
> un gâteau qui cuit et une maman.
>
> Barbara Costikyan (1928-2020)

CHAOURCE 10210

PRODUCTEUR

Fromagerie de Mussy

30 route de Maisons-lès-Chaource - T. 03 25 73 24 35

Une fromagerie artisanale qui propose du chaource AOP et des produits du terroir. Également d'autres fromages de la région et du vin.

COURSAN EN OTHE 10130

CONFITURIER

Comptoir des Confitures

5 hameau du Mareau - T. 03 25 76 58 04

Catherine Manoël, maître artisan confiturier, a trouvé un débouché inespéré avec une compagnie aérienne de jets privés, séduite par sa production adaptée à un public exigeant. Depuis, sa renommée a fait le tour du monde et ses petits pots aux contours luxueux fidélisent une clientèle internationale. Son titre valide une fabrication d'excellente qualité de près de 500 parfums. Les produits, cuits au chaudron, sont magnifiques : litchis, pétales de rose, chocolat travaillé en gelée, fine de champagne en gelée, rhubarbe-barbe à papa ou encore framboise-piment d'Espelette révèlent une imagination sans borne pour des amateurs sans retenue.

DOLANCOURT 10200

HÔTEL

Le Moulin du Landion - 3 étoiles

5 rue Saint-Léger - T. 03 25 27 92 17 - à partir de : 89€

Dolancourt... Cette commune d'une centaine d'habitants est fière d'abriter cette adresse pleine de charme, à deux pas de la forêt d'Orient, de la ville de Troyes et des villages traditionnels de Champagne. Soigneusement restauré, l'ancien moulin du village abrite désormais 16 chambres au confort contemporain avec de beaux volumes, des parquets cirés et de parfaites literies, le tout ouvrant sur la petite rivière du Landion. Une mention également pour le restaurant, le spa finlandais et la piscine extérieure, qui font de cet hôtel (membre du groupe Les Collectionneurs) une halte idéale pour se ressourcer avant de partir à la découverte de la région.

Tables Gourmandes – 11/20 à 12,5/20

EAUX PUISEAUX 10130

PRODUCTEUR

La Ferme d'Hotte

22 rue Largentier - T. 03 25 42 15 13

Une ferme en agriculture biologique. Cidre du pays d'Othe, jus de pomme, ratafia... Également de l'huile de colza et de cameline. Sur place, un petit musée du cidre.

ERVY LE CHÂTEL 10130

TRAITEUR

A et D Grados traiteur

2 bd Belgrand - T. 03 25 70 51 50

La façade de la maison Grados est assez humble, mais les plats traiteur qui y sont concoctés disent de grandes choses et régalent petites et vastes assemblées : rillettes de lapin chablis, saucisson marbré et autres charcuteries artisanales de qualité, millefeuille aux deux saumons, sandre aux écrevisses, pâté en croûte, longe de veau sauce champagne, palet sablé au caramel, palet pomme et pommeau de Normandie. Mais également cocktails, buffets et repas pour la partie traiteur.

MESNIL SAINT PÈRE 10140

Au Vieux Pressoir 13/20

5-7 rue du 28 Août 1944 - T. 03 25 41 27 16 - Carte 105 € - Menu(s) 58-118 €

La Maison Gublin propose une expérience haut de gamme sur les bords du lac d'Orient, avec son hôtel de charme, installé dans une vieille maison champenoise, et sa table gastronomique, bourgeoise et raffinée. Dans un écrin de vieilles pierres et de colombages, le chef Patrick Gublin travaille les produits nobles avec sérieux, qu'il décline dans des menus commençant à 58 €. Les dressages, étudiés, suivent une idée bien reproduite, un pressé de foie gras aux fruits rouges, un filet de bar et fenouil, une rosette d'agneau rosé, filet rosé au romarin, une sphère chocolat-fruits rouges. Belle cave, notamment en Champagne.

Carte

Addition moyenne d'un prix à la carte englobant le prix d'une entrée + plat + dessert

PONT SAINTE MARIE 10150

CHARCUTIER

Charcuterie Guilleminot

6 avenue des Tirverts - T. 03 25 46 75 80

Si, dans certaines localités, on peine à trouver de jeunes artisans capables de produire la qualité de leurs prédécesseurs, c'est loin d'être le cas à Écrevolles ! Cyril Guilleminot a su ajouter esthétisme et modernité à de solides bases techniques pour fabriquer d'excellentes charcuteries et des buffets traiteur à la fois beaux et savoureux. Jambon cuit maison, boudins, viandes bio et paniers fraîcheur sur commande.

LES 7 PRINCIPES DE GAULT&MILLAU

1

L'indépendance totale vis-à-vis des établissements.

2

Le recrutement d'enquêteurs exigeants, gourmets et gourmands.

3

L'anonymat des enquêteurs lors des évaluations.

4

La visite dans des conditions normales de fréquentation.

5

Le règlement des additions.

6

La mise à jour régulière par des évaluations continues.

7

La vérification de nos informations

Boucherie Saint-Laurent
AU CŒUR DE NOGENT-SUR-SEINE

Veau et agneau de Bourgogne-Franche-Comté, Limousine et Blonde d'Aquitaine pour le bœuf, volailles Label rouge, Aymeric Haricot sélectionne des viandes de qualité pour les vendre au détail ou les transformer en charcuterie – à l'instar des terrines et du boudin noir – ou en plats traiteur. Chaque jour, le boucher-charcutier-traiteur cuisine de nouvelles recettes de savoureux plats traditionnels qui font le bonheur de sa fidèle clientèle. **Le + :** Service traiteur pour groupes.

5, Grande Rue Saint-Laurent, 10400 NOGENT-SUR-SEINE – Tél. : 03-25-39-85-40
Facebook : Boucherie-Saint-Laurent

« C'est au cours d'un dîner copieux que la spiritualité de l'homme se manifeste avec le plus d'évidence.
Somerset Maugham (1874-1965) »

L'Accrobar LA VRAIE BRASSERIE FRANÇAISE

Au cœur du centre commercial à ciel ouvert Mac Arthur Glen, Alexis, Laurent et leurs équipes servent des mets concoctés maison. La carte est renouvelée chaque saison et des suggestions s'invitent tout au long de l'année. Leurs best-sellers sont l'emblématique andouillette de Troyes AAAAA, le burger de saison et un fabuleux dessert au citron. **Le + :** Terrasse couverte et terrasse extérieure aux beaux jours.

422, voie du Bois, 10150 PONT-SAINTE-MARIE – Tél. : 09-53-99-57-91

ROUILLY SACEY 10220

HÔTEL

Domaine de la Forêt d'Orient - 4 étoiles

5 route de Géraudot - T. 03 25 43 80 80 - à partir de : 149€

À 15 minutes du centre de Troyes, ce domaine est un refuge parfait pour un week-end mixant balades en Champagne, sport et bien-être. Le lieu propose en effet 76 chambres et suites spacieuses et dotées de tout le confort contemporain, mais également un spa de 400 m² avec hammam et salle de massage, une piscine couverte et un golf 18 trous. De quoi satisfaire tous les désirs avant que famille et amis ne se retrouvent dans la salle du restaurant Le Héron Cendré pour déguster une cuisine qui fait la part belle aux recettes régionales et aux produits locaux.

SAINTE SAVINE 10300

BOUCHER

Benoit et Amélie

37 avenue Gallieni - T. 07 81 14 24 86

Dans la boutique de Benoit & Amélie, vous trouverez quantité de trésors en provenance directe de leur ferme de Verricourt. La diversité des produits est le reflet d'une agriculture bio et logique, en quasi autarcie : alimentation animale et engrais bio pour les champs sont fabriqués sur l'exploitation. Légumes, céréales, volailles, agneaux, porcs, et même de la charcuterie maison.

CHARCUTIER

Charcuterie Thierry

73 avenue Gallieni - T. 03 25 79 08 74

Champion de l'andouillette de Troyes, dont il a hérité la recette de son père, fondateur de la boutique, Christophe Thierry la décline en plusieurs versions et s'occupe tout aussi sérieusement des autres parties gourmandes du cochon : andouille de campagne aux coteaux champenois, pied de cochon au cordon, gratin d'andouillette, jambon persillé, boudin...

TROYES 10000

Le Valentino 13,5/20

35 rue Paillot de Montabert - T. 03 25 73 14 14 - Menu(s) 32-62€

Il faut voir l'adorable terrasse du restaurant, sous les voiles, entre des murs à colombages colorés, sur un pavé d'époque où règne une atmosphère de charme et d'histoire. La salle, qui suit un même esprit, mêlant des lignes contemporaines et l'élégance d'une bâtisse du XVIIIe siècle, accueille la cuisine de Gilles André, bien dans l'air du temps. Le menu à 42 € est très complet, avec pas moins de 7 entrées et 6 plats, pour un choix exhaustif : tataki de thon rouge et artichaut barigoule, homard rafraîchi à la mangue, coriandre et combava, jeunes pousses, un filet d'omble chevalier, noisettes torréfiées, brocoli et citron vert, filet de bœuf, pommes de terre, cèpes poêlés, échalotes confites et réduction au vin rouge, un dessert de fruits rouges et pistache-vanille.

HÔTEL

La Maison de Rhodes - 5 étoiles

18 rue Linard Gonthier - T. 03 25 43 11 11 - à partir de : 299€

Au cœur de la ville de Troyes et à deux pas de la cathédrale Saint-Pierre-et-Saint-Paul, cette ancienne demeure templière a conservé intacte sa façade à colombages. Habilement restaurée, elle invite désormais ses hôtes à savourer le charme de ses 11 chambres et suites soigneusement décorées de tomettes et meubles anciens, charpentes apparentes et murs de pierre, comme une invitation à remonter le temps. Sauna suédois, salle de massage et piscine extérieure chauffée viennent compléter l'offre de cette maison, qui ouvre sur une cour pavée et un vaste jardin médiéval. À découvrir dès les premiers beaux jours pour le petit déjeuner ou un verre durant la journée, avant de rejoindre la salle du restaurant La Commanderie, où le chef René Hachez concocte une remarquable cuisine de terroir à base de produits locaux et bio. Un lieu raffiné et chaleureux, membre du groupe Les Collectionneurs.

CAVISTE

La Vinothèque de Troyes

42 avenue Anatole France - T. 03 25 45 84 95

La Vinothèque de Troyes adopte une démarche : celle de promouvoir avant tout sa région. Elle dénombre plus de 1000 étiquettes en vin et spiritueux. Spécialiste des whiskys et rhums du monde, on y retrouvera également des armagnacs depuis 1973 et des champagnes, dont elle vante les prix imbattables. Les crus de France sont largement représentés, à côté de plusieurs références de vins étrangers (entre autres, d'Italie, d'Afrique du Sud, des États-Unis). Le rayon épicerie fait la part belle aux produits régionaux : champignons au chaource de Cussangy, terrines de truites de l'Aube, paniers garnis, bières de microbrasseries locales.

ÉPICIER

Au Bec Fin

13 rue du Général de Gaulle - T. 03 25 73 16 53

Le Bec Fin, pour tous ceux qui ont de la gueule. Jean Mahu s'approvisionne de spécialités «qui en ont» ! Les jambons de Parme de 2 ans d'âge, désossés par ses soins, le porc noir de Bigorre pure race gasconne, les truffes fraîches du Vaucluse, les produits Fauchon, la terrine de grenouille au lard fumé ou d'escargot ail et tomates, le sel rose de l'Himalaya... la sélection du terroir est vaste et reflète le fin du fin. Parce que la coupe n'est jamais assez pleine, 1300 références de vins et alcools, et notamment un bel assortiment de whiskys, compléteront agréablement un repas de fête.

PÂTISSIER

Maison Caffet

2 rue de la Monnaie - T. 03 25 73 35 73

Pascal Caffet est bardé de récompenses, et son parcours est un sans-faute. Depuis le concours des meilleurs apprentis d'Europe en 1982, il a gravi les échelons, jusqu'à être nommé champion du monde des pâtissiers. Ses titres l'honorent et il honore ses titres par la transmission de son savoir-faire. À découvrir, les cœurs de guimauve. Autre adresse rue Claude-Huez.

POISSONNIER

Chez Pascal

Halles de l'Hôtel de Ville - T. 03 25 40 66 55

Figure emblématique des Halles, Pascal Vinot passe ses journées à distiller sa bonne humeur aux quatre coins du marché. Ses poissons sont d'une fraîcheur remarquable, tout comme les fruits de mer, que l'on s'empresse de déguster sur place, accoudé au comptoir des copains, avec un petit verre de blanc.

Carte

Addition moyenne d'un prix à la carte englobant le prix d'une entrée + plat + dessert

Menu(s)

Fourchette de prix mentionnant le menu le moins cher et le menu le plus cher proposant à la fois entrée, plat et dessert sans les boissons, qui n'exclut pas les prix intermédiaires

Le Bistrot de L'Hôtel de Ville

AU CŒUR DU BOUCHON DE CHAMPAGNE

Juste derrière la mairie de Troyes, l'adresse est recommandée pour une pause gourmande et conviviale. Tous les plats sont élaborés à base de produits frais. Le Chef propose une carte subtile en accord avec les saisons, relayée par des plats du jour en semaine et des suggestions diverses le week-end comme le homard bleu en trois temps, le tomahawk d'Angus ou encore le carré de porcelet rôti au sautoir. Vous ne pourrez pas ignorer non plus la carte des vins*, bien étoffée, destinée aux amateurs comme aux néophytes. Toute l'équipe est aux petits soins pour le visiteur qui franchit la porte de cet établissement. Deux formules : Bistrot et Plaisir. À tester absolument !

22, rue Claude Huez, 10000 TROYES – Tél. : 09-52-76-13-66 – bhvtroyes@gmail.com
Instagram : bhvtroyes – Facebook : bhvtroyes

« Le vrai gourmet est celui qui se délecte d'une tartine de beurre comme d'un homard grillé, si le beurre est fin et le pain bien pétri...

Sidonie-Gabrielle Colette (1873-1954) »

51

MARNE

AŸ CHAMPAGNE 51160

HÔTEL

Manoir Henri Giraud - 5 étoiles

83 boulevard Charles de Gaulle - T. 03 26 55 75 85 - à partir de : 540€

Idéalement situé entre Reims et Épernay, ce domaine n'est autre que celui des champagnes Henri Giraud, présents depuis le XVIIe siècle dans ces vignobles classés au patrimoine de l'Unesco. Les amateurs viennent ici pour une parfaite immersion dans cet univers : visite privée des vignes, dégustation d'une sélection de cuvées iconiques, découverte des alliances mets-champagnes à la Table Expérience, «craÿothérapie» (bains de craie) et massages dans le spa... Sans oublier le charme des 5 chambres d'hôtes aussi vastes que confortables avec leurs literies d'exception, leur mobilier aux lignes épurées, leurs grandes salles de bains et, pour certaines, de belles terrasses ouvrant sur les jardins et les vignes. Un lieu idéal pour une plongée au cœur des traditions et de la culture champenoises.

BOULANGER

Patrick Baillet

6 place Henri Martin - T. 03 26 55 44 26

Chez Patrick Baillet, c'est la ronde des pains : pavé aux figues, baguette aux lardons-gruyère, campagne aux noix... Mais comment résister aux préparations soignées d'un artisan si doué ? Le «Riviera», qui mixe les saveurs et textures de mousse nougat, crème abricot et feuilleté croustillant, le «Trianon», tout chocolat et pointe d'armagnac... Les chocolats, justement, révèlent un bel équilibre. En souvenir de la région, les crêpes dentelle et chocolat ou roses champenoises, en sachets vite emportés et vite croqués.

CHÂLONS EN CHAMPAGNE 51000

CAVISTE

Vins CPH

77 avenue du Président Roosevelt - T. 03 26 22 96 69

À proximité du centre commercial Le Capitole, la dernière née des maisons CPH, ouverte en 2007, poursuit la lignée avec un service et un catalogue de même hauteur. On retrouvera une offre large et des conseils avisés, dans une atmosphère professionnelle et sérieuse. La réputation de la boutique mère n'est pas reniée, et les grands amateurs s'y retrouvent souvent.

Tables Originales – 10/20 à 10,5/20

PÂTISSIER

Pascal Caffet

2 place du Marché aux Fleurs - T. 03 26 67 49 22

La boutique de la place du Marché-aux-Fleurs offre un écrin de choix aux créations de cet artisan pâtissier-chocolatier, récompensé de nombreuses fois pour son talent. Les chocolats y sont déclinés pour combler les amateurs de douceur au lait ou de cacao amer, et les pâtisseries, traditionnelles ou imaginées par Pascal Caffet, sont redoutables : tarte profiteroles, «Carapira» (dacquoise amande, mousse caramel et poires vanillées), tarte chocolat et ses dômes meringués, entremets au pain de Gênes et fruits de saison...

CHAMPILLON 51160

Le Royal

15/20

CHEF : JEAN-DENIS RIEUBLAND

9 rue de la République - T. 03 26 52 41 04 - Carte 152 € - Menu(s) 140-280 €

À la table royale de Jean-Denis Rieublanc, des produits superbes préparés comme sur la Riviera, chic et enjôleurs, le MOF - qui tint les cuisines de Negresco avant de s'installer en Champagne - ne cherchant pas à cacher l'influence méditerranéenne : veau et espadon façon vitello tonnato câpres de Pantelleria et copeaux de parmesan, rouget poché au consommé de bouillabaisse fenouil à l'huile d'olive et pommes rattes grillées, sans oublier quelques notes locales comme le porcelet de Champagne-Ardenne cuisiné de la tête aux pieds pomme de terre au persil, petits oignons glacés au miel de châtaigne... Le service a aussi de la majesté, comme la grande cave de champagnes, et la nouvelle cheffe pâtissière, Claire Andreux, fait aussi vibrer les bulles avec des compositions agréables, comme la poire en croûte de sucre miel et pollen. Le menu signature, avec sa batterie de produits de luxe (caviar, langoustine, turbot, ris de veau...) est à 190 €.

HÔTEL

Royal Champagne Hotel & Spa - 5 étoiles

9 rue de la république - T. 03 26 52 87 11 - à partir de : 515 €

Ancien relais de poste où les rois de France faisaient étape avant leur couronnement dans la basilique de Reims, cette adresse fut, dans les années 1970, l'une des plus prestigieuses de la Champagne. Après une éclipse, elle a retrouvé son prestige en 2018, sous l'impulsion des fondateurs du groupe Champagne Hospitality, qui ont signé là un projet ambitieux, adossé à la collection Leading Hotels of the World. L'édifice d'origine est désormais flanqué d'une aile contemporaine qui ouvre sur l'immensité des vignes, donnant au lieu un incroyable sentiment d'espace... Du lobby abritant bibliothèque et salon, jusqu'au bistrot Le Bellevue, dont la terrasse spectaculaire donne sur le potager ; du restaurant gastronomique Le Royal, emmené par Jean-Denis Rieubland, jusqu'au spa de quelque 1500 m^2 avec deux piscines et des soins griffés Biologique Recherche et KOS. Une mention enfin pour les 47 chambres et suites qui déclinent un luxe tout en épure avec des matières nobles (pierre, marbre, bois), des literies 5 étoiles et, là encore, de somptueuses vues sur les vignobles et les méandres de la Marne.

ÉPERNAY 51200

HÔTEL

La Villa Eugène - 5 étoiles

Avenue de Champagne - T. 03 26 32 44 76 - à partir de : 190€

Située sur la très prestigieuse avenue de Champagne d'Épernay, cette belle demeure XIXe fut autrefois la propriété de la famille Mercier. Transformée en maison d'hôtes, elle invite les voyageurs à goûter le luxe feutré de ses 15 chambres et suites, avec meubles Louis XVI, tapis douillets et literies 5 étoiles. L'établissement abrite également un grand parc boisé avec une piscine extérieure, ainsi qu'un salon illuminé par une magnifique verrière d'époque et coiffé d'une somptueuse mosaïque, parfait pour boire un verre ou prendre un savoureux petit déjeuner. Et si la villa ne possède pas encore de restaurant, elle a instauré un partenariat avec les meilleures tables de la ville qui vous permettra de découvrir les délices de la gastronomie locale. Un lieu raffiné et chaleureux, aux portes du célèbre vignoble champenois.

BOULANGER

Au Bonheur des Papilles

31 rue de la Porte-Lucas - T. 03 26 55 26 06

Quel bonheur de trouver encore des boulangeries familiales comme celle de Céline et Loïc Maingre ! À la manière de parents attentionnés, ils créent des pains aux saveurs aussi variées que les régions françaises : maïs, lin, sésame et tournesol, graines de pavot, épeautre, huile d'olive, fruits secs et, bien sûr, les baguettes traditionnelles. On n'oubliera pas de goûter un flan aux fruits ou une tarte maison pour finir la dégustation en douceur.

CAVISTE

520 Champagnes et Vins d'Auteurs

1 avenue Paul Chandon - T. 03 26 54 36 36

Ouverte depuis 2011, cette maison propose, comme son nom l'indique, 500 vins, dont une très large majorité de champagnes (400 variétés) et 100 vins hors champagnes (représentants des domaines qui comptent dans chacune de leur région respective). Le choix est clair, ultra-localisé et pointu. Et, pour que la fête continue, un domaine champenois vient présenter ses cuvées tous les samedis matin (entrée libre).

CHOCOLATIER

Le Chocolat d'Emmanuel Briet

13 rue Porte-Lucas - T. 03 26 54 31 92

La région ne produit pas que du champagne. Elle a aussi son lot de chocolatiers appliqués, et Emmanuel Briet fait partie de ceux-là. Ses chocolats ont de l'audace. Dégustations et visites de l'atelier sur demande. Tout ce que vous souhaitiez connaître sur la fabrication des chocolats... classiques ou moulés en personnage ou en tablettes pure origine.

ÉPICIER

Bons Vivants

5 place Auban-Moët - T. 03 26 55 54 18

Du bon, du raffiné et du gourmand dans cette épicerie fine au cœur de la ville du champagne. Et les fromages de Philippe Olivier pour faire bonne mesure, ainsi que les préparations de la maison Beillevaire (yaourts, mousses, panna cotta). Il faut de tout pour faire un monde, et celui-là est bien fourni.

PÂTISSIER

Maison Dallet Père & Fils

26 rue du Général Leclerc - T. 03 26 55 31 08

Praliné noisette, praliné aux noix, praliné orange, ganache thé matcha... les dosages sont réussis et les exécutions minutieuses. Vincent Dallet met tout le soin et son esprit inventif dans les délicieux bonbons que vous pourrez apprendre à réaliser de vos mains, avec des ustensiles simples. C'est un moment de plaisir et de générosité qu'il nous fait partager dans son école. Les entremets classiques revisités traduisent de cette même générosité et les créations suivent les saisons. Deuxième adresse au 6, rue du Capitaine-Deullin.

AOP, IGP ET AOC DES VINS ET EAUX-DE-VIE DU GRAND EST

Alsace, alsace grand cru, coteaux-champenois, champagne, coteaux-de-coiffy, côtes-de-meuse, côtes-de-toul, crémant-d'alsace, haute-marne, marc d'Alsace gewurztraminer, moselle, rosé-des-riceys, whisky alsacien...

COMMUNIQUÉ

Cafés Miguel

DEPUIS 1956

Naoushad Karim représente la 4e génération d'une lignée de torréfacteurs. 50 variétés de cafés aux origines diverses (Amérique centrale et sud, Asie, Afrique…), des notes et des saveurs éclectiques : vous trouverez forcément, parmi ce large choix, celui qui correspond à votre nez et à votre palais. Naoushad propose également une trentaine de thés blancs, verts, noirs ou rooibos et des infusions aux fruits.

19, rue de Talleyrand, 51100 REIMS
Tél. : 03-26-07-77-78 – www.cafesmiguel.fr

Why Not

FRAÎCHEUR ET SAVEURS DE SAISON

Dans une ambiance industrielle rétro, Julia et Alexandre proposent depuis 2018 une carte raffinée renouvelée selon les saisons, l'inspiration et le grain de folie du Chef. Au menu, par exemple, un filet de poulet farci aux morilles et ses pommes de terre chaudes ou un filet de bar poêlé aux herbes fraîches, petits pois maraîchers et purée de petits pois au vin blanc. Profitez de votre dégustation sur la terrasse avec vue sur l'église et le théâtre classés de la ville. **Le + :** English spoken.

5, place Pierre Mendès, 51200 ÉPERNAY – Tél. : 03-26-55-22-42
www.whynot-epernay.com

Le Vintage

POUR DES MOMENTS DE PARTAGE

C'est avec le sourire que Sandie et Thomas vous accueillent au Vintage, bar à cocktail* et brasserie, pour des instants conviviaux dans un cadre vintage chic raffiné. Plat du jour à midi, croque-monsieur en journée, planches apéritives le soir (charcuterie fine, fromages affinés et tapenades…) : chaque proposition est concoctée maison. Le vintage est aussi le rendez-vous des amateurs de cocktails, smoothie, jus de fruits frais, vins et bières artisanales françaises. **Le + :** Terrasse arborée et salon cosy à l'étage.

15, rue Saint-Thibault, 51200 ÉPERNAY
Tél. : 09-81-04-37-16 Facebook : LevintageEpernay

---

*L'ABUS D'ALCOOL EST DANGEREUX POUR LA SANTÉ

Saveurs Locales Épernay
UNE SÉLECTION DE PRODUITS LOCAUX

Chez Saveurs locales, hormis les thés, tout est produit dans un rayon qui n'excède pas les 150 km. Céline Poirier propose des sablés, du chocolat, des confitures, des pâtes, des terrines et des plats cuisinés. On apprécie également des huiles bio, du vinaigre, de la moutarde, des légumes, des vins et bien sûr du champagne* ! Céline propose aussi des cosmétiques 100 % naturels, des produits d'entretien en vrac, des produits artisanaux, des souvenirs et parfums d'ambiance.

6, rue Docteur Verron, 51200 ÉPERNAY – Tél. : 03-26-54-20-92
saveurs.locales.epernay@gmail.com – Facebook : @saveurslocalesepernay

> Un poète et un cuisinier se ressemblent bien : c'est le génie qui fait l'âme de leur art particulier.
>
> Athénée de Naucratis (170-223 ap. J.-C)

Boucherie Prosper LA TRADITION MAISON

À la Boucherie Prosper, vous trouverez du bœuf charolais ou limousin, du porc fermier, de l'agneau des Ardennes, mais également de la charcuterie fabriquée maison comme le saucisson à l'ail, le pâté de campagne ou le pâté de foie, ainsi que des pizzas, des quiches, des pâtés en croûtes, des roulés et des feuilletés au jambon fromage et des plats cuisinés sur place.

22, rue Jean Moulin, 51200 ÉPERNAY – Tél : 03-26-55-32-36
Facebook : Boucherie-Prosper

*L'ABUS D'ALCOOL EST DANGEREUX POUR LA SANTÉ

Le Cheval Blanc

UNE INSTITUTION DEPUIS 50 ANS

À deux pas du lac du Der, Vincent Freitag et Sébastien Julien ont repris cet établissement à l'ambiance cosy et familiale. Avec leurs équipes, ils vous reçoivent pour une expérience gastronomique inoubliable. Le Chef, Louis Chapellier, concocte des mets de saison raffinés à l'instar du ceviche de bar aux agrumes, d'un poulpe grillé au fenouil et citron confit ou d'une soupe de pêches et sa glace à la verveine. La carte et les trois menus sont renouvelés selon les saisons et son inspiration. Une jolie carte des vins et des champagnes*, avec pas moins de 500 références, accompagnera chacune des gourmandises que vous choisirez. **Les + :** Terrasse ombragée, au calme avec vue dégagée. 15 chambres contemporaines doubles ou familiales. Salle de séminaire.

21, rue du Lac, 51290 GIFFAUMONT-CHAMPAUBERT – Tél. : 03-26-62-45-48
www.lecheval-blanc.com

Au Clos du Lac

POUR UN SÉJOUR INOUBLIABLE EN CHAMPAGNE

5 magnifiques suites dans une demeure de charme rénovée avec des équipements modernes et design, voilà la maison d'hôtes où vous accueille Anaïs Lesage. La maîtresse des lieux a tout imaginé dans les moindres détails pour votre détente : une piscine intérieure chauffée, un sauna infrarouge avec mur de sel, une salle de sport, une salle de modelages (sur rdv), des vélos à renforcement musculaire ou électriques… Profitez du jardin paysager en dégustant des produits régionaux. **Les + :** Corner épicerie fine. Parking privé sécurisé et borne électrique.

18, rue du Lac, 51390 GUEUX – Tél. : 33(0)6-66-36-80-27
www.auclosdulac.fr

*L'ABUS D'ALCOOL EST DANGEREUX POUR LA SANTÉ

ÉTOGES 51270

HÔTEL

Hôtel Château d'Étoges - 4 étoiles

4 rue Richebourg - T. 03 26 59 30 08 - à partir de : 126€

Ancien relais de poste sur la route de Strasbourg, cet édifice XVIIe a conservé ses allures de forteresse avec ses douves et ses tourelles, mais rassurez-vous, le lieu offre désormais à ses hôtes un accueil aussi raffiné que chaleureux ! Idéal pour savourer la vie de château, il abrite de vastes salons et salle à manger avec lambris peints et mobilier XVIIe, tout comme ses 29 chambres et suites qui mêlent tapisseries d'époque et confort contemporain. Au rez-de-chaussée, le restaurant gastronomique l'Orangerie, emmené par le très talentueux chef Anthony Thibault, constitue une étape incontournable avant de rejoindre - selon l'humeur - le sauna avec hammam, bains bouillonnants et massages, ou les quelque 20 ha de jardins rafraîchis de fontaines. Membre du groupe Les Collectionneurs, c'est une adresse idéale pour une échappée nature, le temps d'un week-end.

HAUTVILLERS 51160

CAVISTE

Au 36

36 rue Dom Pérignon - T. 03 26 51 58 37

Dans le village du célèbre moine, Au 36 est moins un restaurant qu'une table de dégustation. Dans un décor à la fois élégant et subtilement rustique, la maison propose une dégustation de champagne (deux à trois flûtes) accompagnée d'une assiette de terroir façon tapas, comme un gâteau de pommes de terre et jambon de Reims, un pâté en croûte, des lentilles de Champagne, un chaource sur son pain. Accueil sympathique.

Aux Hirondelles du Chêne

AU CŒUR DE LA CHAMPAGNE

Une jolie grange et d'anciennes bâtisses datant de 1915, fraîchement rénovées : c'est ici qu'exerce Sébastien Guinand, en famille. Il propose ce lieu d'exception pour que vos événements personnels ou professionnels deviennent inoubliables. 3 gîtes de 16 à 19 personnes, une salle de réception de 220 m^2 pouvant accueillir jusqu'à 150 personnes, une piscine couverte chauffée à 30° toute l'année avec sa terrasse, une autre très belle terrasse de 160 m^2 avec vue sur le magnifique parc arboré d'un ha : toutes les conditions sont réunies pour répondre à vos moindres attentes. Le maître des lieux dispose d'un carnet d'adresses bien rempli de prestataires de renom qu'il vous conseillera selon votre cahier des charges et votre budget. N'hésitez plus ! Visitez l'endroit, un havre de verdure et de paix…

4, place du 46e régiment d'infanterie, Le Chêne la Reine, 51700 LEUVRIGNY
Tél. : 06-45-64-89-90 – www.auxhirondellesduchene.com

> Un repas, aussi frugal soit-il, est un instant de rencontre. Il peut être une occasion de joie et de communion, unissant profondément les gens.
>
> Elise Boulding (1920-2010)

REIMS 51100

Le Parc Les Crayères 17,5/20

CHEF : **PHILIPPE MILLE** - *CHEF PÂTISSIER* : **YOANN NORMAND** - *DIRECTEUR DE SALLE* : **MICHEL GEBEL** - *SOMMELIER*: **MARTIN JEAN**

64 boulevard Henry Vasnier - T. 03 26 24 90 00 - Menu(s) 115-260 €

Voici quarante ans que le château des Crayères, aux allures XIXe, mais construit début XXe sur les hauteurs de la ville, associe intimement luxe et gastronomie. Un havre gourmand au cœur d'un parc de 7 ha sur lequel veille passionnément la famille Gardinier. Il faut vivre l'expérience de la dégustation d'une coupe en terrasse ou dans le si confortable et chaleureux bar-verrière et s'immerger dans cet univers d'élégance classique et de volupté où rien ne manque : enfilade de salles et salons, dorures impeccables, hauts miroirs, lustres monumentaux, belles boiseries, cheminées d'apparat, tableaux XXL... Le Sarthois Philippe Mille, au parcours professionnel rythmé par un apprentissage auprès des meilleurs (Frédéric Anton, Michel Roth, Yannick Alléno...) et l'obtention de distinctions qui en imposent (MOF, Bocuse de bronze...), incarne l'excellence d'une cuisine ancrée régionalement, techniquement irréprochable, esthétiquement racée. Cela débute par un plat d'apparence simple : des tomates au vinaigre de Reims. L'eau de tomates est travaillée en émulsion (visuellement, on dirait presque des blancs en neige) reposant sur des tomates concassées, des petits morceaux de fraises et des éclats d'amandes fraîches. C'est non seulement subtilement bon, mais très beau. Le plat suivant permet un joli travail fusionnel entre le fumé et l'iodé à travers un superbe saint-pierre de ligne posé sur une douelle champenoise (pour la fabrication des tonneaux), accompagné de carottes multicolores «façon Suzette» revenues au beurre d'agrumes et flambées au Cointreau. La sauce est assurée par un fumet de poisson, un jus de carotte et champagne. Un grand plat de haute précision. La poulette de haute noblesse est portée par un jus de cuisson aux cébettes et citron confit qui permet de clore avec brio la séquence salée. Enfin, nous confirmons la justesse d'exécution d'une variation (très peu sucrée) autour du café que nous remarquions déjà l'an dernier avec plaisir. S'asseoir aux Crayères, c'est aussi ouvrir deux énormes livres de cave (l'un est uniquement consacré aux champagnes). Au-delà de l'étendue de l'offre, la sélection est impressionnante de pertinence. Quant au service, il est tout à la fois attentif, prévenant et naturel.

Racine 16,5/20

CHEF : **KAZUYUKI TANAKA**

6 place Godinot - T. 03 26 35 16 95 - Menu(s) 125-250 €

«Toujours hausser le niveau !» Kazu Tanaka le répète à l'envi, en quête absolue du plat parfait dans un mouvement créatif perpétuel. Il embarque avec lui sa brigade (entièrement japonaise) à la recherche des cuissons les plus précises, des saveurs les plus pures, pour offrir des compositions savamment construites d'un esthétisme très abouti. Sacré Grand de Demain en 2018, il est bien devenu grand d'aujourd'hui.

Certes, il faut s'armer de patience pour espérer décrocher l'une des six tables de son restaurant façon «table d'hôtes» ! Légèrement en retrait de l'hypercentre, la salle a gagné en chaleur au fil des réaménagements. Sobriété et confort garantis. L'ouverture sur l'adorable petit jardin est des plus plaisante, et la vue sur les cuisines vitrées apporte vie à l'ensemble. Kazu n'hésite d'ailleurs pas à en sortir pour assurer le lien indispensable avec la salle où son épouse, Marine, joue parfaitement sa partition avec une jeune équipe avenante. Chaque repas débute par une succession de mises en bouche aussi brillantes les unes que les autres pour immédiatement plonger dans l'univers du chef qui va ensuite pleinement s'exprimer sans faiblir. Ainsi des escargots et des moules associés à l'artichaut et transcendés par un jus de moule tout en équilibre et de délicates saveurs de verveine. Quant au superbe tronçon de lieu jaune, sa cuisson (à basse température) a entièrement préservé toute la finesse et la blancheur nacrée de la chair. Il repose sur un lit d'orge et joue le mariage parfait avec la carotte, omniprésente sous différentes formes, y compris en sauce. Nous pourrions encore citer le remarquable rouget, mariné, laqué et enfin à peine grillé, ou bien encore le superbe tronçon de homard encore translucide qu'accompagnent de délicieuses petites betteraves rouges très sucrées et quelques cèpes grillés. L'assaisonnement est toujours aussi bien maîtrisé et les petites herbes et fleurs utilisées avec doigté complètent ce très beau plat nimbé d'une émulsion de crustacés d'une délicatesse insigne. Le plaisir intense se poursuit avec un terre-mer de haute voltige associant veau et caviar. Cette virtuosité s'exprime jusqu'aux mignardises qui auront été précédées de plusieurs desserts racés autour du chocolat, de l'orange, des fruits de la passion ou bien encore de la figue et du sureau... Quant à la carte des vins, elle joue la carte des grands champagnes de vigneron et des meilleurs dans chaque région, y compris quelques étrangers.

Le Foch

16/20

CHEF : JACKY LOUAZE

37 boulevard Foch - T. 03 26 47 48 22 - Carte 94 € - Menu(s) 43-120 €

C'est la valeur sûre du cœur de ville. Depuis plus de 25 ans, avec une régularité digne d'un métronome, Jacky Louazé trace son sillon dans sa jolie maison confortablement classique dans laquelle se côtoient de fidèles clients et de tout aussi nombreux touristes étrangers. Il n'est jamais aussi brillant que lorsqu'il surfe sur les plats marins. Son inspiration et la précision du trait font alors merveille. Pour en attester, de splendides langoustines nacrées, à peine saisies, reposent sur un tartare de bar très vif, relevé d'une sauce au yaourt grec citronné. L'ensemble est recouvert d'une émulsion d'eau de mer au wakamé. Le retour sur terre s'effectue dans de bonnes conditions avec un filet d'agneau de Lozère à la parfaite cuisson flanqué d'une raviole très réussie au fromage de chèvre dont la douceur ne vient pas heurter la délicatesse de la viande. L'ensemble est couronné d'une fleur de courgette judicieusement farcie de chair d'agneau bien relevée. Enfin, le dessert épouse parfaitement la saison avec de belles figues fort goûteuses, traitées en pavlova. Non seulement Corinne Louazé orchestre avec assurance un service jeune, engagé, mais elle veille aussi sur une cave savamment constituée.

Le Millénaire

14,5/20

4-6 rue Bertin - T. 03 26 08 26 62 - Menu(s) 39-110 €

Dans une rue trait d'union entre les deux plus belles places de la ville se niche un havre de gourmandise. Avec l'arrivée des époux Raphanel, cette institution patiemment forgée par les Laplaige n'a rien perdu de son confort (une rénovation a d'ailleurs été récemment entreprise), de son atmosphère ouatée où l'on aime à se retrouver entre soi pour fêter le bac de la petite dernière ou tout simplement en amoureux. Florence assure un accueil d'une urbanité confondante. Elle a su insuffler à toute l'équipe de salle cet état d'esprit si important. De son côté, Hervé fait de fugaces apparitions en salle pour souhaiter la bienvenue ou s'assurer que tout va pour le mieux ! Il y a dans cette maison un côté assurément rassurant. La cuisine en est également l'illustration. Elle s'appuie sur une technique irréprochable au service d'une inspiration classique que les effets de mode ne sauraient chahuter : œuf parfait «64.2» sauce vin jaune (un peu trop discrète) aux crevettes grises de la mer du Nord, exquise quenelle de brochet nappée d'une sauce Nantua de compétition et queues d'écrevisses, magret de canard Burgaud à l'embeurrée de chou vert, millefeuille de légumes de saison... Le tiramisu et espuma de mascarpone amaretto assure une belle fin de repas. Carte des vins panoramique et bonnes suggestions de vin au verre.

La Grande Georgette

13/20

18 rue Tronsson Ducoudray - T. 03 26 83 18 18 - Carte 77 € - Menu(s) 29-69 €

Feue Georgette, l'épouse du capitaine des pompiers de Reims, avait déjà donné son prénom à la grande échelle... Quasiment un siècle plus tard, Marriott lui rend un nouvel hommage ! L'ancienne caserne face à la cathédrale est devenue un hôtel haut de gamme. L'emplacement est exceptionnel. Au rez-de-chaussée, la brasserie très confortable a beaucoup d'allure. L'histoire du lieu y est suggérée par petites touches, avec élégance. L'ambiance décontractée doit également beaucoup aux cuisines ouvertes qui occupent l'espace central. C'est le domaine d'un ancien des Crayères, Julien Raphanel (son père est à la tête du Millénaire, non loin de là). Il y propose une cuisine maligne, pas ennuyeuse pour deux sous. La raviole de tourteau, fenouil, émulsion de carapace au curry constitue une entrée très plaisante. Les saint-jacques poêlées à l'embeurrée de choux confirment la première impression, tout comme le ris de veau laqué toutefois un peu trop miellé... Quant au cannelé enrobé de dulcey et marc de champagne, il ne fait pas pâle figure. Le champagne à la coupe, servi en jéroboam, fait toujours son effet. La cave est constituée de signatures reconnues : domaine de l'Hortus, Mas Bruguière, sancerre de chez Vacheron, saumur Guiberteau, muscadet Pithon-Paillé... Service jeune et enthousiaste à défaut d'être totalement aguerri. Terrasse prisée aux beaux jours et tarifs bien ajustés.

Côté Cuisine

12,5/20

43 boulevard Foch - T. 03 26 83 93 68 - Carte 54 € - Menu(s) 21-25 €

C'est une bonne nouvelle ! Clément Vidalon (1 toque au Bouchon et l'Assiette, à Paris) est désormais rémois. Olivier Absous lui a en effet confié les cuisines de cette très belle maison de caractère qui en impose, face à la gare. La salle aux tons chauds, dans un esprit convivial, est ouverte d'un côté sur les cuisines et, de l'autre, sur les frondaisons du boulevard. Les plats sont réjouissants, parlent à tout le monde et tapent dans le mille ! Le menu du déjeuner à 25 € (pour la formule complète) ne peut faire qu'un carton avec, par exemple, un carpaccio de tête de veau suivi d'un gratin de crozets à la saucisse de Morteau et salade d'endives, puis d'une charlotte aux biscuits rose, framboise et litchis... Au dîner, le chef continue à témoigner de son savoir-faire pour des suggestions canailles. La fricassée d'escargots, lard paysan et champignons au coteaux-champenois est franche et goûteuse, tout comme l'épaisse tranche de boudin basque de la maison Rozès associée à une onctueuse purée de butternut et d'un impeccable jus à la graine de moutarde bien relevé. Le baba au rhum (un poil sec) flanqué d'un minestrone de fruits exotiques et relevé d'une émulsion coco ne ternit pas le tableau. Pas de propositions révolutionnaires côté cave, mais des étiquettes bien connues : chablis Daniel-Étienne Defaix, saint-aubin du domaine Roux, châteauneuf-du-pape de La Janasse, saint-joseph Laurent Courbis... Aux beaux jours, très agréable terrasse à l'arrière.

Brasserie du Boulingrin

11/20

31 rue de Mars - T. 03 26 40 96 22 - Menu(s) 25-30 €

«Soyez les bienvenus !» Dès la porte à tambour franchie, le ton est donné. Seule véritable brasserie «à l'ancienne» de la ville, cette adresse au cœur du quartier des halles dont le décor respecte les codes du genre symbolise la convivialité, la cuisine sans chichi servie dans un brouhaha que l'on ne saurait blâmer. Certes, aligner les clients en solo sur une même rangée n'est pas top, mais on se consolera rapidement en se régalant de filets de hareng et rattes du Touquet, d'une andouillette AAAAA de bonne famille accompagnée d'une simple sauce moutarde et frites (un peu molles). Le baba au rhum bien imbibé se déguste sans déplaisir. Si la carte des vins n'est pas la priorité de la maison, il y a tout de même moyen de ne pas mourir de soif avec, par exemple, un saint-joseph d'Yves Cuilleron en blanc, de François Villard en rouge. Service vif et enjoué.

HÔTEL

Domaine Les Crayères - 5 étoiles

64 boulevard Henry Vasnier - T. 03 26 24 90 00 - à partir de : 441 €

Membre de la collection Relais & Châteaux, voici l'un des plus prestigieux domaines de la région champenoise ! Au cœur de Reims, cette ancienne demeure de la famille Polignac, entièrement réaménagée par Pierre-Yves Rochon, déploie aujourd'hui le luxe confidentiel de ses 20 chambres et suites décorées dans le plus pur style classique français : boiseries peintes, tissus de velours et tapisseries fleuries, le tout avec de magnifiques vues sur la cour d'honneur ou le parc du domaine. Au rez-de-chaussée, les épicuriens n'ont que l'embarras du choix, entre le restaurant gastronomique Le Parc - l'une des meilleures tables de la région dirigée par le chef Philippe Mille - et la brasserie Le Jardin, avec ses allures de loft et sa terrasse bucolique. Un lieu rare, parfait camp de base pour découvrir la région ou profiter des activités proposées par le domaine : tennis, équitation, golf 18 trous...

BISCUITIER

Maison Fossier

25 cours Langlet - T. 03 26 47 59 84

Qui n'a pas rêvé de retrouver le goût du fameux biscuit rose vite trempé dans un verre d'eau, de café ou de lait ? Cette vénérable institution vous permettra de renouer avec les sensations d'antan ou de transmettre aux générations «en culotte courte» le petit geste qui fait la différence. Fossier est l'une des plus anciennes maisons qui confectionnent dans la pure tradition rémoise ce biscuit aussi joli que bon et qui se décline, désormais, en plusieurs parfums : chocolat, vanille, framboise, mais également madeleine au biscuit rose, macarons et meringues.

BOUCHER

Boucherie Charcuterie Jolly

43 bis av Nationale - T. 03 26 09 23 80

À la boucherie-charcuterie-traiteur Jolly, les viandes sont choisies sur pied parmi les meilleurs producteurs de la région. Le bœuf est issu de races élevées pour leur viande dans des fermes ardennaises (Aubrac, parthenaise, blonde d'Aquitaine...) et le porc, qui sert également à préparer la charcuterie maison, provient d'exploitations situées dans les Ardennes et dans l'Aisne.

BOULANGER

Le Four à Bois - Christophe Zunic

80 rue de Vesle - T. 03 26 47 40 20

Maître artisan boulanger, Christophe Zunic s'est forgé une solide réputation à travers toute la ville à force de passion et d'engagement pour la qualité. Les ingrédients proviennent de fournisseurs choisis avec rigueur, le levain naturel tourne dans une cuve inox pour une meilleure tenue, et le résultat de toutes ces recherches s'exprime dans des pains emplis de saveurs qui conservent leur croustillant plus longtemps que la moyenne.

CAVISTE

Les Caves du Forum

10 rue Courmeaux - T. 03 26 79 15 15

Les Caves du Forum sont installées dans une ancienne cave à champagnes datant du XVIe siècle. Quelque 1500 références de vins s'offrent aux amateurs. Ici, tous les vins sont goûtés, car les propriétaires optent pour une démarche de rencontres et de découvertes des vignerons par les clients, dans le cadre de dégustations organisées dans les caveaux, de compositions sur mesure et de dégustations-conférences.

Millésimes et Saveurs

2 rue Paul Foulquart - T. 03 26 07 83 12

Au bout de l'avenue de Laon, une cave à redécouvrir régulièrement, car Éric Fèvre prospecte sans cesse pour dénicher de nouveaux vignerons et assemblages à vous proposer. Les vins de François Raquillet ou ceux de Lucien Muzard & Fils y sont suivis, mais d'autres belles étiquettes y font souvent leur apparition, pour le bonheur des clients, qui peuvent compter sur les conseils du maître des lieux.

CHARCUTIER

Maison Audinot

86-88 avenue d'Epernay - T. 03 26 08 23 38

Rémoise pure souche, la famille Audinot a d'abord exercé ses talents dans la triperie. À la suite de la crise de la vache folle, l'établissement s'est diversifié et a développé une activité de charcuterie de produits fabriqués sur place. Des spécialités de grande saveur, comme l'andouillette maison façonnée en mêlant de l'estomac de porc avec de la caillette de bœuf, le tout parfumé avec de simples oignons et sans épices, ou un pâté en croûte exemplaire.

CHOCOLATIER

Chocolaterie Deléans

20 rue Cérès - T. 03 26 47 56 35

Vincent Frodefond, est un passionné. Ce maître artisan chocolatier mixe avec bonheur recettes traditionnelles et innovantes, révélant les facettes gustatives actuelles des spécialités locales : le tour de main est particulièrement réussi avec le mini-rose (où le fameux biscuit maison apporte un croustillant bienvenu), du fondant et de l'originalité avec le péché du diable, la ganache à la pulpe de mandarine avec son soupçon de gingembre. Un intéressant duo choco noir et marc de champagne ou plus étonnant le «Bulle», un chocolat au cœur de vin chaud.

Maison Dallet Père & Fils

47 cours Jean-Baptiste Langlet - T. 03 26 35 40 53

Vincent Dallet est bien connu des gourmets rémois. Ce personnage à la moustache bien accrochée, entre celle de Dalí et de José Bové, n'en est pas à sa première recette. Formé chez des grands de la restauration, c'est maintenant en duo, avec son fils Maxime, qu'il compose sa collection gourmande. Tuiles cacao ou en hommage aux spécialités locales : clairefontaine et parfait champagne rosé, fruits rouges et biscuit pistache, baba à la fine de Marne, millefeuille croquant, sans compter l'éclair et le paris-brest, garnis d'un praliné noisettes de Piémont maison broyé à la meule de pierre et de chocolats subtils et très réussis...

Pascal Caffet

34 rue de Mars - T. 06 26 49 05 75

Les couleurs de Pascal Caffet accueillent les clients. Champion du monde des pâtissiers, chocolatiers, glaciers en 1995, il honore ses titres par des créations et la transmission de son savoir-faire. Ses pâtisseries sont sources de plaisir pour chaque dégustateur averti ou en herbe : superbes entremets chocolat, glacés, aux macarons, éclairs atypiques et formidables pralinés épicés coriandre ou gingembre.

ÉLEVEUR

Cogniard Producteurs

Halles du Boulingrin, 50 rue de Mars - T. 03 24 30 33 06

C'est sur une exploitation familiale que sont élevées les volailles de la maison Cogniard, dans le sud du département. Formidables chapons nourris à terme, de lait et de biscuits, pintades, poules et oies y caquettent librement... Aux deux pattes viennent s'ajouter les agneaux, traités ici depuis la naissance jusqu'à l'engraissage. Le travail céréalier et l'élevage des animaux confèrent une activité variée qui permet d'utiliser la main-d'œuvre locale. Les points de vente sont multiples, notamment à Pauvre, dans le sud du département, ou aux Halles de Reims.

Les Volailles & Agneaux de la Ferme

Halles du Boulingrin, 50 rue de Mars - T. 03 24 30 33 06

L'origine des volailles et agneaux est 100% fermière. Les poulardes de Champagne, les chapons et les agneaux ont tout pour faire des chairs savoureuses. Philippe Mille, du domaine Les Crayères, s'approvisionne chez Julien, Corentine et Patrick Cogniard. Vente en direct au magasin, à la ferme, tous les après-midis du mardi au vendredi, de 13h30 à 17h, au marché de Rethel, sous la halle de la place de Caen, le jeudi matin, et aux halles du Boulingrin les vendredis et samedis matin.

ÉPICIER

Au Bon Manger

7 rue Courmeaux - T. 03 26 03 45 29

Un regroupement de produits de très haut de gamme, en épicerie fine comme en vin. Pour les champagnes, des étiquettes qui font rêver, Lassaigne, Vouette & Sorbée, David Léclapart, et des vins rares, tels les siciliens d'Arianna Occhipinti. Pour accompagner le caviar de Sologne, sans doute l'un des meilleurs de France, il y aura forcément le bon champagne.

Maison Fossati

4 place Jules Ferry - T. 03 26 47 73 60

Une étonnante épicerie fine italienne au cœur de Reims. Saucissons pendus à leur ficelle, jolie sélection de fromages... Des produits de qualité soigneusement choisis et proposés par Elsa et Guido Fossati, qui ont pris la suite de leurs parents, revendeurs sur les marchés. Que des commentaires élogieux : anchois marinés, speck, vins...

FROMAGER

Fromages et Vins du Boulingrin

28 rue de Mars - T. 03 26 35 71 77

Vins et fromages font bon ménage. Ici comme ailleurs, on aime faire des associations qui ne concernent pas que les bulles festives. Philippe Cahours a bénéficié d'une expérience solide dans de grandes maisons de champagne avant d'ouvrir cette boutique avec son épouse. L'idée dominante reste de proposer de beaux fromages soigneusement sélectionnés et des vins stars, mais aussi des vins en bio et biodynamie. Quelque 1000 références figurent en cave pour votre plaisir.

Membres de l'Académie Gault&Millau

Tables Exceptionnelles – 19/20 à 19,5/20

Tables de Prestige – 17/20 à 18,5/20

Tables Remarquables – 15/20 à 16,5/20

Tables de Chef – 13/20 à 14,5/20

Tables Gourmandes – 11/20 à 12,5/20

Tables Originales – 10/20 à 10,5/20

Au Saumon Champenois
LE MAGNIFIQUE

Si les chefs les plus renommés font appel à la poissonnerie de la famille Libra, c'est principalement en raison de l'excellence de son saumon fumé. En effet, outre les traditionnels produits de la mer à la fraîcheur remarquable, les trésors convoités sont ces superbes saumons disposés dans les fumoirs, parfumés avec justesse d'un mélange secret d'épices. Élevés à 20 km des côtes, en pleine mer dans de très vastes espaces, les saumons d'Écosse Label Rouge sont nourris aux aliments naturels. Rendez-vous vite, en matinée dans leur atelier, à Mardeuil, ou dans leur superbe épicerie fine dédiée aux produits de la mer ! La famille Libra vous y propose caviars, poutargue, sardines millésimées ainsi que leur incomparable saumon fumé au bois de hêtre à déguster dans sa plus belle simplicité, accompagné d'un verre de Champagne* R.L. Legras.

40, rue Gambetta, 51100 REIMS – Tél. : 06-04-65-59-59 – Facebook : ausaumonchampenois

La Cave aux Fromages INCONTOURNABLE DEPUIS 1973

Place du forum, cette véritable institution rémoise propose des fromages travaillés avec amour dans le respect des AOP. Passionnée et engagée, Julie dirige cette fromagerie familiale en sélectionnant minutieusement ses producteurs. Elle affine ses produits avec grand soin en privilégiant toujours le lait cru. Ses fromages atypiques sont souvent plébiscités par les grands noms de la gastronomie locale.

12, place du Forum, 51100 REIMS – Tél. : 03-26-47-83-05
www.fromage-reims.com

Anna's La Boutique LES PÉPITES DE NOS RÉGIONS

Anne-Sophie et Cédric Roger vous proposent un large choix de gourmandises salées et sucrées, scrupuleusement sélectionnées et goûtées au préalable : des fromages et des vins* de France, des épices, des tartinades La Belle Iloise®, des huiles d'olive méditerranéennes Olivier & Co®, des chocolats Valhrona® et même des plats cuisinés de leur restaurant voisin. Une jolie boutique remplie d'idées cadeaux originales !

2, rue Gambetta, 51100 REIMS – Tél. : 03-26-25-23-20
www.annas-latableamoureuse.com

Domaine Viticole du Champ du Clerc
RÉCOLTANTS-MANIPULANTS DEPUIS TROIS GÉNÉRATIONS

Au pied de la Montagne de Reims, la maison familiale Denis Lallement vous accueille sur rendez-vous, du lundi au samedi. Caroline Bertin, la gérante, vous raconte les coulisses de ses précieux nectars. Du brut classique, décliné en rosé et en demi-sec, aux cuvées spéciales de Champagne Réserve, blanc de blancs et blanc de noirs, vous risquez de tous les apprécier !

Domaine du Champ du Clerc, Rue de Reims, 51500 LUDES
Tél. : 06-87-49-27-85 – denis.lallement3@wanadoo.fr

L'Espérance
EN TOUTE SIMPLICITÉ

Christelle Mereau et son équipe vous accueillent dans cette brasserie où bar et restaurant se côtoient en toute simplicité. L'ambiance est décontractée, conviviale et, parfois, des karaokés sont organisés. Il faut déguster le burger au poulet, spécialité de la maison, le burger au fromage, les tartares ou le tiramisù de saumon. La carte s'égaie de savoureux desserts faits maison comme le millefeuille aux fruits rouges ou la crème brûlée.

40, rue du Général de Gaulle, 51330 PIERRY – Tél. : 06-72-12-40-10
christellemereau51530@gmail.com

L'AXO DE FINS NECTARS*

Passionnés de délicieuses cuvées, Marc et Alexandre, aidés de leur sommelier, Martin, ont sélectionné des vins de France et du Nouveau Monde, une jolie carte de Champagnes et des bières locales. Ils élaborent des recettes de somptueux cocktails à l'instar du Chartreuse Mule. Pour accompagner vos dégustations : planches de charcuterie, tapas, tapenades et croques à la truffe.
Le + : Terrasse végétalisée et cour intérieure.

50, rue du Jard, 51100 REIMS – Tél. : 06-11-55-81-22
Facebook : laxo.reims – Instagram : l.axo.reims

> « La bonne cuisine est honnête, sincère et simple. »
>
> Elisabeth David (1913-1992)

*L'ABUS D'ALCOOL EST DANGEREUX POUR LA SANTÉ

Le Gueuleton
L'ADRESSE DES BONS VIVANTS !

Convivialité et partage sont les maîtres mots du Gueuleton, tenu par Christophe Lebee, qui invite à une découverte gustative autour de la viande de bœuf, avec des pièces uniques, à maturations différentes, cuites sur la pierre de lave et servies avec des frites fraîches, des pommes de terre, des légumes ou une ratatouille. Le tout arrosé de bon vin*. 1300 références de vins et champagnes sont proposées, de 20 € à 4000 € la bouteille ! La carte des spiritueux est aussi riche et accompagne notamment les desserts, comme le Baba Chartreux. **Le + :** Service continu du mardi au samedi, de 7h30 à 1h.

1, Place des martyrs de la résistance, 51100 REIMS – Tél. 03-26-03-58-84
Facebook @gueuletonreims

Bejafruits
DEPUIS TROIS GÉNÉRATIONS

Toute l'année, Gwenaëlle et Hedi Bejaoui s'emploient à débusquer les meilleures pépites du moment pour les proposer à leur clientèle. Ils sélectionnent une large gamme de fruits et légumes français, à maturité optimale, auprès de producteurs locaux et nationaux au savoir-faire avéré, et à Rungis. Ainsi, sur le marché Carteret le jeudi, aux halles du Boulingrin les vendredi et samedi et au marché Jean Jaurès le dimanche, Gwenaëlle et Hedi présentent à leur clientèle la plus belle offre saisonnière.

51100 REIMS – Tél. : 06-75-59-76-79
Facebook : Bejaoui fruits et légumes

Le Flow
PARFUMS DE VOYAGE

C'est dans ses voyages que Julien Cabau puise sa créativité et son originalité. Il aime élaborer des recettes étonnantes et transmettre des saveurs du monde. Cabillaud en croûte de pain d'épice et sa sauce à l'orange, pavé de thon mi-cuit sauce yuzu, dorade sauce vodka citron, fabuleux burger du Flow au canard et chèvre du Périgord, son imagination est infinie jusque dans le dressage des assiettes. La carte est renouvelée chaque saison pour le plaisir des sens. Une jolie découverte !

73, rue Notre-Dame 51120 SÉZANNE – Tél. : 03-26-42-05-37
Facebook : Restoleflow

*L'ABUS D'ALCOOL EST DANGEREUX POUR LA SANTÉ

TINQUEUX 51430

L'Assiette Champenoise

19/20

CHEF : **ARNAUD LALLEMENT** - *CHEF PÂTISSIER :* **GRÉGORY MASSE** - *DIRECTEUR DE SALLE:* **GAËTAN BROCARD** - *DIRECTEUR DE SALLE :* **FLORENT ROMBY** - *SOMMELIER :* **FRÉDERIC BOUCHE**

40 avenue Paul Vaillant-Couturier - T. 03 26 84 64 64 - Menu(s) 145-335 €

Quelle fête ! Mais quelle fête ! L'Assiette, c'est la dernière adresse en France où vous pouvez autant lâcher les chevaux pour une occasion tout simplement unique. Ce n'est pas tant parce que les produits de luxe y sont à profusion, même si cela participe de cette façon Grand Siècle qui fait si souvent défaut. À l'opposé de cette munificence, il y a dans cette maison de famille quelque chose d'incomparable et de profondément populaire : on sauce ! On attrape le pain, on râcle le fond de cette vinaigrette de tomate comme le petit bol de garum de homard dans lequel on a mouillé la pince, avec ce même bonheur unique que l'on a pu avoir enfant avec la salade maternelle ou le jaune des œufs au plat. On trempe, on liche, on éponge... Arnaud Lallement, dans ses nombreux hommages à son père (la recette du homard aux pommes de terre, il l'a peut-être revisité dix fois), est à fond dans l'action parce qu'il est lui-même un gourmand de toujours, un lécheur d'assiette, un bâfreur. C'est vrai, cela fait un bail qu'il a dépassé le quintal. Comme Curnonsky ou Fernand Point. Mais il n'y a pas de mystère. Il faut aimer la vie, l'amour, le vin, la chair et la chère pour donner autant et aussi bien. Ses langoustines opulentes, ses turbots de 9 kg qu'il traite merveilleusement avec une sauce vin jaune et des petits oignons cuits et aromatisés chacun différemment, jusqu'au ris de veau fondant croquant et un travail éblouissant sur le céleri, tous portent cette marque exclusive du «no limit» dans la justesse et la puissance, dans l'accomplissement et l'offrande. Comme il est un hôte parfait, avec l'aide de Magali son épouse et Mélanie sa sœur, il est aussi le chef d'entreprise attentif qui n'a pas attendu la pandémie pour organiser deux équipes et garder ainsi, en traitant chacun avec égard, un modèle de fonctionnement pour une grande maison, avec un grand service, et des jeunes qui font tout pour maintenir l'excellence. Et des cadres dévoués, dont une équipe de sommellerie chanceuse d'évoluer avec une formidable cave, par l'étendue en volume et la rareté de certains flacons, sans matraquage, même sur les plus grands, dont une collection inégalable en champagnes et bourgognes. Enfin, n'oubliez pas le chef pâtissier, Grégory Masse, pur produit maison qui a grimpé les échelons depuis dix ans, et qui régale dans la même ligne que son chef sur les thèmes fruités du moment ou le chocolat, très bluffant, évoluant au cours des saisons.

Tables Exceptionnelles – 19/20 à 19,5/20

HÔTEL

L'Assiette Champenoise - 5 étoiles

40 avenue Paul Vaillant-Couturier - T. 03 26 84 64 64 - à partir de : 295€

On ne présente plus l'Assiette Champenoise, l'un des restaurants français les plus prestigieux, fondé par Colette et Jean-Pierre Lallement et aujourd'hui repris par leur fils, Arnaud, qui en a fait la table d'exception que l'on connaît aujourd'hui. En revanche, on sait moins que cette belle maison propose également 33 chambres et suites aménagées avec ce même sens du luxe et du raffinement, alliant vastes espaces, décors résolument contemporains et, pour certaines, terrasses et baignoire avec jacuzzi. Enfin, le lieu accueille une belle piscine, mise à la disposition des hôtes de l'établissement.

AOP, IGP ET AOC DES PRODUITS DU GRAND EST

Bergamotes de Nancy, boudin blanc de Rethel, chaource, choucroute d'Alsace, crème fraîche fluide d'Alsace, emmenthal français est-central, framboise d'Alsace, jambon sec des Ardennes, kirsch d'Alsace, langres, miel d'Alsace, miel de sapin des Vosges, mirabelle d'Alsace, mirabelle de Lorraine, munster, pâtes d'Alsace, quetsche d'Alsace, soumaintrain, volailles de la Champagne, volailles d'Alsace...

Champagne Delabarre Mère et Fille

SUBTIL ET INTERGÉNÉRATIONNEL

Aujourd'hui mené par Christiane, sa fille Charline et son conjoint, Georges, le domaine familial indépendant depuis cinq générations est propriétaire de ses six hectares de vigne. L'équipe récolte et manipule dans la vallée de la Marne ; du travail des rangs avec charrutage jusqu'au pressurage, assemblage et mise en bouteilles, tout est 100 % maison. Certifié HVE en 2020 et en conversion bio sur le Chardonnay, le domaine a fait le choix de produire en petite quantité mais en qualité.

26-28, rue du Châtillon, 51700 VANDIÈRES – Tél. : 03-26-58-02-65
contact@champagne-delabarre.com – www.champagne-delabarre.com

---

« Dans une vieille bouteille, il y a du bon vin.
Mais il y a aussi quelque chose
du passé, et qui dort là.
Quand on débouche la bouteille,
un rayon de soleil ressuscite,
et ça ne va pas sans un peu d'émotion. »

Derek Cooper (1925-2014)

VILLERS EN ARGONNE 51800

FROMAGER

Chèvres d'Argonne

16 rue du Chemin de Chalons - T. 03 26 60 84 93

Pour produire leurs petits fromages de chèvre plébiscités par les grands chefs, Françoise Bremont et sa fille Sophie Laluc ont su se partager les tâches efficacement : le troupeau est bichonné, nourri du meilleur foin, et la traite se fait tout en douceur pour récupérer un lait dans lequel est délicatement répartie la présure afin de coaguler le fromage frais, qui sera moulé à la louche, puis formé pour passer à l'affinage. Le résultat est lisse, très naturel, et le goût beaucoup plus subtil que la plupart des fromages de chèvre habituels.

Membres de l'Académie Gault&Millau

Tables Exceptionnelles – 19/20 à 19,5/20

Tables de Prestige – 17/20 à 18,5/20

Tables Remarquables – 15/20 à 16,5/20

Tables de Chef – 13/20 à 14,5/20

Tables Gourmandes – 11/20 à 12,5/20

Tables Originales – 10/20 à 10,5/20

EARL Chèvres d'Argonne
DU BON LAIT CRU

C'est avec amour et passion que Françoise Bremont et Sophie Laluc, mère et fille, élèvent ensemble un joli cheptel de 80 chèvres et 25 brebis laitières. Nourries avec une alimentation sans OGM mais enrichie en lin et en foin de leurs prés, les « demoiselles » produisent chaque jour, en saison (10 mois par an pour les chèvres et 7,5 mois pour les brebis), 200 litres de lait de chèvre et 30 litres de lait de brebis. Les chevrières élaborent sur place des produits au lait cru tels que des fromages frais, natures ou aromatisés, des faisselles, des tomes, des pâtes molles (de type morbier, type camembert ou type reblochon), des yaourts ou encore un fromage de type feta au lait de brebis. De délicieuses préparations nutritives et gustatives.

16, rue du Chemin de Châlons, 51800 VILLERS-EN-ARGONNE
Tél. : 03-26-60-84-93 – Facebook : ChevresDargonne

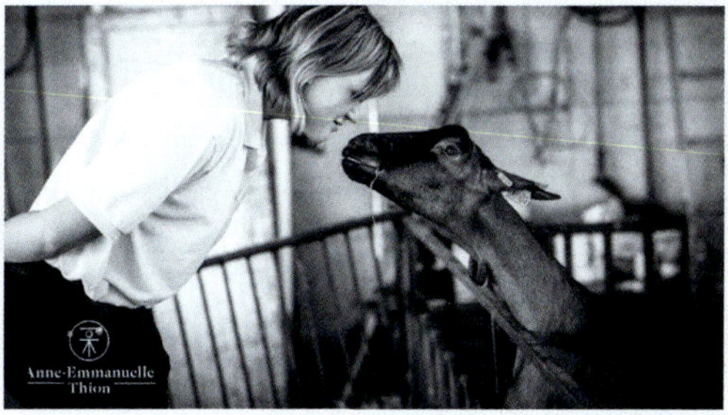

> L'âme du gourmand est toute dans son palais.
>
> Jean-Jacques Rousseau (1712-1778)

Passions Macarons UN FESTIVAL DE SAVEURS

Rose-litchi, caramel beurre salé, violette, pamplemousse, réglisse… Nicolas Favier décline 17 parfums de ces gourmandises aux amandes. Le pâtissier fabrique également des pièces montées pour vos événements, des gâteaux d'anniversaire personnalisés avec des décors en chocolat et des pâtisseries individuelles les week-ends. Envie d'un dessert inédit ? Vous êtes à la bonne adresse.

2, quai Saint-Germain, 51300 VITRY-LE-FRANÇOIS
Tél. : 06-01-71-08-59 – www.passionmacarons.fr

VINAY 51530

HÔTEL

Hostellerie la Briqueterie - 5 étoiles

4 route de Sézanne - T. 03 26 59 99 99 - à partir de : 315€

À seulement 4 km d'Épernay et au cœur du vignoble, cette adresse confidentielle et pleine de charme est idéale pour s'immerger dans la culture et l'art de vivre champenois. Cette ancienne briqueterie transformée en hôtel en 1973 réunit quelque 40 chambres et suites à l'élégance contemporaine, un vaste spa avec hammam et piscine, de très beaux jardins prolongés d'un domaine boisé... Mais on vient avant tout ici pour déguster une cuisine gastronomique parfaitement exécutée et servie dans une belle salle prolongée d'un large bow-window ouvrant sur les fontaines du parc. Membre Relais & Châteaux, cet établissement chaleureux convient particulièrement aux familles avec son menu spécialement imaginé pour les enfants afin de les initier à la gastronomie...

Carte

Addition moyenne d'un prix à la carte englobant le prix d'une entrée + plat + dessert

Menu(s)

Fourchette de prix mentionnant le menu le moins cher et le menu le plus cher proposant à la fois entrée, plat et dessert sans les boissons, qui n'exclut pas les prix intermédiaires

52

HAUTE-MARNE

CHAUMONT 52000

CHOCOLATIER

Sylvain Mussy Chaumont

20 rue Pasteur - T. 03 25 31 39 72

Sylvain Mussy glane son inspiration en observant la nature qui l'entoure. La flore reste très présente dans ses compositions, dont les parfums dominent le goût de chocolats puissants. Ganaches aux thés mûres, lotus, cardamome, pralinés lavande, cannelle...

Membres de l'Académie Gault&Millau

Tables Exceptionnelles – 19/20 à 19,5/20

Tables de Prestige – 17/20 à 18,5/20

Tables Remarquables – 15/20 à 16,5/20

Tables de Chef – 13/20 à 14,5/20

Tables Gourmandes – 11/20 à 12,5/20

Tables Originales – 10/20 à 10,5/20

La Crêpe s'affiche

UNE CUISINE LOCALE ET ARTISANALE

Lauréat du concours *« Mon centre-ville a un incroyable commerce »*, Sophian Maatoug a ouvert en février 2021. Les farines sont biologiques ; les légumes, fromages, œufs, miels et confitures sont produits en Haute-Marne. Caramel beurre salé, chocolat, chantilly… Tout est fait maison dans cette crêperie locale et artisanale qui propose des formules complètes et rapides le midi. Le mobilier est réalisé par des personnes en situation de handicap. Vente à emporter et privatisation possible pour les entreprises et les particuliers.

11, rue Pasteur, 52000 CHAUMONT – Tél. : 03-25-03-32-41
lacrepesaffiche@gmail.com

« La gastronomie est la joie de toutes les situations et de tous les âges. Elle donne la beauté de l'esprit.

Charles Monselet (1825-1888) »

COLOMBEY LES DEUX ÉGLISES 52330

Restaurant Natali

14/20

10 rue Pisseloup - T. 03 25 01 51 69 - Menu(s) 35-115 €

Preuve en est qu'il existe une autre raison de venir à Colombey, l'hôtel-restaurant 4 étoiles de Jean-Baptiste Natali et de son épouse Hélène valent rien que pour eux le détour. Cette splendide maison champenoise accueille autant les charmes régionaux que ceux de la Toscane, chers au cœur de Jean-Baptiste, qui les fait ainsi conjuguer en toute subtilité, mariant les deux terroirs avec expérience et amour. Le très gaullien menu «Je vous ai compris» à 77 € fait la démonstration de cette belle harmonie, avec la tomate confite 14 heures, le saint-pierre de ligne rôti, pomme confite à la bisque et courgette violon, le ris de veau au sautoir, aubergine confite et jus réduit, la fleur de pêche sur un chou, compotée et crémeux mascarpone vanille. Cave bien construite.

HÔTEL

Hostellerie La Montagne - 4 étoiles

10 rue Pisseloup - T. 03 25 01 51 69 - à partir de : 184€

À l'écart de Colombey-les-Deux-Églises, cette belle bâtisse affichant pierres blondes et volets bleus est le refuge du chef Jean-Baptiste Natali et de son épouse, Hélène Cassagnes, sans oublier le maître d'hôtel et sommelier Chan, dont les propriétaires aiment rappeler qu'il est à part entière dans l'aventure... Après un passage chez les plus grands (notamment Daniel Boulud, à New York...), Jean-Baptiste concocte au restaurant Natali une cuisine d'auteur de haut vol. Et les clients fidèles ne résistent pas au plaisir de prolonger leur séjour en posant ici leurs valises comme dans une maison de famille. L'établissement propose 8 chambres et une suite telles une ode à la nature avec leurs matières naturelles et leurs tapisseries fleuries, ainsi qu'une brasserie, La Table du Général, pour une cuisine plus classique, en hommage au grand homme... Le cocktail parfait pour un week-end champêtre et chaleureux.

SAINT DIZIER 52100

L'Archestrate

12/20

17 rue Emile Giros - T. 03 25 08 31 89 - Menu(s) 24-35 €

Une adresse sûre, le rendez-vous qui ne rate jamais, où les locaux se retrouvent pour célébrer les moments heureux. La décoration raffinée et sobre sert de cadre logique à une carte qui ne manque pas sa cible, un croustillant de saint-jacques et chorizo, un filet de bar et purée de pommes de terre au chèvre, un suprême de pintade farci aux escargots, un beau millefeuille. Cave bien accordée.

L'Escale

DANS LA TRADITION CULINAIRE

Jean-Claude Bosmans, son frère et son équipe vous accueillent, à la bonne franquette, dans ce charmant restaurant de Haute-Marne, hors du temps, qui propose aussi un bar et un hôtel. Le bâtiment était autrefois une halte où chevaux et cavaliers faisaient escale pour se restaurer. La cuisine est bonne, simple et généreuse, constamment renouvelée. Ici, place à la tradition gastronomique. Les viandes sont mises à l'honneur, accompagnées de sauces maison. Au gré des saisons, on apprécie les potages de bolets, les flamenkuch, le rôti de porc glacé et son gratin dauphinois ou les poissons avec leur sauce citronnée. On découvre l'Escale à moins d'une heure en voiture de Dijon et une vingtaine de minutes d'Orville. **Le + :** Parking privé gratuit à disposition.

19, rue de Champagne, 52250 LONGEAU-PERCEY – Tél. : 03-25-87-65-13 / 07-50-89-62-60
allin-one.prestasjo@hotmail.fr

La côte verte

LA QUALITÉ EST DANS SA NATURE

Entre simplicité et convivialité, cette table semi-gastronomique, à l'ambiance décontractée, a la nature, les collines et les moutons pour décor. Rudy, en cuisine, et Aurélie, en salle, se font un plaisir de régaler leurs clients avec des suggestions régulièrement renouvelées, même si les ris de veau aux morilles restent l'incontournable de la carte. Ces accords mets et vins*, ou Champagnes, se dégustent dans la salle et ses espaces privatisables. Depuis 2015, ces restaurateurs ont à cœur de surprendre les yeux et les papilles de leurs clients grâce à une cuisine entièrement maison, faite avec passion. On retrouve cette exigence de qualité dans les menus traiteur concoctés par Rudy et sa brigade : la réussite de votre événement est assuré ! *Fermé les dimanche soir, lundi soir et mardi.*

76, rue du Général de Gaulle, 52300 THONNANCE-LÈS-JOINVILLE
Tél. : 03-25-94-03-63 – www.lacoteverte.fr
Facebook : la cote verte

*L'ABUS D'ALCOOL EST DANGEREUX POUR LA SANTÉ

VAUX SOUS AUBIGNY 52190

Aux Trois Provinces - Hôtel le Vauxois

10/20

Place de Verdun - T. 03 25 88 31 98 - Menu(s) 30-48 €

Le Vauxois, bel hôtel du XVIIIe siècle, peut aussi compter sur sa table Les 3 Provinces, où l'on pourra retrouver les classiques de brasserie, les rillettes de canard, les œufs gratinés aux queues d'écrevisses, sauce américaine, le râble de lapin aux pleurotes. Desserts classiques.

LES 10 COMMANDEMENTS DE GAULT&MILLAU

1
« Tu ne cuiras pas trop. »

2
« Tu utiliseras des produits frais et de qualité. »

3
« Tu allégeras ta carte. »

4
« Tu ne seras pas systématiquement moderniste. »

5
« Tu rechercheras cependant ce que t'apportent les nouvelles techniques. »

6
« Tu éviteras marinades, faisandages, fermentations, etc. »

7
« Tu élimineras les sauces riches. »

8
« Tu n'ignoreras pas la diététique. »

9
« Tu ne truqueras pas tes présentations. »

10
« Tu seras inventif. »

54

MEURTHE-ET-MOSELLE

AZERAILLES 54122

BOUCHER

Boucherie Math

30 rue du Général Leclerc - T. 03 83 75 15 09

La viande provient de la ferme de la maison Math, et la traçabilité est directe : de race limousine, les vaches élevées en plein air composent des morceaux de choix, de faible teneur en gras et de texture délicate. Alexandre Math, «Quali Chef», cuisine la totalité des préparations charcutières. Pâtés, andouillettes, boudins et foies sont réalisés dans son laboratoire, comme les plats traiteur bœuf bourguignon, bœuf braisé, potée lorraine, tête de veau sauce gribiche, avec une équipe formée au cordeau.

AOP, IGP ET AOC DES VINS ET EAUX-DE-VIE DU GRAND EST

Alsace, alsace grand cru, coteaux-champenois, champagne, coteaux-de-coiffy, côtes-de-meuse, côtes-de-toul, crémant-d'alsace, haute-marne, marc d'Alsace gewurztraminer, moselle, rosé-des-riceys, whisky alsacien...

Restaurant Le B

GASTRONOMIQUE ET JOYEUX

Entre Nancy et Metz, sortie 25 sur l'autoroute qui va droit au Luxembourg, vous pouvez faire une halte gastronomique au Restaurant Le B de Willy et Julie Barrois. Dans un décor entièrement rénové, l'équipe assure le service pour 35 couverts, en salle ou terrasse. La cuisine y est propre, soignée, gastronomique, avec des produits de qualité comme les cuisses de grenouille, le bœuf irlandais, le pigeon des Vosges ou le foie gras local. Formé chez Anne-Sophie Pic, à Valence, et au Bistroquet de Belleville, le chef assure un service irréprochable après avoir profité du confinement pour rajeunir les espaces. N'hésitez pas à lui demander « La framboise » ou son soufflé à la mirabelle qui devraient enchanter vos papilles.

97, route nationale, 54940 BELLEVILLE
Tél. : 03-83-24-90-12

> « Un poète et un cuisinier se ressemblent bien : c'est le génie qui fait l'âme de leur art particulier. »
>
> Athénée de Naucratis (170-223 ap. J.-C)

Le Rétro 132
FAITES VOS JEUX

À la frontière belge, le bar-restaurant Rétro 132 a redonné vie au village. On y joue aussi au bowling à la Française, sur une piste de jeu de quilles de 1969, de 25 mètres de long, remise à neuf. Stéphane, au bar, et Maxime, aux fourneaux, reçoivent les locaux et les groupes, cyclistes et motards de passage dans la salle rénovée, dans une ambiance familiale et conviviale. Les cuisses de grenouilles au beurre ou à la crème d'aïl font partie des plats phares. Dorade royale, pizzas maison aux ingrédients frais sont à consommer sur place, sur la terrasse ou à emporter. En juillet-août, le vendredi soir, c'est cochon à la broche et l'hiver, soirées à thème. La salle est privatisable pour tous vos événements. **Le + :** Table à langer à disposition sur place.

1, place du 132e RIF, 54260 CHARENCY-VEZIN – Tél. : 03-82-24-45-08
Facebook : Le Retro 132

> Un repas, aussi frugal soit-il, est un instant de rencontre. Il peut être une occasion de joie et de communion, unissant profondément les gens.
>
> Elise Boulding (1920-2010)

La Maniguette
CRÉATIVE ET CONVIVIALE

Pour la 2e fois consécutive dans le Guide, La Maniguette s'inscrit immanquablement dans notre époque. Sa cuisine moderne et créative confirme l'engagement pour le fait-maison, à base de produits frais et locaux. Vous y trouverez une carte qui change au gré des saisons ainsi qu'une formule du jour renouvelée quotidiennement. Le chèvre frais lorrain pané à la pistache, le croustillant aux champignons de Nancy… Jessica Gaurois – récompensée du titre de Maître Restaurateur, en 2021 – et son équipe ont fait de la Maniguette, un incontournable pour les personnes en recherche d'authenticité. C'est dans un cadre cosy avec un accueil chaleureux, que vous y oublierez le temps de votre repas, le stress du quotidien. *Ouvert 7j/7.* **Les + :** Parking privatif accessible aux PMR. Privatisation de l'établissement.

Centre d'Affaires - ZI Clairs Chênes, 54230 CHAVIGNY – Tél. : 07-86-88-38-40
la-maniguette.fr – info@la-maniguette.fr

Auberge lorraine
UNE INSTITUTION

C'est en toute simplicité que l'on s'installe dans le chaleureux restaurant du chef Nicolas Regnier pour y déguster sa cuisine traditionnelle, réalisée maison. Fort de sa maîtrise des cuissons et des recettes, ses plats tels l'escalope vosgienne, le jarret de porc confit, la potée lorraine, la tête de veau ou encore la langue de bœuf font le plaisir des plus exigeants. Tout comme ses desserts, de la mousse au chocolat à la crème brûlée. Les prix y sont très abordables avec une formule entrée-plat-dessert à 13,90€ !

71, rue Carnot, 54170 COLOMBEY-LES-BELLES
Tél. : 03-83-52-00-23

ESSEY LÈS NANCY 54270

BOUCHER

Boucherie Charcuterie Conreux

40 bis avenue Foch - T. 03 83 29 08 54

Damien Conreux est membre de l'Académie gourmande des chaircuitiers, une association qui cherche à promouvoir les créations charcutières en proposant chaque année de nouvelles recettes. Une viande bien persillée, des bêtes soigneusement choisies... et les amateurs n'ont plus qu'à choisir.

TRAITEUR

L'Échoppe Traiteur

131 avenue Foch - T. 07 81 61 17 62

Laurent Lalvée, jeune charcutier-traiteur sacré Meilleur ouvrier de France en 2007, réalise de belles recettes traditionnelles françaises avec un brin de modernité qui allège considérablement le tableau : entremets au foie gras et magret fumé, rigatonis farcis, épaule d'agneau de 12 heures en croûte d'herbes, saumon fumé maison, filet mignon au vin jaune, et une création amusante : le foie gras en forme de tablette de chocolat.

Carte

Addition moyenne d'un prix à la carte englobant le prix d'une entrée + plat + dessert

Menu(s)

Fourchette de prix mentionnant le menu le moins cher et le menu le plus cher proposant à la fois entrée, plat et dessert sans les boissons, qui n'exclut pas les prix intermédiaires

COMMUNIQUÉ

La Fromagerie du Lac

POUR LE MEILLEUR NATURELLEMENT

Sébastien Cousteur, éleveur laitier et créateur des yaourts de Salm à Vieux-Moulin, cherchait à diversifier son activité en s'investissant dans la fromagerie : il ne pouvait trouver meilleure opportunité que la reprise, en juillet 2021, de la Fromagerie du Lac, fondée par Denis Vermeulen. *« L'idée était de préserver les recettes et les principes qui rendent ces fromages uniques : des bêtes nourries au foin et à l'herbe séchés, en grange et au soleil, pour un lait bio plus doux et savoureux »*, décrit Sébastien Cousteur qui prévoit d'agrandir le site de Fenneviller en y installant sa yaourterie, fin 2023. Avec le lait bio de La Ferme Romé à Royaumeix, la Fromagerie du Lac propose une belle sélection de créations fromagères dont la tomme de Pierre-Percée, affinée 6 à 8 semaines. Avec sa pâte pressée aromatique, non cuite, elle se déguste nature ou cuisinée et se décline en tommettes, nature, à l'ail des ours ou à la noisette. On trouve aussi « Le vieux pré », un fromage frais qui se savoure aussi bien froid que chaud, devient fondant et exprime tous les arômes du lait en vieillissant. À découvrir également, des fromages blancs bio, en faisselle moulée à la louche ou préparés « chic » (c'est-à-dire beaucoup plus égouttés que la faisselle) ; des chèvres frais nature ou habillés de condiments ainsi qu'une tomme de chèvre déclinée au fenugrec ou à l'ail des ours. Des spécialités disponibles en vente directe ou via un drive fermier depuis Saint-Dié-des-Vosges (www.drive-fermier-saintdie.fr), en magasins bio, chez les affineurs ou en grande distribution.

40, Grand Rue, 54540 FENNEVILLER – Tél. : 03-83-74-31-26
www.fromageriedulac.fr

Le P'tit Fléville

LA MAISON VOUS AIME

Au P'tit Fléville, venez avec votre envie de bonne chère et de convivialité, la nouvelle gérante, Sandrine Martin, s'occupe du reste ! Dans ce café-restaurant au cœur du village, cette flévilloise vous accueille sous le signe de la fraîcheur et de la générosité. La carte suit les saisons et change chaque semaine : une belle entrecôte de 400g avec ses frites ou sa ratatouille maison, une côte de bœuf à partager, un dos de sandre au vinaigre impérial Moët & Chandon, des joues de porc confites... Le vendredi en période estivale, c'est barbecue à l'ombre du platane (sur réservation) ! Une maison familiale qui fleure bon l'authenticité et la bonne humeur, avec un excellent rapport qualité-prix. *Service restauration ouvert du lundi au vendredi de 11h30 à 14h (bar ouvert de 8h30 à 21h) ; petite restauration le samedi de 9h à 15h.*

1, place du Monument, 54710 FLÉVILLE-DEVANT-NANCY
Tél. : 09-83-34-76-96 – Facebook : lepetitfleville

« La gastronomie est la joie de toutes les situations et de tous les âges. Elle donne la beauté de l'esprit.

Charles Monselet (1825-1888) »

La Fontaine
ON ADORE

Ce restaurant, au calme, est le fruit de l'amitié de trois talents de la restauration : Théo Dardinier, Timothée Stengel et Alexis Fricot. Ensemble, ils vous accueillent dans leur espace contemporain dédié à une cuisine traditionnelle et locale, réalisée sur place. Leurs suggestions proposées à l'ardoise varient quotidiennement : vous apprécierez, par exemple, la betterave en texture et mousse de chèvre suivie du tartare de bœuf charolais au couteau. Enfin, l'ananas rôti au miel de sapin des Vosges, frozen à la cannelle et glace vanille Bourbon est un délice ! La carte des vins*, whiskies et rhums, enchante. Aux beaux jours, installez-vous en terrasse ; l'une est bercée par le ruissellement de la fontaine quand l'autre donne sur l'église. Formule à seulement 18,90€ !

10, place de la Fontaine, 54180 HEILLECOURT – Tél. : 03-83-54-34-33
www.la-fontaine-heillecourt.fr

Cuisiner. C'est l'art le plus beau et le plus complet. Il engage nos cinq sens, plus un : le besoin de donner le meilleur de nous-mêmes

Paulo Coelho (1947-)

*L'ABUS D'ALCOOL EST DANGEREUX POUR LA SANTÉ

JARNY 54800

PÂTISSIER

Pâtisserie Fresson

37 rue Jean Jaurès - T. 03 82 33 18 79

Attention, danger extrême... de succomber à la tentation. La faute à ce grand pâtissier-chocolatier lorrain, MOF 2004, incontestablement très doué, tant en pâtisserie qu'en chocolaterie. La preuve avec ce chocolat au yuzu, au caractère floral et acidulé exceptionnel, ou celui à l'infusion de menthe et bergamote (fleur bleue), dont la fraîcheur et la légèreté peuvent nous rendre facilement addicts. Côté pâtisserie, Franck Fresson, installé depuis quatre générations en Meurthe-et-Moselle, enchante la clientèle locale avec de délicieuses compositions. Tartelette citron au beurre de cacao et gelée de yuzu pleines de fraîcheur et de légèreté, crémeux au confit d'orange aux jus explosifs en bouche, dacquoise aux amandes crème vanille et nougatine, paris-brest crème mousseline-praliné amandes-noisettes, pâtes sablées mangues-vanille... Une dégustation qui vous laisse baba.

AOP, IGP ET AOC DES PRODUITS DU GRAND EST

Bergamotes de Nancy, boudin blanc de Rethel, chaource, choucroute d'Alsace, crème fraîche fluide d'Alsace, emmenthal français est-central, framboise d'Alsace, jambon sec des Ardennes, kirsch d'Alsace, langres, miel d'Alsace, miel de sapin des Vosges, mirabelle d'Alsace, mirabelle de Lorraine, munster, pâtes d'Alsace, quetsche d'Alsace, soumaintrain, volailles de la Champagne, volailles d'Alsace...

Oxalys

LE BISTROT GOURMAND

Porte-bonheur et comestible, l'Oxalys est aussi un restaurant chaleureux d'esprit bistronomique avec une cuisine 100% maison. De ses parents pâtissiers et MOF, Johnn a gardé l'envie de faire ses desserts lui-même, comme la poire conférence. Avec Angélique, son épouse, au service, il met la même émotion et la même passion à cuisiner des produits frais pour des plats élaborés, comme l'œuf parfait truffé, son plat Signature, un thon mi-cuit façon Rossini, un bœuf Angus et son jus de veau, ou le cœur de ris de veau caramélisé. Qualité des mets locaux et des cuissons, associations parfaites, la cuisine suit les saisons et la présentation des plats est superbe. Musique jazz, plafond de plantes, claustras de bois et une terrasse avec oliviers dans l'esprit méditerranéen incitent à la détente. Avec un seul service, on ne presse personne.

72 B, rue de Longwy, 54720 LEXY – Tél. : 06-47-97-48-66

.BE

LE BISTROT JUSTE PARFAIT

De vraies frites maison à partir de pommes de terre épluchées sur place et aux deux bains de cuisson dans une huile végétale bio. C'est ce qui fait la renommée, depuis 2011, de cette accueillante brasserie familiale. À savourer avec une bonne bière* belge ! On y déguste, en terrasse, des burgers à la truffe, au foie gras maison, mais aussi au poisson ou à la volaille (avec de vrais filets !), en plus des plats bistrot classiques.

17, rue Aristide Briand, 54400 LONGWY – Tél. : 03-82-44-95-69
Facebook : Restau.Be

*L'ABUS D'ALCOOL EST DANGEREUX POUR LA SANTÉ

LUDRES 54710

Les Canailles

11,5/20

Route de Fléville - T. 03 83 22 65 35 - Menu(s) 24 €

Dans une zone industrielle, cet établissement improbable est pris d'assaut par les amateurs de cuisine bistrotière, et il faut absolument réserver pour cette cuisine canaille. L'os à moelle est généreux et accompagné de focaccia au romarin et échalote confite, les pattes de poulpe partagent l'assiette avec un carpaccio de betteraves rouges et de betteraves jaunes rôties, un simple et fade baba au rhum avec de la chantilly termine les agapes. Simple carte des vins à prix sages, mais correspondant bien à la cuisine proposée.

MONCEL LÈS LUNÉVILLE 54300

ÉLEVEUR

Ferme Haffner

1 bis rue de Saulcy - T. 03 83 71 07 42

La famille Haffner est dans la production du porc et elle s'engage. Les animaux sont élevés et nourris à la ferme, à base d'aliments produits également sur place, la viande est fumée au bois de hêtre. Le magasin propose 90% de production locale établie dans un rayon de 250 km, d'éleveurs exclusivement soucieux de la nature des produits commercialisés : produits laitiers, charcutiers, boulangers ou d'épicerie fine sont faits dans le respect d'une fabrication vertueuse. Vente en ligne sur le site dédié.

NANCY 54000

La Maison dans le Parc

15,5/20

CHEF : CHARLES COULOMBEAU

3 rue Sainte-Catherine - T. 03 83 19 03 57 - Menu(s) 50-110 €

Charles Coulombeau se trouve de mieux en mieux dans cette maison à laquelle Françoise Mutel avait donné une classe à part et bouscule, dans l'impudence de sa jeunesse, la hiérarchie et la tradition nancéiennes. Peu de choix dans le beau menu à 78 €, mais tout est minutieusement pensé et réalisé avec talent. Le ris de veau de lait rôti est accompagné de comté, de panais, de wasabi, d'anchois (en extrême discrétion) et d'une béarnaise à la bonite fermentée et fumée, une belle préparation terre-mer qui prépare à la sole, enroulée par une feuille de nori, feuilles d'huîtres et brocoli, des billes de gin et un beurre blanc au gin. Parmi les desserts signature, le soufflé à la banane creusé par un bouchon glacé au cidre et arrosé d'un caramel au beurre salé, un bel équilibre très savoureux, qui varie les fruits selon les saisons. Le personnel est attentif et aimable, le sommelier commente avec zèle une carte bien fournie en toutes régions et même en vins étrangers.

Transparence

15,5/20

CHEF : PATRICK FRECHIN

28 rue Stanislas - T. 03 83 32 20 22 - Menu(s) 40-90 €

On ne présente plus la table de Patrick Fréchin, figure tutélaire de la scène culinaire nancéenne, et qui s'est imposée depuis des années avec sa cuisine contemporaine toujours renouvelée. Le chef, qui aime le beau, est bien évidemment installée près de la place Stanislas, et poursuit sa recherche dans l'assiette en travaillant les meilleurs produits, dans des compositions aussi belles à voir que bonnes à manger : un risotto au noir et coquillages avec une délicate écume d'iode et mascarpone, un maigre et algues aux couteaux relevés au pamplemousse chou-fleur, une caille désossée et millefeuille de légumes, enfin un aérien vacherin mandarine et perles de caviar, crème acidulée et glace charbon végétal. Le soir, deux menus surprise au choix, en 4 ou 6 services, à 50 ou 90 €. Cave remarquable.

La Toq

14/20

1 rue Mgr Trouillet - T. 03 83 30 17 20 - Menu(s) 25-78 €

Juste à côté de la basilique Saint-Epvre, Bertrand Heckmann tient une de ces tables d'affaires auxquelles on se rend les yeux fermés, pour le cadre d'un goût raffiné et les assiettes gastronomiques imbattables. L'endroit est d'une humeur feutrée, avec des tons taupe déclinés, un mobilier d'inspiration scandinave aux lignes très épurées, idéal pour retrouver les plus beaux produits du terroir. Le chef les travaille avec professionnalisme, dans un style de grande tradition : saint-jacques snackées, scorsonères, cresson de fontaine et jeunes pousses, viennoise de sandre, dauphine, poireaux, cecina de León et persil plat, ris de veau en croûte de polenta, jus de carottes à l'orange et épinards, millefeuille minute. Menus de 25 à 78 €.

Le Capucin Gourmand

12,5/20

31 rue Gambetta - T. 03 83 35 26 98 - Carte 74 € - Menu(s) 49 €

À deux pas de la place Stanislas, Le Capu accueille les clients dans une grande salle cosy et chaleureuse, à la moquette chatoyante, aux fauteuils enveloppants, un cadre propice aux belles œuvres d'Hervé Fourrière, sans prise de risque inconsidéré. Le tourteau est servi en effiloché avec céleri et pickles d'oignon rouge. Les saint-jacques sont accompagnées d'une mousseline de céleri et de pleurotes poêlés, en terminant par une composition autour de la mandarine. Chacun à son poste est aimable et attentif, petite carte des vins décomposée en deux parties, classique et prestige.

V'Four

12,5/20

10 rue Saint-Michel - T. 03 83 32 49 48 - Menu(s) 27,50-66 €

Au cœur du vieux Nancy, Bruno Faonio et son épouse Michelle tiennent cette charmante table fuchsia, d'obédience bistronomique et actuelle. Le chef retravaille les produits phares de la cuisine française dans des alliances plus actuelles et créatives, dans quatre menus bien composés de 27,50 à 66 €. Le menu

«Saint-Michel» à 35,50 € est une bonne introduction médiane, avec son œuf en cuisson lente, émulsion de champignons, poudre de cacao et noisettes terrifiés, son filet de truite d'Heimbach cuit à basse température, légumes au wok, bouillon miso, civet et ciboulette, un suprême de volaille jaune, fricassée de topinambours et sauce Albufera. Réservation conseillée.

Le 27 Gambetta

12/20

27 avenue Gambetta - T. 03 83 35 81 33 - Menu(s) 23-42 €

Avec ses grandes fenêtres en arrondi, son intérieur bois et moquette et ses lignes contemporaines, la table propose un cadre élégant et intimiste, en phase avec une clientèle de voyageurs et d'habitués. Si la ligne est aujourd'hui franchement celle d'un bistrot, les bonnes habitudes ne se perdent pas et, dans ce registre, on peut néanmoins parler de cuisine de chef. Comme en témoigne le bon gaspacho de concombres et truite façon gravlax, la poitrine de porc, bien cuite mais malheureusement pas assez relevée, laquée miel et épices, et un honnête dessert abricot. Bon service par un jeune directeur plein d'assurance et qui fait aussi office de sommelier avec à-propos.

Au Bistronome

11/20

19 rue Saint-Michel - T. 09 67 60 59 17 - Carte 40 €

À côté de l'université, un sympathique petit bistrot de ville, avec sa devanture à l'ancienne en bois et police Art nouveau, son intérieur épuré en bois et éléments rétro. L'adresse mise sur une cuisine de marché et une expérience plutôt populaire, avec des propositions du jour à l'ardoise. Les assiettes du chef Julien Picard sont assez simples et efficaces, manquent parfois un peu de cohérence, mais les promesses sont globalement tenues, un très beau foie gras poêlé, un risotto au poulet et au jambon cru, un fondant au chocolat. Service aimable.

L'Eden

11/20

45 Grande Rue - T. 03 83 31 44 63 - Carte 50 €

Tout près du parc de la Pépinière, cette jeune adresse bistronomique a su s'imposer dans le paysage local pour son cadre élégant en parquet, chaises Louis XVI et lumières tamisées, et sa cuisine contemporaine propice aux repas d'affaires. Les assiettes suivent les saisons et sont dans la bonne mode, avec un travail honorable sur le produit, des dressages recherchés, quelques idées comme des encornets en carbonara, un filet de dorade, noisettes, espuma de topinambour et poireaux braisés, un onglet de bœuf, sauce marchand de vin, croustillant de brocolis et pommes dauphine, un chou crémeux, citron meringué, pistache et basilic. Service amène.

Tables Gourmandes – 11/20 à 12,5/20

Au Grand Sérieux

11/20

27 rue Raugraff - T. 03 83 36 68 87 - Menu(s) 24-28,50 €

Ce bistrot canaille est une quasi-institution à Nancy, une maison à la bonne franquette qui respire la nostalgie et les ambiances d'antan, avec son zinc des années 1950, ses chaises Thonet et son atmosphère rétro qui n'a rien d'une reconstitution. On y mange à l'ardoise des assiettes simples et bien faites, cuisses de grenouilles et asperges vertes, lieu jaune aux fèves, rognons de veau crème à l'ail noir, mousse au chocolat framboise. Et le dimanche, c'est brunch !

Les Pissenlits

11/20

27 rue des Ponts - T. 03 83 37 43 97 - Carte 45 € - Menu(s) 34 €

La table de la famille Mengin est un bel hommage à l'école de Nancy, représentée ici par une façade décorée et un mobilier choisi. Le bois sculpté et le marbre font ainsi la salle du restaurant, où l'on pourra découvrir une cuisine traditionnelle en cohérence, avec le gâteau de sandre aux herbes et fondue de pleurotes, le dos de cabillaud, compotée de poireaux et carottes au curry, un parmentier de bœuf façon bourguignonne à la patate douce, un fondant au chocolat extra bitter. Cave adéquate.

La Table de Béa

11/20

23 rue Grande Rue - T. 03 83 35 51 94 - Menu(s) 34 €

Non loin de la place Stanislas, Béatrice Tanésy propose une jolie cuisine diététique d'inspiration orientale, développée dans un menu à 34 € de bon rapport qualité-prix. Dans l'idée, on pourra se laisser tenter par la purée de pois cassés au raifort et à la coriandre, lard fermier grillé, la purée de céleri, crème café réglisse et crumble amande-noisettes à la farine de petit épeautre, un pulled pork avec des pommes de terre au four au curry, ou encore une crème brûlée au safran d'Alsace. Service souriant.

La Table du Bon Roi Stanislas

11/20

7 rue Gustave Simon - T. 03 83 35 36 52 - Menu(s) 44 €

C'est un voyage dans le temps qui est proposé par cette maison située non loin de la place Stanislas, non par la décoration, mais par les assiettes, qui offrent un tour d'horizon des grandes traditions de l'époque. En plus de la réalisation et d'une carte des vins plaisante (une vingtaine de crus lorrains, des vins de chez Gros et Naudin, une sélection hongroise), on retrouve donc les grands classiques de l'époque du Roi, les fameuses «bouchées Marie Leszczynska», le filet de poisson aux herbes, fromage frais et citron, le porcelet braisé, basilic et parmesan, le filet de canard rôti à l'abricot, miel et romarin, le baba au vin de Tokaji et neige de safran. À partir de 44 €.

Le Tém

11/20

17 Grande Rue - T. 03 83 32 52 62 - Menu(s) 18-38 €

Près de la place de la Carrière, une cantine-terrasse de copains qui fait du bien, pratique et efficace pour partager un casse-croûte entre collègues et un bon verre de vin. L'endroit est sobrement décoré, dans une veine actuelle plaisante, petites banquettes, tables en bois à la parisienne avec façade vitrée. La carte assure son office, avec des œufs meurette pour la tradition, un saumon gravlax pour la mode, un fish & chips pour la jeunesse, un quasi de veau et carottes glacées au jus d'orange, crème de carottes pour les aînés. Beau buffet de desserts.

Vins et Tartines

11/20

25 bis rue des Ponts - T. 03 83 35 17 25 - Carte 28 €

Installé dans une magnifique cave du XVIIe siècle aux colonnes sculptées, cet établissement à l'esprit canaille réunit une cave exceptionnelle de près de 500 références, signée Clotilde Mengin, et une carte régressive de plats en tartine. Les deux font parfaitement la paire et les Nancéens viennent se régaler de mâchons, de tartine feuilletée de ris de veau et sauce aux morilles, de polenta croustillante, brandade de morue aux poireaux, chips de chorizo et sauce au poivron rouge, ou encore d'une tartine finger au chocolat noir et cacahuètes.

HÔTEL

Best Western Plus Crystal, Hôtel & Spa - 4 étoiles

5 rue Chanzy - T. 03 83 17 54 00 - à partir de : 148 €

L'un des plus anciens établissements de la ville (autrefois hôtel de Strasbourg), propriété de la famille Gantois depuis trois générations et parfait symbole de la richesse des arts décoratifs qui caractérisent l'architecture de Nancy. Agrandi en 2018, l'hôtel se déploie autour de 49 chambres et suites au charme contemporain avec, au rez-de-chaussée, un bar réchauffé d'une belle cheminée et le premier spa d'hôtel de la ville, avec piscine, hammam et cabines de soin. Une mention également pour le bar lounge, le jardin d'hiver coiffé d'une jolie verrière et le vaste rooftop, où l'on vient boire un cocktail imaginé par le mixologue Tinihau Moilon en admirant la délicieuse place André-Maginot (ancienne place Saint-Jean) en contrebas et la façade baroque du temple protestant de la ville.

Grand Hôtel de la Reine - 5 étoiles

2 place Stanislas - T. 03 83 35 03 01 - à partir de : 142 €

Construit en 1769 sous l'impulsion du duc de Lorraine Stanislas Leszczynski, le beau-père de Louis XV, ce bijou d'architecture a longtemps été une école de musique. Réaménagé en hôtel, il offre désormais le luxe rare de séjourner dans un édifice qui rend hommage au meilleur de l'art décoratif français avec ses grands salons ornés de boiseries et moulures anciennes. Imaginées de façon plus contemporaine, les 51 chambres et suites déclinent de beaux camaïeux de gris et taupe, des literies 5 étoiles et, surtout, des vues éblouissantes sur la plus belle place d'Europe, la place Stanislas, classée au patrimoine mondial de l'Unesco. Un lieu rare, parfait camp de base pour partir à la découverte des splendeurs Art nouveau de la ville.

BOULANGER

Maison Gwizdak

19 rue Raugraff - T. 03 83 32 12 30

Cette jolie boutique d'allure artisanale et moderne s'est imposée depuis 1993 pour ses beaux pains bio et au levain naturel. Fondée par Fabrice Gwizdak, la boulangerie délivre ainsi des pains spéciaux reconnus, au petit épeautre, et des spécialités locales, quiche lorraine, pâté lorrain, bouchées à la reine, gâteau lorrain ou visitandines.

CAVISTE

La Cave du Faubourg

14 rue du Faubourg des Trois Maisons - T. 03 83 36 60 69

La cave, fondée en 1997 par Dominique Ducreau, a été reprise en 2019 par Aurore Bonnot et François Geffriaud. Tournée vers les vins locaux, de Bourgogne et du Sud-Ouest, elle se caractérise par une clientèle avant tout professionnelle, qui apprécie la sélection de près de 500 références.

Les Domaines

2 rue Claude Charles - T. 03 83 30 53 39

Juste en dessous de la place Stanislas, cette grande boutique contemporaine en acier et verre sur deux niveaux promet une expérience caviste à la pointe de la modernité. Les sélections sont bien rangées et les conseils de bonne hauteur pour ne pas se perdre au milieu des vignes. Plus de 850 étiquettes sur le vignoble français et pas moins de 600 références en spiritueux.

CHOCOLATIER

Alain Batt Chocolats

40 rue Saint-Georges - T. 03 83 32 85 97

Artisan chocolatier installé depuis plus de trente ans, Alain Batt propose des douceurs inspirées des traditions lorraines. Sa boutique du centre, décorée dans une veine plutôt classique et locale, associe des techniques pros à des matières régionales, les bonbons à la mirabelle, les bergamotes de Nancy, les macarons et de nombreux chocolats grand cru en tablette.

Schmitt Chocolatier

18 rue Gambetta - T. 03 83 30 75 49

À deux pas de la place Stanislas, l'entreprise de ces trois frères a été de nombreuses fois récompensée pour la qualité de ses chocolats. L'aventure commencée en 1983 se poursuit avec sagesse et savoir-faire. Les ballotins comme les tablettes sont évidemment conseillés, ainsi que les pâtisseries, les biscuits et les spécialités, «Le Granit» ou encore «L'Oignon de Jonquille».

CONFISEUR

Lefèvre-Lemoine

47 rue Henri Poincaré - T. 03 83 30 13 83

Maison historique fondée en 1840, la célèbre biscuiterie est un hommage tout en couleur au faste Belle Époque de Nancy, avec ses façades décorées, son bois mouluré, son sol en dalles et ses gammes de produits régionaux. On y retrouve bien sûr les bergamotes de Nancy, les macarons, ainsi que les confiseries à la mirabelle ou encore les gâteaux Stanislas à la noix.

ÉPICIER

L'Épicerie du Goût

4 place de Vaudemont - T. 03 83 20 28 21

Temple des traditions lorraines, cette maison installée non loin de la place Stanislas propose environ 1500 produits, principalement de la région. Pour qui veut découvrir les richesses du terroir et des cultures locales, l'endroit est tout trouvé : bières, bergamotes de Nancy, macarons, eau-de-vie de mirabelle, potée lorraine, vins de Moselle, confitures, bocaux, terrines...

PÂTISSIER

La Maison des Sœurs Macarons

21 rue Gambetta - T. 03 83 32 24 25

À l'origine du fameux macaron de Nancy, les deux sœurs, expulsées du couvent après la Révolution, se retrouvent à commercialiser l'une des pâtisseries les mieux gardées de la congrégation, dont la recette se transmet de main en main pour être aujourd'hui réalisée par Nicolas Genot. L'adorable boutique a conservé un esprit 1900, pour marquer le passage du temps avec beaucoup de poésie. Outre les macarons, on pourra se laisser tenter par les chocolats ou encore les spécialités à la bergamote ou à la mirabelle.

Carte

Addition moyenne d'un prix à la carte englobant le prix d'une entrée + plat + dessert

Le vestiaire
PÉPITE DYNAMIQUE ET SOLIDAIRE

Le Vestiaire est une suite de bonnes nouvelles. Situé dans la vieille ville de Nancy, à côté de la Porte de la Craffe, le restaurant ne propose que des produits frais de saison, pour une cuisine généreuse où tout est fait maison. On y vient pour les pizzas, les planches (que l'on peut confectionner soi-même !), le menu entrée-plat-dessert, les alternatives végétariennes gourmandes et généreuses (plats et planches), l'ambiance conviviale, les deux terrasses et les concerts tous les vendredis d'été. Impossible de se lasser : la carte change chaque mois (sauf pizzas et planches). À emporter et livraison. *Fermé le dimanche.*
Le + : Membre de l'association Les Frigos Solidaires, le patron met à disposition les invendus dans un frigidaire installé devant le restaurant.

139 bis, Grande Rue, 54000 NANCY – Tél. : 03-83-32-91-41
Facebook : Le Vestiaire - Restaurant

« La bonne cuisine est honnête, sincère et simple.
Elisabeth David (1913-1992) »

Au Duché de Lorraine – Maison Lefèvre-Lemoine

UN VOYAGE ACIDULÉ

Becs sucrés, cette entreprise familiale séculaire mettra tous vos sens en éveil. Au cœur de la ville depuis 1933, la boutique Au Duché de Lorraine est incontournable en matière de biscuiterie, confiserie et chocolaterie. De passage à Nancy ou Nancéien, goûtez les célèbres macarons de Nancy, d'après la recette traditionnelle et familiale datant de 1840. Vous ne les trouverez nulle part ailleurs aussi moelleux et croustillant. Découvrez les croquantes bergamottes de Nancy, le pain d'épices (à l'effigie de saint Nicolas en fin d'année). Laissez-vous tenter par une croquandine (parfumée au chocolat, peut-être ?), puis par une truffe Bergamotta. Et prenez le temps de plonger dans l'histoire, en vous installant dans le salon de thé au mobilier typiquement lorrain. Le voyage peut commencer…

47, rue Henri Poincaré, 54000 NANCY – Tél. : 03-83-30-13-83
www.lefevre-lemoine.fr

> De toutes les passions, la seule vraiment respectable me paraît être la gourmandise.
>
> Guy de Maupassant (1850-1893)

*L'ABUS D'ALCOOL EST DANGEREUX POUR LA SANTÉ

Le Comptoir Saint-Michel
RÉCONFORTANT

Tout ici, de la cuisine plaisir à l'accueil chaleureux, en passant par les suggestions maison et la carte des vins*, est réconfortant. Ce qu'Alain Clément cherche avant tout, c'est faire plaisir à ses convives avec des produits frais, travaillés de manière simple et franche. L'un des meilleurs exemples est incontestablement le plat Signature du Comptoir Saint-Michel : les rognons de veau, croustillants dehors et fondants dedans. Idéalement situé, dans une rue piétonne du vieux Nancy, dans une maison de ville pleine de charme, ce restaurant propose une carte courte, des assiettes copieuses et bien présentées. Quand elles ne sont pas garnies des fameux rognons, elles se parent de mets traditionnels français à connotation asiatique. Réservation recommandée. *Ouvert du mardi au dimanche midi.* **Le + :** Plats à emporter.

2, rue Saint-Michel, 54000 NANCY – Tél. : 09-51-25-39-52
Instagram : le_comptoir_saint_michel

> C'est au cours d'un dîner copieux
> que la spiritualité de l'homme
> se manifeste avec le plus d'évidence.
>
> Somerset Maugham (1874-1965)

PONT À MOUSSON 54700

Le Fourneau d'Alain

11,5/20

64 place Duroc - T. 03 83 82 95 09 - Menu(s) 36 €

Caché au premier étage sous les arcades de cette grande place, Alain Fornara propose une cuisine assez traditionnelle mais goûteuse et généreuse. Un menu du chef à 36 € et une carte qui attire les curieux : les filets de rougets poêlés sont accompagnés de mesclun et d'une inattendue glace basilic bien agréable, avant un pavé de bar sauvage, risotto poêlé. En dessert, une copieuse et gourmande feuillantine aux fruits rouges, pour un ensemble qui vaut bien 1 toque. Les vins sont à des prix raisonnables et le service est décontracté.

REHAINVILLER 54300

Château d'Adoménil

16/20

CHEF : CYRIL LECLERC

Rehainviller - T. 03 83 74 04 81 - Menu(s) 78-160 € Ⓟ

Les amateurs de belles pierres et de châteaux seront évidemment à la fête au sein de cette élégante demeure du XVIIIe siècle nichée au cœur de la campagne lorraine. Si l'idéal est évidemment de passer le week-end sur place pour profiter du charme des chambres et du grand air, la table dirigée par Cyril Leclerc vaut le détour à elle seule pour son approche à la fois classique, personnelle et inventive de la cuisine. Pâtissier de formation, cuisinier autodidacte, il se montre aussi à l'aise sur le foie gras de canard de Chalosse, le crabe en textures émulsion de corail et le ris de veau au lard de Colonnata, betterave et airelles, autant de jolis plats qui démontrent une réelle connaissance des produits. Beaux desserts, confort admirable (mises de tables élégantes), cave riche en grands crus.

HÔTEL

Château d'Adoménil - 4 étoiles

7 route Mathieu de la Haye - T. 03 83 74 04 81 - à partir de : 142€ Ⓟ

Membre Relais & Châteaux, ce bel édifice XVIIIe se situe à proximité de la cité de Lunéville où Voltaire se sentait, disait-il, «comme à Versailles». Restauré avec soin et transformé en hôtel-restaurant dans les années 1970, le château d'Adoménil invite désormais ses hôtes à déguster la cuisine gastronomique du chef Cyril Leclerc qui magnifie produits et recettes du territoire lorrain. Et ce n'est pas tout... Pour inviter leurs fidèles à prolonger l'expérience, Cyril et son épouse Sophie ont conçu 14 chambres et suites pleines de charme, mêlant habilement références historiques et confort contemporain ; le tout réparti entre le château, les anciennes écuries et la maison du vigneron. Une mention également pour le beau parc qui entoure la propriété, ombragé de grands arbres et rafraîchi d'une piscine.

ROZELIEURES 54290

DISTILLATEUR

La Maison de la Mirabelle

16 rue Capitaine Durand - T. 04 90 66 09 57

La Maison de la Mirabelle, c'est une vraie histoire de famille. En 1973, alors que cette variété de prune, que l'on appelait «le fruit d'or», était délaissée par bon nombre de producteurs, Hubert Grallet, lui, décida de la sublimer. On retrouve dans la boutique de nombreux produits à base de mirabelles : des confitures, des bonbons, des spiritueux, et même du parfum !

SAINT MAX 54130

CHARCUTIER

Charcuterie Alain George

14 avenue Sadi Carnot - T. 03 83 29 45 00

Soucieux de sa clientèle et des produits à la vente, ce charcutier-traiteur adhère à la Confédération nationale des charcutiers-traiteurs. Pascal Batagne de la maison Alain George est aussi membre de l'Académie gourmande des chaircuitiers. Deux bonnes raisons de reconnaître à cette adresse les valeurs qu'elle défend : «Le goût de l'authenticité et la recherche d'innovation», comme nous dit Pascal.

AOP, IGP ET AOC DES VINS ET EAUX-DE-VIE DU GRAND EST

Alsace, alsace grand cru, coteaux-champenois, champagne, coteaux-de-coiffy, côtes-de-meuse, côtes-de-toul, crémant-d'alsace, haute-marne, marc d'Alsace gewurztraminer, moselle, rosé-des-riceys, whisky alsacien...

Choco & Co
LA FINESSE EN BOUCHE

Artisan chocolatier implanté depuis 2011, Cédric Barchat travaille avec deux ingrédients principaux : la créativité et l'exigence. Le résultat ? Savoureux et esthétique. Les réalisations sur-mesure surprennent, et les incontournables tels que le bouquet de fleurs chocolaté, le praliné croustillant ou encore les chocolats à la mirabelle déclenchent bien des passions. L'utilisation d'un chocolat 100% beurre de cacao, de colorants exclusivement naturels et l'absence de conservateur font de Choco & Co une adresse incontournable. *Ouvert du mardi au samedi de 10h à 19h.*

25, avenue Carnot, 54130 SAINT-MAX – Tél. : 03-83-21-43-87
www.choco-and-co.fr

> L'âme du gourmand est toute dans son palais.
>
> Jean-Jacques Rousseau (1712-1778)

Maison Haupert
LE PAIN CUIT AU FOUR À BOIS

Le succès de la boulangerie de Sarah et Laurent Haupert réside dans ses deux gammes de pain – l'une au levain, l'autre aux levures – à la farine bio, façonnés à la main sur toile de lin à l'ancienne et cuites au feu de bois. Quatorze sortes de pains le week-end, six en semaine font venir les gourmands, même du Luxembourg ! Les succulentes viennoiseries bénéficient du même savoir-faire.

1, rue Marc Raty, 54750 TRIEUX – Tél. : 03-82-46-33-32
Facebook : Maison Haupert La Mie du Terroir

SAINT NICOLAS DE PORT 54210

BOUCHER

Jacquot Boucherie Charcuterie

2 rue Bonnardel - T. 03 83 48 10 31

Voilà plus d'un siècle que la maison Jacquot approvisionne la commune de Saint-Nicolas. Émile et Lydie perpétuent la tradition familiale avec conviction. Jambons blancs, fromages de tête et pâtés sont faits maison, comme 90% de la production. Côté rayon boucherie : viande charolaise et veau élevé sous la mère sont choisis sur pied dans des fermes de proximité.

TOUL 54200

TORRÉFACTEUR

Aux Grains de Café

20 rue Carnot - T. 03 83 64 13 03

Cet artisan spécialiste du thé et du café torréfie lui-même ses grains, chaque origine méritant un traitement approprié et minutieux. La maison propose 16 origines pures, dont un maragogype du Guatemala, un Sumatra, un Malabar, un Papouasie-Nouvelle-Guinée et trois mokas. Également des mélanges, un décaféiné et des capsules. Pour compléter la dégustation, épicerie fine, confiserie, chocolats et, bien sûr, thés et tisanes.

Carte

Addition moyenne d'un prix à la carte englobant le prix d'une entrée + plat + dessert

Menu(s)

Fourchette de prix mentionnant le menu le moins cher et le menu le plus cher proposant à la fois entrée, plat et dessert sans les boissons, qui n'exclut pas les prix intermédiaires

55

MEUSE

BAR LE DUC 55000

Bistro Saint-Jean

13,5/20

132 boulevard de La Rochelle - T. 03 29 45 40 40 - Menu(s) 37-43 €

Malgré un nom qui pourrait sembler quelque peu générique, ce bistro a plutôt de l'ambition, réussissant à s'imposer comme l'une des meilleures tables de la ville. Située non loin de la mairie, l'adresse défend un lieu élégant et feutré, idéal pour les repas d'affaires et les belles occasions. On y retrouve une cuisine de marché convaincante, avec des beaux produits, comme le velouté de homard glacé aux gambas, burrata et pistou, un maigre corse et légumes de saison, une pièce de bœuf à la crème de morilles et pleurotes. Desserts classiques. Carte des vins correcte.

BOUCHER

Maison Parmentier

104 boulevard de la Rochelle - T. 03 29 79 15 02

Éric Parmentier est un personnage. Dynamisme, sens de l'humour et savoir-faire sont des qualificatifs qui lui vont bien. Volailles de Challans, veau élevé sous la mère, bœufs et porcs d'origine limousine garantis par un Label rouge... Résultat des courses : des jambons secs et des saucisses qui assurent le credo de la maison : «Plus de goût, plus de saveur et plus de plaisir.»

CONFISEUR

À la Lorraine Maison Dutriez

35 rue de l'Etoile - T. 03 29 79 06 81

Le point commun entre Churchill, Victor Hugo et Marie Stuart ? La confiture de groseilles, dont ils auraient été amateurs. Chez Anne Dutriez, les groseilles sont ramassées à la main et épépinées à la plume d'oie, ce qui en fait toute sa texture si fine au palais. La confiture vaut son pesant... de groseilles, mais elle reste unique au monde et mérite une dégustation. Rejoignez le club des grands de ce monde !

ÉCOUVIEZ 55600

Les Épices Curiens

14/20

3b place de la Gare - T. 03 29 86 84 58 - Carte 64 € - Menu(s) 35 €

Cela fait maintenant quinze ans que Valérie et Pascal Mertz tiennent ce charmant hôtel-restaurant au cœur de la Lorraine gaumaise, juste en face de la Belgique. Le chef y développe une cuisine de marché et de saison, qu'il fait évoluer au gré des années avec des petites touches de fusion bienvenues. Le menu-carte tient ses promesses, avec par exemple un délicat gravlax de bœuf lorrain à l'asiatique, prunes, miso et sorbet wasabi, des noisettes de lotte, moules de bouchot et curry bengali, risotto, épinard et parmesan, ou encore un filet mignon de cochon rôti au poivre noir, échine fondante au thym, grenailles et ail confit. Cave assortie.

LACROIX SUR MEUSE 55300

CHARCUTIER

B.C. Polmard

47 rue du Général de Gaulle - T. 03 29 90 12 43

Benoît Polmard sait s'entourer d'une équipe solide pour l'accompagner efficacement dans son métier de boucher-charcutier-traiteur. Les animaux sont choisis dans les fermes environnantes et leur transformation, leur mise à maturation ainsi que le découpage des morceaux témoignent de leur dextérité et de leur goût du produit. La charcuterie est préparée sur place, comme le boudin (noir, blanc, truffé ou à la mirabelle), les pâtés campagne, mirabelle (pour rester dans le produit local) ou la galantine de volaille. Tournées dans les villages alentour.

SAINT MIHIEL 55300

BOUCHER

Boucherie Polmard

9 place du Saulcy - T. 03 29 89 10 83

Sur la ferme familiale d'environ 100 ha, Alexandre Polmard et son père élèvent une centaine de génisses nées dans les Landes, qui arrivent ici à l'âge de 120 jours (blondes d'Aquitaine exclusivement). Il produit une viande maigre, avec moins de gras et plus de goût, comme cet étonnant onglet de bœuf maturé 34 jours, au grain si fin que les fibres longues ont littéralement disparu...

VERDUN 55100

CONFISEUR

Les Dragées de Verdun

3 rue Pasteur - T. 03 29 86 05 22

Une amande enrobée de sucre et de miel... telle était la dragée imaginée par un apothicaire verdunois en 1220. La dragée a traversé les générations et évolué pour devenir, vers 1600, la confiserie telle que nous la connaissons aujourd'hui. La maison Braquier perpétue le savoir-faire artisanal de la fabrication depuis 1783. Cette délicieuse confiserie accompagne traditionnellement les fins de repas des grands moments de la vie familiale. Autre spécialité de l'établissement, «L'Obus de Verdun» : une coque en chocolat qui explose afin de laisser s'échapper dragées, sucreries et gadgets, pour le plus grand plaisir des gourmands, petits et grands ! Cet Obus a été imaginé par la maison Braquier à la suite de la défaite de 1870 et en référence à la bataille de Verdun, quelques décennies plus tard. Mais qu'importent les origines, cette spécialité permet à Verdun de prêter son nom à un produit qui laissera de bons souvenirs ! Magasin d'usine au 50, rue du Fort-de-Vaux.

57

MOSELLE

BAERENTHAL 57230

L'Arnsbourg

15/20

CHEF : FABIEN MENGUS

18 Untermuhlthal - T. 03 87 06 50 85 - Menu(s) 59-149 €

Blottie dans un vallon bucolique de la campagne des Vosges du Nord, qui sommeille au pied du Grand Arnsbourg, cette ravissante halte de charme, posée sur pilotis pour enjamber un bras de la Zinsel du Nord, offre une large vue sur le parc, qui fait le succès de cette table. Ce cadre lumineux, qui tutoie la nature, semble donner beaucoup d'énergie à Fabien Mengus, qui met sa technique au service de produits impeccables. Parmi nos plats favoris figurent les jolis poissons bien achetés, transcendés par des cuissons expertes, tel le skrei poché, associé à des poireaux cuits en croûte de sel et souligné par un audacieux jus aux herbes ou encore le carpaccio de sériole, fraîcheur citron vert-gingembre, accompagné de céleri vert, de yaourt et d'un jus de chou-fleur torréfié : une entrée pleine de fraîcheur apéritive. Hormis l'effet de mode, la cuisson au feu de bois nous semble inappropriée pour ce foie gras aux fraises, au demeurant surchargé de radis. Si l'épaule d'agneau de lait confite est très moelleuse, la saveur des épices orientales en léger excès a tendance à écraser celle du produit. On conclut avec un cylindre de nougatine qui contient une émulsion de brioche toastée fort originale, que l'on goûte avec une compotée de rhubarbe et un sorbet à l'orange. Pour les croqueurs de chocolat, une déclinaison de grands crus : ganache, chantilly, millefeuille, glace au grué et même meringue à l'encre de seiche ! La cave apparente contient de belles références. Le service est aux petits soins avec de nombreuses attentions, dont un joli chariot de pâtisseries que l'on déguste dans l'élégant salon.

HÔTEL

Hôtel Arnsbourg - 4 étoiles

5 lieu-dit Untermuhlthal - T. 03 87 27 05 60 - à partir de : 195€

Membre Relais & Châteaux, cet établissement est avant tout le fief du jeune et (très) talentueux chef Fabien Mengus, mais ses fidèles - et ils sont nombreux - ne renonceraient pour rien au monde à prolonger leur séjour en posant leurs valises dans la belle maison aménagée juste pour eux, à quelques mètres du restaurant. Au cœur du parc national des Vosges, cette demeure aux allures contemporaines a été pensée en parfaite symbiose avec la nature environnante. Elle abrite désormais 12 chambres et suites au charme unique avec leurs lignes fluides, leur mix bois et verre et leurs vastes baies vitrées qui sont autant d'invitations à rejoindre la forêt avec ses immenses sapins, ses lacs et ses vallons. Un lieu rare, idéal pour partir à la découverte du pays de Bitche et sa nature miraculeusement préservée.

Le clos de La Ravine

UN VENT DE FRAÎCHEUR

De fraîcheur, il en est question sur le fond et sur la forme, pour cet établissement repris, il y a dix ans, par Nathalie et Éric, charmant couple cuisinant à quatre mains. À partir de produits de qualité et issus du circuit court – bien avant que ce soit tendance –, ils élaborent des mets succulents et originaux : croustillant de Sandre en feuille de brick, escalope de veau au munster, moelleux au deux chocolats… En salle ou sur une magnifique terrasse couverte, les suggestions de la carte s'accompagnent d'un breuvage local : association parfaite, à deux pas de la route des vins* de Moselle et non loin du ruisseau La Ravine !
Ouvert le midi, du lundi au dimanche (sauf mercredi), et le soir, les vendredi et samedi.
Le + : Soirée cuisses de grenouille à volonté le vendredi.

16, rue Nationale, 57480 APACH – Tél. : 03-82-83-69-43 – www.leclosdelaravine.fr
Facebook : leclosdelaravine

Le Grognon et ses Délices

LA NATURE DANS L'ASSIETTE

Mêlant tradition et originalité, le chef, Nicolas Kremer, est très attaché à la cuisine française, 100% maison, qu'il revisite de façon bucolique. Avec des fleurs, des plantes, à la fois décoratives et gustatives, le chef met à l'honneur les spécialités d'Alsace-Lorraine. Black Angus fumé et grillé aux deux mayonnaises maison, cuisses de grenouille à l'aïl des ours ou au safran d'Alsace, la cuisine est généreuse, à l'image du patron qui a une passion pour les produits frais de saison, de proximité et de qualité. Prônant l'instantané, il n'hésite pas à aller chercher de l'asperge sauvage en forêt, et à faire découvrir la nature locale avec du sandre ou des écrevisses. Avec son épouse, Pauline, il accueille un seul service de 40 couverts, pour que chacun prenne son temps, sans stress.

124, rue Principale, 57930 BERTHELMING – Tél. : 03-54-83-23-99
legrognonetsesdelices.fr

*L'ABUS D'ALCOOL EST DANGEREUX POUR LA SANTÉ

BITCHE 57230

ÉPICIER

Les Gourmandises de Heidi

24 rue du Maréchal Foch - T. 03 87 27 02 16

Des cadeaux sucrés pour la plupart, des bonbons, de l'épicerie fine et des produits régionaux dans un joli décor. Thés, cafés, confitures, biscuits...

LES 7 PRINCIPES DE GAULT&MILLAU

1

L'indépendance totale vis-à-vis des établissements.

2

Le recrutement d'enquêteurs exigeants, gourmets et gourmands.

3

L'anonymat des enquêteurs lors des évaluations.

4

La visite dans des conditions normales de fréquentation.

5

Le règlement des additions.

6

La mise à jour régulière par des évaluations continues.

7

La vérification de nos informations

Capo

POUR LES AMATEURS DE PIZZAS

En salle comme sur la belle terrasse ombragée, à emporter ou en livraison, les pizzas de Capo, faites minute à partir de produits frais de qualité, font le bonheur des amateurs exigeants. Non seulement, elles sont savoureuses mais elles sont aussi copieuses. Outre les classiques, le restaurant Capo réalise des créations incontournables, comme la Passione, la Tartuffo ou les déclinaisons végétariennes. La possibilité de choisir une base crème ou tomate, peu importe la garniture, est un vrai plus plébiscité par les clients. Pour changer de saveurs, Capo propose des plats du jour gourmands, des bruschettas, des planches fromage/charcuterie, des salades, des pâtes… Et en dessert, on choisit le tiramisú ! Le service est souriant et efficace ; et les enfants sont les bienvenus avec un menu dédié à seulement 6 €.

24, rue Maréchal Foch, 57220 BOULAY-MOSELLE
Tél. : 03-87-78-32-79
Facebook : capopizzaristorante

« Ajouter de la tomate et de l'origan, ça devient italien ; du vin et de l'estragon, ça devient français ; du citron et de la cannelle, ça devient grec ; de la sauce de soja, ça devient chinois ; ajouter de l'ail, ça devient bon ! »

Alice May Brock (1941-)

CATTENOM 57570

CHARCUTIER

Au Fumet Lorrain

6 rue des Châteaux - T. 03 82 55 41 73

Patrick Gorei est aux manettes de cette jolie charcuterie depuis plus de six ans. Abrités derrière un long comptoir en forme de L, les produits charcutiers sont faits maison avec soin et attention, comme les incontournables pâtés et terrines (canard mirabelle, lapin noisette, volaille, poivre vert, en croûte), qui offrent un large choix pour couvrir une belle tartine de pain; saucisse, tourte au ris de veau... pour habiller une assiette à partager en famille.

Membres de l'Académie Gault&Millau

Tables Exceptionnelles – 19/20 à 19,5/20

Tables de Prestige – 17/20 à 18,5/20

Tables Remarquables – 15/20 à 16,5/20

Tables de Chef – 13/20 à 14,5/20

Tables Gourmandes – 11/20 à 12,5/20

Tables Originales – 10/20 à 10,5/20

La petite Suisse CONVIVIALITÉ ET BONNE CUISINE

Au Pays de Bitche, cette institution reprise par Yannick en 2017 propose une cuisine de tradition gourmande et variée. Des plats du terroir et des spécialités locales copieuses. L'hiver, vous avez le choix entre une pierrade, une raclette ou une fondue savoyarde, à déguster entre amis, collègues ou en famille… dans une hutte finlandaise ! Le lieu est privatisable et les groupes de randonneurs sont les bienvenus.

98, rue Nationale, 57230 EGUELSHARDT
Tél. : 03-87-06-15-33 – www.lapetitesuisse.fr

> « Il n'y a que les mauvais cœurs qui médisent à table, car rien ne rend plus indulgent que la bonne chère. »
>
> Grimod de la Reynière (1758-1837)

L'étagère
UN COMMERCE DE PROXIMITÉ AUDACIEUX

Claudia Schmitt, à la tête de son établissement depuis 2016, ne manque pas d'idées. Afin de maintenir ce commerce de proximité, l'entrepreneuse a dû élargir son activité. C'est donc aussi maintenant une épicerie fine. Claudia Schmitt valorise les savoir-faire locaux en distribuant le fruit du travail des producteurs et artisans de la région. L'étagère propose également des produits frais en libre-service ainsi que des bougies artisanales, fabriquées par Claudia Schmitt elle-même, et distribuées sous la marque Le Temps de l'Innocence. *Ouvert 7j/7.*

21, rue Centrale, 57415 ENCHENBERG – Tél. : 03-87-27-06-70
Facebook : letageredeclaudia

FAULQUEMONT 57380

Toya

17/20

CHEF : **LOÏC VILLEMIN** - *CHEF PÂTISSIER :* **ERIN PARISOT** - *DIRECTEUR DE SALLE:* **MATHIEU BOTZUNG** - *SOMMELIER:* **NICOLAS EUSTACHE**

Parc d'Activité - Route du Golf - T. 03 87 89 34 22 - Menu(s) 52-120 €

Les 4 toques sont parfois un peu fragiles, mais nous sommes toujours finalement emportés par l'énergie déployée et la gentillesse ressentie dans toute la maison, de l'accueil au départ. Loïc Villemin est un chef à part, qui sort peu, toujours dans sa maison et construisant sa propre histoire et sa propre géographie culinaires. Avec ses fournisseurs, avec son ressenti, avec ses envies et ses émotions. Alors on adopte, bien sûr, et on applaudit à ces associations audacieuses, magnifiquement maîtrisées : un pressé de champignons (enoki, pleurote, rosé-des-prés, shiitaké) et une émulsion de gribiche, le ruban de chou-rave et les fines lamelles d'omble chevalier accompagnées d'œufs de brochet fumés, de caviar, le tout parfumé avec une huile à l'aneth ; les tortellinis farcis de marcassin, du fromage blanc truffé et des copeaux de viande de biche séchée et fumée. Tout ici est pensé, inventé, complexe et néanmoins assumé, comme la truite d'une pisciculture voisine, fumée et laquée au vinaigre d'échalotes et whisky alsacien ou le pigeon avec sa déclinaison de betterave. Et les desserts ne déparent pas cette furia créatrice, avec une composition alliant myrtilles, betterave, réglisse, arrosée par un kombucha au miel et thé noir, et une surprenante mise en scène autour du topinambour. Service charmant et compétent, cave de découverte autour de ses richesses régionales.

FORBACH 57600

BOULANGER

La Mine de Pain

207a rue Nationale - T. 03 87 84 52 83

Jérôme Schwalbach a connu la reconnaissance suprême avec l'attribution du titre de MOF, obtenu en 2015. Ce concours très coté permet de dénicher les meilleurs boulangers en les soumettant à des épreuves théoriques et pratiques, classiques et innovantes. Jérôme est de ceux-là. La baguette de tradition a été sacrée meilleure baguette de Moselle, mais l'ensemble de sa gamme de pains et viennoiseries mérite le détour.

Tables de Prestige – 17/20 à 18,5/20

TORRÉFACTEUR

Cafés Gurtner

116 rue Nationale - T. 03 87 85 03 35

Deuxième boutique des Cafés Gurtner, dont la réputation n'est plus à faire dans la région. Cette affaire familiale torréfie les meilleurs cafés du monde à Sarreguemines depuis 1966 : maragogype, moka d'Éthiopie, arabicas d'Amérique du Sud ou d'Amérique centrale, mélanges plus ou moins corsés, fruités... Les amateurs de thé trouveront aussi une belle sélection, et les gourmands qui souhaitent jouer la carte de la spécialité locale auront là une formidable occasion de goûter à la fameuse mirabelle de pays. Chocolats Godiva et Neuhaus, produits d'épicerie Hédiard pour compléter la collection.

AOP, IGP ET AOC DES PRODUITS DU GRAND EST

Bergamotes de Nancy, boudin blanc de Rethel, chaource, choucroute d'Alsace, crème fraîche fluide d'Alsace, emmenthal français est-central, framboise d'Alsace, jambon sec des Ardennes, kirsch d'Alsace, langres, miel d'Alsace, miel de sapin des Vosges, mirabelle d'Alsace, mirabelle de Lorraine, munster, pâtes d'Alsace, quetsche d'Alsace, soumaintrain, volailles de la Champagne, volailles d'Alsace...

Di Lago
L'ARTISAN PIZZAÏOLO

Voilà une adresse où trouver l'authentique et traditionnelle pizza napolitaine contemporaine cuite au feu de bois. Chef pizzaiolo, Nicolas crée, en 2021, une pizzeria du nom du village calabrais de son grand-père. Ses pizzas sont préparées dans les règles de l'art.*« Les bords sont plus gros, les alvéoles plus grandes ; elles sont donc plus légères et digestes »,* confie-t-il. Il utilise une farine napolitaine et une technique de maturation longue, à haute hydratation. Un savoir-faire artisanal, couplé aux meilleurs produits AOP et IGP d'Italie. Sauce tomate officielle de la pizza napolitaine, jambon cru italien, mozzarella di bufala, burrata et fromage de stracciatella…Parmi ses spécialités, il y a la pizza Di Lago au salami calabrais ou la Calabrese avec de N'duja… À emporter ou à consommer sur place, en réservant.

188, rue Nationale, 57600 FORBACH – Tél. : 09-81-19-52-19 – www.pizzeriadilago.com
Facebook : pizzeriadilago

Umberto's
LANCE SON ÉPICERIE : LA BODEGA

Les fidèles du restaurant bistronomique vont pouvoir savourer, à la maison, les produits frais, de qualité et de saison servis chez Umberto's, avec l'ouverture de son épicerie fine, La Bodega.
La clientèle d'Umberto's peut désormais trouver les bons produits AOP et AOC, cuisinés par Mario dans ses spécialités italiennes, dans l'épicerie fine qu'il vient d'ouvrir, jouxtant le restaurant. Une façon de retrouver les saveurs qui font le succès d'Umberto's. On y déniche une sélection d'artisans français, italiens et allemands, de la charcuterie, des fromages, des pâtes artisanales servis chez lui et une sélection d'huiles d'olive sans colorant. Les alcools*, vins, digestifs sans nitrite, apéros, sirops proviennent de petits producteurs reconnus et de jeunes qui se lancent. Les livres de recettes, permettent de reproduire les plats simples et efficaces de ce restaurant familial.

27, rue Nationale, 57600 FORBACH
Tél. : 03-87-88-43-81 – umbertos.fr

*L'ABUS D'ALCOOL EST DANGEREUX POUR LA SANTÉ

HAGONDANGE 57304

Quai des Saveurs

15/20

CHEF : FRÉDÉRIC SANDRINI

69 rue de la Gare - T. 03 87 71 24 98 - Menu(s) 50-125€

Face à la gare, le Quai des Saveurs vous tend les bras et on y découvre une grande salle épurée aux tons foncés et égayée par un très long aquarium sur le mur face à l'entrée. Frédéric Sandrini travaille avec de bons produits : le thon vient de Saint-Jean-de-Luz, le homard de la criée de Saint-Quay-Portrieux, les rougets du Grau-du-Roi, le pigeon des Vosges et les fruits de Moissac. Ces produits de qualité sont mis en valeur avec effort et effet : tartare de thon, recouvert d'une fine gelée d'eau de tomates, quenelle de caviar, huître pochée et graines de moutarde, homard juste étuvé, accompagné d'une raviole au lait fumé garnie de chair de homard, d'une quenelle de tartare de homard recouverte d'une chips d'algue. Les rougets sont légèrement rôtis, shiso en tempura, pomme de terre, fenouil et un jus court bien puissant, le pigeon en deux cuissons est accompagné d'une ratatouille éclatée... quelle finesse ! Après l'imposant chariot de fromages, un ouvrage artistique en forme de fleur, composé de nectarine de vigne sur une tartelette en meringue, fromage frais et framboises. Service courtois et belle carte des vins.

BOUCHER

Boucherie Marx

5 rue Anatole France - T. 03 87 71 44 31

La grande Boucherie Marx offre tout ce que l'on peut souhaiter en matière de viande : des côtes de bœuf bien maturées, des rôtis joliment parés, des saucisses nature, fumées, ou épicées, de bons boudins, des terrines, et des plats cuisinés au bon goût de tradition, préparés maison.

Tables de Prestige – 17/20 à 18,5/20

Tables Remarquables – 15/20 à 16,5/20

Tables de Chef – 13/20 à 14,5/20

Le 64 UNE BRASSERIE PAS COMME LES AUTRES

La brasserie a vu le jour en 1935. Plusieurs noms et plusieurs vies plus tard, elle renaît, en 2021, sous le nom « Le 64 », et signe le retour d'une cuisine chaleureuse. Les plats traditionnels et généreux – plancha, tartares, potées, frites fraîches – font le bonheur des convives. Gâteaux, tartes maison et glaces assouvissent les envies des becs sucrés, même l'après-midi.
Les + : Accès PMR. Tickets restaurant acceptés.

64, rue de la Gare, 57300 HAGONDANGE – Tél. : 09-87-51-13-49
Facebook : brasseriele64hagondange

> La bonne cuisine est honnête, sincère et simple.
>
> Elisabeth David (1913-1992)

La Boulenge d'Antan
LE PLAISIR DE PARTAGER

Boulangerie familiale depuis 1986, La Boulenge d'Antan prend plaisir à confectionner des produits 100 % maison, à partager en famille ou entre amis. En plus des pains traditionnels, du pain passion à la farine biologique et au levain ou des brioches familiales, l'équipe propose des spécialités comme la tarte au fromage blanc, le carré fourré aux noisettes et les tartes aux fruits variant au fil des saisons (pomme streusel, rhubarbe, cerise, abricot, quetsche, mirabelle…). On y vient aussi pour ses produits festifs comme les beignets, le pain d'épices chocolaté ou les spritz de Noël. Second lauréat du concours de la meilleure galette feuilletée aux amandes de la Moselle 2022, l'Épiphanie aussi se célèbre avec la Boulenge d'Antan !
Ouvert du lundi au vendredi de 6h à 19h non stop, et le samedi jusqu'à 18h.
Le + : L'établissement est labellisé «Boulanger de France».

1, rue de Metz, 57470 HOMBOURG-HAUT
Tél. : 03-87-81-50-01 – www.boulengedantan.fr

LANGUIMBERG 57810

Chez Michèle 15/20

CHEF : BRUNO POIRE

57 rue principale - T. 03 87 03 92 25 - Carte 80 € - Menu(s) 75-180 €

Une confortable et chic auberge située dans un petit village de Moselle entouré de nombreux étangs. Aux commandes, le fils de la maison, Bruno, propose une cuisine chic et savoureuse avec un large choix de menus, aidé par un personnel bienveillant dans une salle lumineuse : tartare de homard et caviar accompagné de deux émulsions goûteuses ; gourmandise crémeuse de poireaux, émulsion coco et saint-jacques snackées, ris de veau braisé aux câpres, pommes rita aux cébettes et jus de veau. Une pavlova aux litchis et pomelos rose en dessert, un large choix dans la carte des vins avec des prix pour tous les budgets.

LIXING LÈS SAINT AVOLD 57660

BOULANGER

Boulangerie Streiff

26 rue de Nancy - T. 03 87 90 92 43

MOF depuis 2011, ce fils de boulanger n'hésite pas à consacrer 18 à 24 heures de fermentation à l'ensemble de ses pains, qui développent ainsi un maximum d'arômes, comme celui au levain naturel maison ou la chardonette des lorrains, une baguette de tradition sur levain de seigle parfumée différemment selon les saisons.

AOP, IGP ET AOC DES VINS ET EAUX-DE-VIE DU GRAND EST

Alsace, alsace grand cru, coteaux-champenois, champagne, coteaux-de-coiffy, côtes-de-meuse, côtes-de-toul, crémant-d'alsace, haute-marne, marc d'Alsace gewurztraminer, moselle, rosé-des-riceys, whisky alsacien...

Du panier à la table
CUISINE DU MARCHÉ

Ici, pas de carte. Uniquement des suggestions renouvelées chaque jour ! Angélique Villemin s'approvisionne sur le marché et auprès de producteurs locaux, puis crée ses plats avec ces produits frais qu'elle associe, selon son inspiration, et agrémente d'herbes fraîches et de fleurs. Cuisiner, c'est sa passion depuis toujours, et son métier depuis quinze ans. Elle propose aussi bien des viandes, des poissons que des plats végétariens. Dans cet établissement dont elle a pris les rênes pour qu'il continue à vivre, Angélique aime contribuer à la convivialité du village. Elle cuisine ainsi avec plaisir, autant pour les habitués que pour celles et ceux qui s'attablent après une balade le long du canal (à 50 m).
Restaurant fermé pour travaux de fin décembre 2022 à mars 2023.

2, rue de Phalsbourg, 57820 LUTZELBOURG
Tél. : 03-87-23-08-31
Facebook : duPanierAlaTable

"De toutes les passions, la seule vraiment respectable me paraît être la gourmandise."
Guy de Maupassant (1850-1893)

*L'ABUS D'ALCOOL EST DANGEREUX POUR LA SANTÉ

METZ 57000

2'Moiselles
12,5/20

3 rue du Grand Wad - T. 03 87 62 13 72 - Menu(s) 45 €

C'est en Suisse qu'est née l'amitié entre Caroline et Élodie, et qui les a conduits à ouvrir un restaurant à deux, dans un coin du centre-ville de Metz. La façade à petits carreaux vitrés introduit une élégante table de marché, où Élodie tient la salle, et Caroline les fourneaux. Les idées sont celles d'un bistrot d'aujourd'hui, avec des associations dans la bonne mode, avec un dressage étudié. À la carte, ceviche de bar, mangue, avocat et yuzu, lotte gratinée au sésame noir, risotto à la patate douce, déclinaison de lapin à la moutarde... Menu à 45 €.

Brasserie des Arts et Métiers
12,5/20

2bis rue Gambetta - T. 03 87 55 94 95 - Menu(s) 38-69 €

Une grande brasserie institutionnelle au cœur du quartier impérial, qui profite d'un cadre exceptionnel, celui de l'ancienne maison des corporations artisanales et son style néoroman parfaitement conservé. Dans cette grande salle début XXe avec ses banquettes, son bois sculpté, ses miroirs massifs et sa grande hauteur sous plafond, on retrouve le maître restaurateur Fabrice Arnould, qui propose une cuisine de tradition, aussi bien orientée vers la terre que la mer, avec des beaux plateaux de fruits de mer, mais encore une cassolette d'escargots, une terrine de porcelet, un œuf basse température, une choucroute de la mer, une formidable poule au pot. Sélection en cave en adéquation avec le standing des lieux, ainsi qu'une bonne vingtaine de références en champagnes.

La Fleure de Ly
12,5/20

5 rue des Piques - T. 03 87 74 01 23 - Menu(s) 32-65 €

Aujourd'hui sous la direction de Nicolas Rapenne, cet hôtel particulier du XVIe siècle retrouve son nom initial, pour un retour aux sources rafraîchissant et réussi. Le cadre, élégant - moquette, beau mobilier, lignes épurées, jolie terrasse dans la cour -, accueille une cuisine semi-gastronomique avec un travail convaincant sur les assaisonnements. À la carte par exemple, le tataki de thon est en chapelure de pistache et coriandre, mangue et wakamé, le filet de bar poêlé est servi avec une sauce champagne et combava, accompagné de patates douces et papaye en textures, le suprême de volaille est farci aux noix, et la mousseline de rattes est parfumée à la vanille, jus corsé. Beaux desserts également. Les formules vont de 25 à 80 €.

Terroirs de Lorraine
12,5/20

Gare de Metz - T. 03 87 66 64 03 - Carte 11 € - Menu(s) 23-41 €

Dans la vogue des tables de gare, Michel Roth supervise celle de Metz, qu'il anime d'une cuisine de marché régionale et traditionnelle. Installés dans une véranda contemporaine et lumineuse sur le devant de la belle gare messine, on profite d'une carte bien amenée, qui reste fidèle à ses bonnes idées : une quiche lorraine, une soupe à l'oignon, une bouchée à la reine, un beau biscuit de brochet sauce crustacés à l'anisette, champignons des bois et épinards, ou encore un régressif dessert aux deux chocolats. Service aimable. Cave trop lacunaire. Formules du midi à 23 €, menu du soir à 41 €.

Le Pampre

12/20

31 place de Chambre - T. 03 87 50 16 20 - Carte 15 € - Menu(s) 59-95 €

Une adresse institutionnelle signée Alexis Baudin, qui conserve sa place dans le paysage messin, année après année. Installé dans un bâtiment classé, le chef propose une belle cuisine gastronomique locale, de saison et créative, à travers quatre menus à l'aveugle de 59 à 95 € (dont un végétarien) servis dans les règles de l'art, par le personnel et le dressage des assiettes. Cave adaptée.

Derrière

11,5/20

17 rue de la Chèvre - T. 03 87 66 23 63 - Menu(s) 26-75 €

Ce très beau cadre loft aux airs d'appartement privé est le royaume de Marine et Johan, qui proposent une cuisine semi-gastronomique à la fois esthétique et actuelle. La maison située au cœur de la ville se présente en parquet, avec deux espaces mêlant végétation, mobilier nature et petite décoration. Des assiettes de saison et plutôt recherchées, à la manière de l'œuf avec un tartare de topinambour, épinards, oignons doux, siphon soubise et truffe, d'un pigeonneau en deux façons ou encore d'un classique soufflé à la mirabelle. Un menu pour le déjeuner à 26 €, deux menus pour le soir en 4 ou 6 services à 57 ou 75 €. Cave à la hauteur.

Le Local

11,5/20

26 rue Pasteur - T. 03 87 63 93 06 - Carte 10 € - Menu(s) 22 €

Une adresse qui renouvelle un peu la scène messine depuis quelques années, avec sa décoration rafraîchissante, en matière brute, et sa cuisine de cantine urbaine, graphique et bien pensée. La façade en lambris brut laisse place à une salle épurée, où l'on choisit à l'ardoise, un cromesquis de sanglier et sauce tartare, une truite rose des Vosges en papillote comme une potée lorraine au lard, une poitrine de porc confite, jus gras de cochon, millefeuille de pommes de terre et déclinaison d'oignons. Formule du midi à 22 €.

83 Restaurant

11/20

83 rue Mazelle - T. 03 87 75 20 20

Derrière cette devanture toute noire se cache l'un des bars à vin les plus appréciés de la ville, une enclave italienne tenue par Gerome Cristofaro (l'oncle) et Jérôme et Kathy, qui s'assurent d'une assiette de terroir et d'un service au point. Les assiettes restituent les grands classiques de la cuisine transalpine, tandis que la cave, qui propose également à la vente à emporter, aligne une belle sélection de crus du pays.

Le Carré

11/20

1 rue des Jardins - T. 03 87 17 34 66

Dans l'extrême centre, non loin de la place d'Armes et juste derrière la cathédrale, ce bistrot coche toutes les cases de la table de quartier, avec sa décoration un peu à la parisienne, son comptoir et ses chaises Thonet, qui met en jambes d'emblée pour une néobistronomie bien trouvée. Les propositions sont évidemment à l'ardoise, des œufs marbrés à la betterave et farcis à la crème de fourme d'Ambert, un pavé de saumon aux poivrons en papillote, une bavette de bœuf sauce cancoillotte et poêlée de légumes, enfin une tarte crumble, pomme et fruits rouges. Service souriant.

Le Chat Noir

11/20

30 rue Pasteur - T. 03 87 56 99 19 - Menu(s) 42-62 €

Situé dans le quartier impérial, ce Chat Noir à la devanture mystérieuse révèle pourtant une table marine assez bourgeoise, qui saura faire le bonheur des amateurs. L'atmosphère y est feutrée, nappes blanches, lumière tamisée, chaises en osier et bois verni, tandis que la carte aligne de très nombreuses propositions, des remarquables plateaux de fruits de mer, des assiettes de coquillages et d'huîtres, ainsi que des plats cuisinés, des cuisses de grenouilles poêlées, un homard à l'estragon et salicornes sautés, un pavé de skrei, déclinaison de betteraves et sauce aux fruits de mer, une sole meunière, ou encore un filet de bœuf pour les plus terriens. Service attentionné.

El Theatris

11/20

2 place de la Comédie - T. 03 87 56 02 02 - Menu(s) 29-48 €

C'est un splendide palais en pierre de Jaumont qui accueille ce bistrot raffiné, dont un des salons occupe l'ancien bureau du marquis de Lafayette. Dans sa première adresse, idéalement située à côté de l'opéra-théâtre, Nicolas Rapenne offre une cuisine de brasserie plutôt haut de gamme, avec une réalisation honorable, sur un cannelloni de truite fumée, un dos de skrei basse température, poireaux rôtis et purée de céleri, huile de jambon, un suprême de volaille aux morilles, polenta et légumes de saison. Menus à partir de 24 € jusqu'à 62 € (avec deux verres de vin inclus).

La Goulue

11/20

24 place Saint-Simplice - T. 03 87 75 10 69 - Carte 25 € - Menu(s) 40 €

Ce n'est pas la Goulue de Paris, mais le style y est quand même, une magnifique façade Art nouveau, en bois mouluré, toute en courbes et fleurs. L'intérieur est autrement plus sobre, ton sur ton avec des chaises Louis XVI, mais les cuisines y délivrent une assiette tout à fait plaisante, des classiques bien réalisés et bien dressés, qui justifient sa bonne réputation : une terrine de campagne comme il faut, un joli de cœur de saumon fumé, un turbot sauce hollandaise, des rognons de veau au poivre vert, un baba au vieux kirsch et griottes de Fougerolles. Un menu à 40 € est également proposé.

Maison Baci

10,5/20

23 Place Saint Louis - T. 03 87 16 45 83 - Carte 44 €

Sur l'une des plus belles places de la ville, cette petite table italienne vient réchauffer les cœurs lors des froides saisons, avec ses assiettes ensoleillées, où les produits du pays et les recettes de tradition font le bonheur des Messins. La carte est courte, gage de qualité et de fraîcheur des produits, et tout donne envie : mozzarella, vitello tonnato, gnocchis à la truffe noire, sauce parmesane, linguine aglio, olio, peperoncino et gamberi rosso, un filet de bœuf jus corsé au vin rouge, légumes de saison et frites de polenta.

Les Copains d'abord

10/20

32b rue du Coëtlosquet - T. 03 87 76 21 46 - Carte 56 €

Dans une cour à l'arrière, ce bistrot à la bonne franquette (une fresque dépeint «Les Tontons flingueurs») fait du simple et de l'efficace, pour une clientèle de bons amis, qui se retrouvent ici pour partager autant le vin que le pain. À la carte, des plats canailles, du cœur de rumsteck avec des frites et une sauce selon l'envie, des burgers maison de bonne constitution. Cave dans l'ordre des choses.

Le Parvis

10/20

14 place d'Armes - T. 03 87 18 90 96 - Menu(s) 35-60 €

Cette nouvelle brasserie postée sur la place d'Armes offre aux Messins une belle terrasse et un nouveau repaire en ville pour un déjeuner d'affaires, affichant un intérieur très élégant dans le ton de l'époque, avec motifs géométriques, lignes Art déco, parquet, tons noirs et indigo. Le chef propose une cuisine simple et efficace, du standard du répertoire qui trouvera toujours preneur : un œuf parfait et velouté de champignons, une daurade royale à vichyssoise, une souris d'agneau basse température, miel et thym, purée aux herbes, une tarte au citron en textures. Menu du déjeuner à 29 €.

La Quille

10/20

27 place de la Chambre - T. 03 87 66 76 57

C'est LE bar à vin de Metz, bien installé au pied de la cathédrale, où tous les amateurs du coin se retrouvent, entre amateurs et connaisseurs. La maison compte un bon demi-millier de références, avant tout en bio et nature, des classiques comme des nouveautés, une trentaine de propositions au verre. En accompagnement, de bonnes planches de fromages et de charcuteries.

L'Épicurien

10/20

33 rue Vigne Saint-Avold - T. 03 87 36 69 11 - Carte 13 € - Menu(s) 32 € ♿

Au sud-est de la ville, cette table de quartier est un rendez-vous apprécié des locaux, qui s'y retrouvent pour les belles occasions ou un repas entre amis. Le chef y réalise une cuisine de marché honorable, avec des idées bien représentées dans une formule à 32 €. On pourra notamment se sustenter d'une poêlée de sot-l'y-laisse avec un risotto d'épeautre à la coriandre, d'un suprême de poulet aux shiitakés de Metz et jus à l'ail noir, d'un parfait glacé au Grand Marnier.

BOULANGER

Boulangerie Poulard

2 rue Pierre Perrat - T. 03 87 50 54 19

Meilleure baguette tradition de Moselle, meilleur croissant pur beurre de Moselle... Seydou Diallo accumule les prix départementaux, passe sur M6 et s'impose en seulement deux ans comme l'un des boulangers les plus en vue de la préfecture. L'enseigne a ouvert une boutique en plein centre-ville, pour le plus grand plaisir des Messins, qui pourront ainsi se régaler des pains au levain, bio, de la belle gamme de spéciaux avec farines anciennes, sans oublier les viennoiseries.

CAVISTE

La Cour des Cols

1 bis rue de Taison - T. 03 87 35 82 89

Cette cave du vieux centre est tout indiquée, avec ses sélections pointues de spiritueux et de vins, en majorité bio. On retrouve sur les étagères des noms de bonne référence, Agnès Paquet, Olivier Pithon, Combier, Domaine des Terres Blanches... Quelques produits d'épicerie fine sont aussi en vente.

Vénus Vin

22 rue des Jardins - T. 03 87 76 91 73

Négociant incontournable de Metz, cette grande maison proche des quais compte quelque 2500 références, de France et de l'étranger, ainsi que de belles sélections de spiritueux. On y trouvera des noms prestigieux comme des producteurs plus confidentiels, à des prix raisonnables, pour professionnels et particuliers.

ÉPICIER

Cantino

7 rue du Grand Cerf - T. 03 87 36 19 01

Le restaurant italien Cantino a déménagé à la place de l'ancien Grand Restaurant, dans cette rue de l'hypercentre. En même temps que sa table, le chef Tino Micucci a ouvert une épicerie fine bien pourvue. On y retrouve de bonnes gammes de vin, des huiles, des fromages italiens ou encore des pâtes.

PÂTISSIER

Bourguignon

31 rue de la Tête d'Or - T. 03 87 75 23 52

Aussi belle qu'une bijouterie, la boutique de la maison Bourguignon expose derrière de splendides vitrines ses «gourmandises» comme des trésors, des pâtisseries à l'esthétique irréprochable, illustrant le savoir-faire transmis de génération en génération. L'entreprise familiale décline des gammes pointues, sur les classiques autant que sur les créations, ainsi que des entremets glacés, des chocolats et des macarons.

Namur

7 place de la Cathédrale - T. 03 87 75 03 67

Dans le centre, la célèbre pâtisserie luxembourgeoise propose aujourd'hui un cadre élégant et épuré, qui mêle éléments traditionnels et lignes plus raffinées. Les créations emblématiques de la maison y sont parfaitement mises en valeur.

TORRÉFACTEUR

Kawa Tea du Monde

33 place de Chambre - T. 03 87 66 78 26

Au pied de la place de Chambre, cette charmante boutique à l'intérieur tout en blanc et bois propose une gamme de 25 cafés, des grands crus comme des assemblages, dont la torréfaction est assurée par Jean-Jacques Leuner. On pourra également déambuler parmi une sélection de près de 160 thés. De nombreux accessoires sont aussi disponibles.

Vert et Noir

19 rue des Clercs - T. 03 87 74 34 09

Installée depuis plus de vingt ans, la maison s'est imposée pour ses vastes sélections et son expertise en café et thé. Située non loin du jardin de l'Esplanade, elle propose une vingtaine de cafés, en grain ou moulus, ainsi qu'une quarantaine de thés en vrac. Des infusions ainsi que des produits d'épicerie fine sont également en vente.

TRAITEUR

Maison Nicolas

Place Jean-Paul II - T. 03 87 36 07 95

Dans l'allée centrale du marché, la Maison Nicolas tient bon sa place depuis plus de quarante ans, avec ses vastes gammes et ses viandes de premier choix. On notera aussi de beaux produits de charcuterie : andouillette, pâté en croûte et saucissons...

La table de Malroy

LA CRÈME DE LA CRÈME

Aux abords de la Moselle, dans le village de Malroy, à quelques kilomètres de Metz, se trouve une institution qui ne manque pas d'énergie. En surplomb de la rivière ; La table de Malroy ravit, depuis vingt-deux ans, les papilles des gastronomes friands de cuisine traditionnelle. Ils trouvent, chez Franco, un accueil et des saveurs irréprochables. Valeur sûre, sa carte entière change pourtant au fil des saisons afin d'offrir le meilleur sans jamais décevoir. Les produits frais viennent essentiellement des producteurs locaux, les aromates (ainsi que la rhubarbe) proviennent du jardin du restaurant et tout est fait maison (y compris le pain). La table de Malroy, qui dispose d'une cuisine extérieure et d'une terrasse avec une vue à couper le souffle, propose également des plats végétariens.
Fermé les dimanche soir, lundi soir, mercredi soir et samedi midi.

80, rue Principale, 57640 MALROY – Tél. : 03-87-77-83-06
www.latabledemalroy.com

Enfin

SIMPLE ET EFFICACE

La grande terrasse de 120 places située dans l'hyper centre de Metz, à proximité de la cathédrale, est un mix de brasserie traditionnelle et de nouvelle cuisine. Depuis la reprise par les enfants, Romain et Florence, il y a quatre ans, choucroute, bouchée à la reine et quiche lorraine côtoient les pâtes chinoises et la viande à la plancha sur la carte. Relooké contemporain et ambiance cocooning, l'accueil et le service sont agréables et les plats faits maison excellents !

27, place Saint-Jacques, 57000 METZ
Tél. : 03-87-74-86-75
Facebook : bistrotenfin

COMMUNIQUÉ

Guarà

TOUR DU MONDE GUSTATIF

L'accueil est chaleureux, le cadre cosy et élégant, l'ambiance décontractée. La jeune cheffe passionnée, Estelle, crée une cuisine inventive, raffinée et toujours gourmande autour d'un concept de 3 plats au choix – terre, mer, végétarien – réalisés avec des produits frais, de saison, faits avec le cœur et qui changent toutes les 3 semaines au fil de son inspiration. Houmous bassar à l'effiloché de bœuf aux épices d'Orient, saumon grillé et rice balls laqués, oignon bhaji sauce menthe, brioche perdue au lait de coco… Des planches de tacos, garnies de guacamole oriental, sont proposées ; elles s'accompagnent de cocktails* Signature aux mélanges gourmands et équilibrés, comme le « Guarà » à base de rhum infusé aux fèves de cacao et de copeaux de chocolat. Un service soigné et une décoration aux tons bleutés dans un style art déco, sur fond musical, invitent à passer un agréable moment.

14, rue de l'Abreuvoir, 57000 METZ – Tél. : 03-56-67-82-26
Facebook : Guarà Restaurant

> **L'âme du gourmand est toute dans son palais.**
>
> Jean-Jacques Rousseau (1712-1778)

*L'ABUS D'ALCOOL EST DANGEREUX POUR LA SANTÉ

COMMUNIQUÉ

Le jardin suspendu

LE CAFÉ-RESTO QUI RASSEMBLE

Une cuisine de légumes de saison pour un moment suspendu dans le temps. La cuisine de Caroline s'adapte à tous, et réunit à la même table les végétariens, flexitariens, intolérants et autres curieux du bien-manger. Elle cuisine majoritairement bio et local, avec de bons produits de saison. Tout est fait maison. Aussi bien le burger végétarien et ses frites (maison, bien sûr !) que le plat, différent chaque semaine, comme le couscous de légumes de saison ou encore le curry de légumes. Chaque jour, sandwichs et bocaux flexitariens sont à emporter ou à déguster sur place. Les pâtisseries végétales maison sont gourmandes, et vous y trouverez également une offre sans gluten. Venez prendre un café ou un thé, installé(e) sur le canapé ou à table. À moins que vous ne préfériez un golden latte ou un latte à la betterave ? Délice garanti !
Le + : Brunch le dimanche.

4, rue Gambetta, 57000 METZ - Tél. : 07-66-11-89-92
www.le-jardin-suspendu.fr

Aux Deux Amis

UN CONCEPT QUI VA RAVIR VOS PAPILLES

Vous recherchez une table où gastronomie rime avec créativité et originalité ? Le restaurant-traiteur Aux Deux Amis jouit d'un bouche-à-oreille très élogieux et est devenu, en quelques mois, une adresse incontournable à Metz. Ici, vous êtes accueilli(e), tout sourire, par Alexis et Dylan. Vous découvrirez une ambiance chaleureuse et une cuisine où tout est fait maison, à base de produits frais. Ainsi, la carte, très créative, varie selon les saisons pour mettre à l'honneur Dame Nature. Un conseil ? Leur entrée conçue avec des ingrédients réservés habituellement aux desserts ! Et vice versa. C'est culotté et tout simplement délicieux. Un exemple ? Les ris de veau panés, condiment rhubarbe et fraise ou encore les radis confits, crémeux citron basilic, caramel basilic, sablés bretons. Vous salivez déjà ? Pensez à réserver !

20, rue Vigne Saint-Avold, 57000 METZ - Tél. : 06-99-78-47-38
auxdeuxamis.com

MONTENACH 57480

HÔTEL

Domaine de la Klauss - 5 étoiles

2 impasse du Klaussberg - T. 03 82 83 19 75 - à partir de : 290€

Au cœur du bucolique pays des Trois Frontières avec ses vallons et ses forêts, cette belle adresse, membre Relais & Châteaux, conjugue tous les atouts : 28 chambres et suites affichant un audacieux mélange de murs de pierre et de mobilier contemporain, un restaurant gastronomique de haut vol (Le K), doublé de L'Auberge de la Klauss, table plus traditionnelle mais tout aussi savoureuse. Et le meilleur reste à venir avec un spa Gemology qui vaut à lui seul le séjour : 800 m^2 avec piscine sensorielle nichée sous des voûtes de pierre blonde, jacuzzi, douches finlandaises, 5 salles de soin et lits balinais pour un ultime moment de détente. Un lieu idéal pour se ressourcer et partir à la découverte de la nature environnante, à pied ou à cheval puisque le domaine abrite également un haras et propose des randonnées équestres.

ÉPICIER

Le Magasin de l'Auberge

1 route de Kirschnaumen - T. 03 82 83 75 41

Avec ses vitraux, vous ne pourrez sûrement pas passer à côté ! Les denrées locales (mirabelle de Woippy, vin de Moselle, saucissons...) sont mises en valeur. Mais le plus impressionnant reste la cave, qui regroupe tous les vins de France.

Carte

Addition moyenne d'un prix à la carte englobant le prix d'une entrée + plat + dessert

Menu(s)

Fourchette de prix mentionnant le menu le moins cher et le menu le plus cher proposant à la fois entrée, plat et dessert sans les boissons, qui n'exclut pas les prix intermédiaires

Auberge de la Klauss
AU CŒUR DE L'EXCELLENCE LORRAINE

Parce que les mots manquent pour dire combien cette auberge sise au cœur du Pays des Trois Frontières est unique et incontournable, fiez-vous à ceux de Charles Keff, son propriétaire : « *Dans ma famille, le bien-manger, le savoir-boire et le sens de l'hospitalité sont érigés en religion.* » Les clients de toutes les nations le savent bien puisqu'ils ont fait de l'Auberge de la Klauss leur adresse.

Au cœur de la renommée, Charles Keff, un bâtisseur

À force de respect pour ses aïeux, de puissance créative, de volonté et de sueur, Charles Keff a fait de la petite auberge familiale, un restaurant internationalement reconnu, accueillant même des événements. *« Je me souviens de la fois où mon oncle m'a demandé d'accueillir cent personnes. Nous affichions complet et la météo s'annonçait pluvieuse. Pour le satisfaire, nous avons aménagé une de nos granges. Finalement, le soleil était de la partie et nous avons pu les accueillir en extérieur. Mais, cet épisode m'a alerté et j'ai bâti de mes mains des salles dédiées »*, dit cet homme qui avait jeté aux orties sa combinaison de mécanicien, le métier de ses rêves d'enfant, devenu réalité pour venir en aide à sa famille et sauver l'auberge.
Bâtisseur et en véritable lorrain, il fabrique aussi de ses mains son fumoir – une tour de 14 mètres, dont 7 enterrés, avec un ascenseur, pour réaliser maison et dans les règles de l'art, la charcuterie du restaurant – puis il construit des caves voûtées où vieillissent 65 000 bouteilles dont des Armagnac* de 1875 et 1888, et jusqu'à 2005.

*L'ABUS D'ALCOOL EST DANGEREUX POUR LA SANTÉ

Un éleveur exigeant

La quête d'excellence de Charles Keff n'a aucune limite. En effet, les plats, depuis les menus « Klaussberg » et « Gourmet » jusqu'aux saveurs du terroir, sont réalisés avec les porcs et canards de sa ferme. Et là encore, l'exceptionnel est de mise.

Les animaux gambadent en liberté dans un cadre verdoyant et sont nourris avec les produits de ses champs. *« J'ai toujours suivi le bon sens paysan de mes ancêtres. Chez moi, pas d'antibiotiques, de granulés non-identifiables ni de farines animales qui sont des hérésies ! »*, affirme C. Keff, qui poursuit : *« J'ai passé des jours et des nuits avec mes volatiles et j'ai constaté qu'en les traitant avec humanité et en leur parlant, ils me le rendaient au centuple, en qualité comme en quantité. Pour nous, éleveurs, le futur de nos bêtes est toujours une tristesse silencieuse. Aussi suis-je intransigeant quant au bien-être animal. »*

Au service de la gastronomie lorraine

Profitez de l'ambiance familiale et du service des équipes, notamment de sa belle-fille, Valérie Keff, et régalez-vous avec les plats de son fils, Frédéric Keff, chef, qui élève au rang d'art la gastronomie lorraine. Quelques suggestions ? La terrine de foie gras de canard, chutney de saison – dont la renommée dépasse les frontières – ou la planche de cochonnaille, puis la côte à l'os de cochon ou le magret de canard en cuisson douce, et enfin les petites douceurs du pâtissier !

Le + : Après votre passage au restaurant, visitez la cave. Tous les produits de la ferme y sont en vente.

1, route de Kirschnaumen, 57480 MONTENACH – Tél. : 03-82-83-72-38
www.auberge-de-la-klauss.com

MOULINS LÈS METZ 57160

BOULANGER

Mougel Bio

1 rue de Chaponost - T. 03 87 63 94 60

Hélias Mougel a repris la boulangerie familiale et perpétue la tradition du bio et du local. Façonnage et recettes d'antan figurent au programme de ce jeune boulanger ambitieux et plein de projets. Farines de blé, de seigle, de petit épeautre ainsi que d'épeautre 100% lorraines et broyées sur meule de pierre. Le sel provient d'Einville-au-Jard, une commune proche. Tous les produits sont fabriqués maison et les pains ont quelques bonnes idées suivant les saisons, aux algues, soja, potimarron, graines germées, châtaignes, noisettes, ou tradition. Et la liste est encore aussi longue que plaisante. Pâtisseries à la crème et autre entremets, toujours en bio.

Membres de l'Académie Gault&Millau

Tables Exceptionnelles – 19/20 à 19,5/20

Tables de Prestige – 17/20 à 18,5/20

Tables Remarquables – 15/20 à 16,5/20

Tables de Chef – 13/20 à 14,5/20

Tables Gourmandes – 11/20 à 12,5/20

Tables Originales – 10/20 à 10,5/20

COMMUNIQUÉ

La Terrasse
UNE NOUVELLE JEUNESSE

Avec son point de vue panoramique jusqu'au Luxembourg, La Terrasse domine la vallée de la Fensch. Deux amis d'enfance, professionnels de la restauration, ont repris, en 2021, ce lieu de convivialité et d'accueil de nombreuses générations, et cela depuis soixante-dix ans. Parking, ascenseur fermé pour l'accueil des personnes à mobilité réduite… Tout a été repensé. Le chef de cuisine réalise du 100% maison. Chaque semaine, il propose 5 entrées, 5 plats et 5 desserts à base de produits frais et locaux, comme le mignon de porc gratiné au munster pommes de terre bio, de l'agneau fermier accompagné des légumes du champ d'à côté. Le soir, la cuisine est semi gastronomique avec des produits nobles encore plus travaillés, comme la joue de lotte avec risotto de riz noir, beurre au cidre* et une ambiance jazzy et romantique, pour savourer l'instant.

1, rue du Stand, 57240 NILVANGE – Tél. : 03-82-84-49-89
www.restaurant-laterrasse.fr

Café Resto Lorrain
UNE AFFAIRE DE FAMILLE

Marina Calvisi est à la tête du Café Resto Lorrain depuis 2017 et représente la 4e génération. Dans ce petit établissement chaleureux, situé à l'entrée de Niderviller, elle propose une cuisine française et italienne traditionnelles. Les plats, élaborés par la maman de Marina, sont généreusement garnis ; les produits sont de saison, les pâtes et les sauces faites maison. On y va pour les pizzas flammes (base crème) cuites au feu de bois, le jarret de porc, les burgers… Et on ne dit pas « non » aux tartes maison.

13, rue de la Libération, 57565 NIDERVILLER – Tél. : 03-87-23-78-76
Facebook : CAFE RESTO Lorrain

« Il n'y a pas d'amour plus sincère que celui de la bonne chère. »

George Bernard Shaw (1856-1950)

Aux fromages d'or
PÉPITES À PROFUSION

Romuald Souchay met un point d'honneur à valoriser les producteurs fermiers de France et d'Europe. Passionné, il connaît l'histoire de chaque fromage. Sa crèmerie-fromagerie en propose d'ailleurs une incroyable diversité, de qualité et sélectionnés avec soin. Chaque semaine, vous trouverez ainsi entre 180 et 200 fromages arrivés de Normandie, Picardie, Lozère, Aveyron, Savoie et de toutes les régions, mais aussi du Royaume-Uni, de Lituanie, d'Espagne, d'Autriche, de Suisse… et d'ailleurs.
La maison est spécialisée dans les fromages que Romuald Souchay travaille lui-même : brie, munster et maroilles à la truffe. Son savoir-faire et sa connaissance lui valent d'être jury pour des concours nationaux. Il est membre des Confréries du Camembert et du Cœur de Neufchâtel en Bray.
Le + : Anglais parlé.

5, place Moncontour du Poitou, 57840 OTTANGE – Tél. : 06-36-20-02-79
www.auxfromagesdor.com – Facebook : AuxFromagesdOr

“ Bien boire et bien manger font bien travailler.

Proverbe français ”

PHALSBOURG 57370

Au Soldat de l'An II

12/20

1 rue de Saverne - T. 03 87 24 16 16 - Menu(s) 60-80 €

Philippe Jégo, MOF 2000, succède à Georges-Victor Schmitt parti à la retraite après plus de quarante ans de bons et loyaux services. La grange de charme aménagée par l'ancien chef-décorateur a été transformée en bistrot, tandis que le décor de la salle aux teintes gris souris, vouée aux repas plaisirs, demeure inchangé. En cuisine, point de gastronomie chercheuse, mais davantage de fondamentaux de la grande tradition avec ce fameux «foie gras de l'An II», plat culte de l'ancien chef, bien relevé, réinterprété à la mirabelle, ou ce gourmand pithiviers de cuisse de volaille jaune et ris de veau, foie gras, servi à l'assiette avec la truffe melanosporum sensible, même si la pâte est un brin détrempée par la sauce Périgueux. La présentation du savoureux tartare de bar et noix de saint-jacques luisantes nous a semblé rustique avec cette mâche posée en bouquets entiers. La poitrine de canette en «crispy» de pralin citronné, accompagnée de salsifis, est un plat quasi bistrotier avec ses pommes de terre grenailles, alors que la carte annonçait une purée en «hommage à Joël Robuchon». Si la crème qui garnit le pavlova est fraîche, la présentation des fruits exotiques un peu pêle-mêle manque de précision, tandis que la saveur de chocolat noir extra 62%, dans la tarte «Tout Chocolat», est écrasée par le citron. Le point fort de cette maison ? La cave d'anthologie bien fournie en vieux millésimes, héritée de l'ancien propriétaire.

AOP, IGP ET AOC DES PRODUITS DU GRAND EST

Bergamotes de Nancy, boudin blanc de Rethel, chaource, choucroute d'Alsace, crème fraîche fluide d'Alsace, emmenthal français est-central, framboise d'Alsace, jambon sec des Ardennes, kirsch d'Alsace, langres, miel d'Alsace, miel de sapin des Vosges, mirabelle d'Alsace, mirabelle de Lorraine, munster, pâtes d'Alsace, quetsche d'Alsace, soumaintrain, volailles de la Champagne, volailles d'Alsace...

COMMUNIQUÉ

Lakota

ESCALE GOURMANDE AU FAR WEST

Ambiance western amérindien dans le chalet en bois qu'Olivier Kreischer a construit avec son épouse Stéphanie, à Phalsbourg. À l'orée d'une forêt, au calme, le chef vous accueille pour une découverte culinaire sous le signe de la cuisine américaine. Exit la viande issue d'élevage intensif, Olivier Kreischer, restaurateur de métier, a décidé de réaliser le rêve américain en valorisant les circuits courts et les produits de qualité, et en apportant une touche de gastronomie française. Burger de bison, burger au munster, ribs, saumon fumé ou galette végétarienne… Ici, tout est authentique et préparé maison. Le chef propose aussi des braserades de viandes, émincés, onglets, mixed grill et un tartare de bœuf au couteau. En dessert, place aux traditionnelles îles flottantes, crèmes brûlées et tartes du jour. *Fermé les lundi, mercredi soir et samedi midi.*

53 B, rue du Pilsfels, 57370 PHALSBOURG – Tél. : 07-80-44-35-21

Restaurant l'Addiction

CUISINE MAISON DE SAISON

Une cuisine traditionnelle de saison, maison, servie sur des tables nappées, avec le sourire ! Déclinant le répertoire de la cuisine traditionnelle française et travaillant avec des produits les plus locaux possible, Sébastien Henry propose des plats simples, savoureux, à déguster dans une ambiance paisible et conviviale. Il aime laisser libre cours à son imagination pour composer les associations que les produits de saison lui inspirent. Celui qui a appris son métier dans des maisons prestigieuses apprécie de cuisiner pour que ses convives passent un moment agréable autour de bons plats maison.

L'établissement, situé au cœur de la cité Vauban, propose un petit salon privatisable pour un déjeuner ou un dîner d'une dizaine de personnes, en aparté.

10, rue de la Gare, 57370 PHALSBOURG – Tél. : 03-87-23-59-38
restaurantladdiction.fr – Facebook : Restaurant l'Addiction

ROHRBACH LÈS BITCHE 57410

BOULANGER

P'tit Jean

47 rue Pasteur - T. 03 87 09 70 07

Cette boulangerie familiale n'en finit pas de faire parler d'elle. Joël, le jeune fils de la maison Schwalbach, a obtenu en 2015 le titre de MOF en boulangerie, acquis en même temps que son frère, propriétaire d'une boulangerie à Forbach. Les pains sont aussi beaux que bons, bio au levain, tradition parfaite, viennoiseries primées, entremets. La famille a de quoi être fière, de même que les habitants de Rohrbach.

Membres de l'Académie Gault&Millau

Tables Exceptionnelles – 19/20 à 19,5/20

Tables de Prestige – 17/20 à 18,5/20

Tables Remarquables – 15/20 à 16,5/20

Tables de Chef – 13/20 à 14,5/20

Tables Gourmandes – 11/20 à 12,5/20

Tables Originales – 10/20 à 10,5/20

Comme à la maison

UNE CUISINE COPIEUSE AUX MILLE SAVEURS

C'est sans doute sa localisation qui explique la richesse et la qualité de sa carte. Situé à deux pas du Luxembourg, Comme à la maison est un restaurant qui offre, à la fois, une carte généreuse et des produits savoureux. Soucieux de respecter le rythme des saisons, le gérant de l'établissement fait varier les plats, jamais la qualité : frites fraîches bio, glace et fromages de la ferme, miel local… Ici, toutes les envies sont satisfaites dans une atmosphère conviviale afin que chacun puisse se laisser tenter par les influences culinaires voisines. Il y en a pour tous les goûts. Comme à la maison !

Le + : Une soirée à thème un mardi sur deux.

9, voie de la Liberté, 57330 ROUSSY-LE-VILLAGE – Tél. : 03-82-59-03-05
resto-roussy.fr – Facebook : Comme à la Maison

« La découverte d'un mets nouveau fait plus pour le bonheur du genre humain que la découverte d'une étoile. »

Jean Anthelme Brillat-Savarin (1755-1826)

COMMUNIQUÉ

Queen's Café

AMBIANCE PUB

C'est une brasserie dans laquelle il fait bon s'arrêter à toute heure. Que vous cherchiez une adresse pour prendre le petit déjeuner, manger sur le pouce ou prendre le temps de déguster une spécialité du coin, Le Queen's a réponse à tout. Envie d'un verre à partager ? Faites votre choix parmi l'une des six bières* pression. Et quand vient l'heure de passer à table, découvrez une carte variée : tranches de faux-filet roulées au *grana padano* ail et basilic, cordons bleus et burgers... Et tous les week-ends, les suggestions du chef. Si vous cherchez, en plus, convivialité et ambiance décontractée, vous êtes au bon endroit. Au moins une fois par mois, l'équipe du Queen's Café vous concocte une soirée musicale qui a toujours beaucoup de succès. **Le + :** Tous les plats sont à emporter.

12, place de la Victoire, 57500 SAINT-AVOLD – Tél. : 03-87-91-04-50
Facebook : Queen's Café

L'Anvie

L'ENVIE DE FAIRE PLAISIR

Depuis deux ans, Alexandre partage sa passion pour la cuisine traditionnelle qui suit les saisons et les événements. Tout est fait maison, sur place. La formule « plat du jour », conçue à partir de produits locaux de qualité, et la convivialité du lieu vous feront revenir. Le soir et le week-end, Alexandre propose une cuisine plus familiale, à savourer sur place, en prenant son temps, ou à emporter. L'Anvie est privatisable, et le chef est à l'écoute de vos désirs pour vos commandes spéciales.

Zone du Sauceau, 57255 SAINT-MARIE-AUX-CHÊNES
Tél. : 03-87-30-97-81
lanvie.eatbu.com

*L'ABUS D'ALCOOL EST DANGEREUX POUR LA SANTÉ

L'effet bœuf

LE BŒUF SOUS TOUTES SES FORMES

À Roupeldange, Quentin Gillet a ouvert, en mai 2021, un restaurant pour carnivores avertis, amateurs de bœuf de Moselle, d'Argentine, d'Irlande ou du Japon. La décoration a entièrement été refaite avec des sièges en velours et une atmosphère cosy. Après un Bac hôtellerie/restauration du Lycée Raymond Mondon de Metz, il est tout de suite passé à l'action et s'est mis aux fourneaux pour griller des produits locaux et assurer le fait-maison. La formule du jour peut proposer une bavette d'Aloyau Simmental bio (une race autrichienne), sauce échalote, accompagnée de légumes bio des Jardins de Popote. Le vin* sera un Pinot noir de Moselle du domaine Mur du Cloître ; le dessert, fait maison, un sablé mascarpone abricot miel local. Quentin se déplace même à domicile avec son matériel pour assurer des barbecues joyeux et festifs.

1, rue de la Nied, 57220 ROUPELDANGE – Tél. : 03-87-55-87-02

Le Refuge

L'APRÈS-SKI AMÉLIORÉ

Gourmets à la recherche d'une bonne adresse après-ski : rendez-vous au Refuge ! L'ambiance et la carte, traditionnelle et ambitieuse, de cet établissement ne vous décevront pas. Véritable raclette savoyarde, burgers aux fromages de montagne (mention spéciale pour le « Jean-Claude Duss ») et cordon bleu au munster font sa renommée. On aime aussi son pain bio, ses produits locaux, ses salades bien garnies, sans oublier ses soirées animées qui plongent le restaurant dans une atmosphère branchée et électrique dès 23h.

18, rue des Halles, 57400 SARREBOURG
Tél. : 03-87-03-23-54

*L'ABUS D'ALCOOL EST DANGEREUX POUR LA SANTÉ

SARREGUEMINES 57200

Auberge Saint-Walfrid

13,5/20

58 rue de Grosbliederstroff - T. 03 87 98 43 75 - Menu(s) 98-168 €

Une auberge confortable au décor légèrement vieillot près des bords de la Sarre. Un personnel fourmillant de table en table, toujours aimable et souriant. Dans l'assiette, très ou trop classique, une aimable variation autour de la tomate, foie gras, crème glacée basilic, le saint-pierre, coques, girolles, émulsion au fumet de coquillages, et la feuillantine croustillante, étuvée de courgettes, chèvre frais, le veau bio de Moselle, primeur du moment, petit jus et le croustillant à la mirabelle, eau-de-vie de mirabelle donnent une impression de soin dans une forme un brin routinière. Carte des vins riche en bourgogne, bordeaux et alsace.

BOUCHER

Boucherie Barbier

13 rue Emile Huber - T. 03 87 95 68 27

Olivier Barbier, membre des Compagnons du goût, montre rigueur et dynamisme dans son activité. Cette boucherie d'angle propose des livraisons traiteur en véhicule réfrigéré. L'animalerie limousine est bien représentée, avec le veau de lait, le bœuf génisse ou l'agneau, soigneusement choisis. En charcuterie maison, recommandation d'Olivier Barbier pour le pâté lorrain, entouré d'une pâte feuilletée, à consommer tiède ou froid, le fuseau lorrain viande de porc crue, séchée, fumée, ou le jambon fumé au bois de hêtre.

CHOCOLATIER

Franck Kestener

6 rue Gutenberg - T. 03 87 28 14 62

Franck Kestener est un K. Issu d'une famille de boulangers-pâtissiers, son attirance pour les créations de bonbons-chocolat a été déterminante dès l'âge de 16 ans. Un travail assidu lui a permis d'atteindre la consécration avec le titre de MOF en 2002. Il peut désormais rajouter à son actif celui de champion du monde de pâtisserie. Il confectionne les saveurs du cacao avec le gingembre, le zeste de citron, les pommes caramélisées, les baies de genévrier, les fruits de la passion, les graines de tournesol, le soufflé de riz, la poire et le poivre ou du très local marc de gewurztraminer, avec ce petit plus qui caractérise la fabrication Kestener. Délicieux macarons.

Tables de Chef – 13/20 à 14,5/20

TORRÉFACTEUR

Cafés Gurtner

19 rue Sainte-Croix - T. 03 87 98 11 55

Les Cafés Gurtner torréfient artisanalement depuis deux générations et régalent leurs clients de toutes leurs gourmandises préférées, de Paris à la Moselle. Poussez la porte de cette jolie boutique du centre-ville et venez découvrir les mélanges de café maison, le maragogype, le moka d'Éthiopie ou l'un des fins arabicas d'Amérique latine. L'autre produit phare de l'établissement est la mirabelle, que vous trouverez retravaillée sous presque toutes ses formes, confiture, pâte d'amandes, liqueur... pour le bonheur des petits et des grands.

LES 7 PRINCIPES DE GAULT&MILLAU

1

L'indépendance totale vis-à-vis des établissements.

2

Le recrutement d'enquêteurs exigeants, gourmets et gourmands.

3

L'anonymat des enquêteurs lors des évaluations.

4

La visite dans des conditions normales de fréquentation.

5

Le règlement des additions.

6

La mise à jour régulière par des évaluations continues.

7

La vérification de nos informations

COMMUNIQUÉ

Italia del Gusto

LA DOLCE VITA

Originaire de Sardaigne et passionné de gastronomie, c'est tout naturellement qu'Emmanuel Muroni a créé son épicerie-traiteur-restaurant. L'Italia del Gusto met ainsi en valeur les saveurs raffinées et gourmandes de l'Italie. Fort du succès de l'implantation à Sarreguemines, Emmanuel a ouvert en septembre, avec son épouse Valérie, une adresse à Sarrebruck.

Leurs talents se conjuguent à merveille. Emmanuel déniche, goûte et sélectionne les pépites culinaires auprès de producteurs italiens qu'il tient à rencontrer quand Valérie œuvre aux fourneaux avec ses équipes pour satisfaire les papilles des gourmets. Aussi, on adore s'installer dans la salle au style indus' chic, privatisable pour vos banquets privés, ou en terrasse, notamment celle du fond à Sarrebruck, pour déguster, en entrée, les tomates à la burrata, la planche de charcuterie ou le saumon fumé maison. On ne se lasse pas des ravioles à la truffe, des lasagnes à la bolognaise ni des aubergines à la parmesane. Et en dessert, on succombe au tiramisu – certains clients font un détour pour lui – ou à la panna cotta. On apprécie grandement qu'Italia del Gusto sert toutes les faims en continu.

Parce que le bonheur, c'est de retrouver un peu d'Italie chez soi, on craque pour ces suggestions servies dans l'espace traiteur ainsi que pour les vastes gammes de produits. À Sarrebruck, vous trouvez 14 mètres de linéaire dédiés à la fromagerie, à la charcuterie et aux antipastis, suivis d'un magnifique espace dévolu à l'épicerie, et à la cave à vins* et spiritueux.

Italia Del Gusto est véritablement une adresse gourmande où vous trouverez le meilleur de l'Italie gastronomique sous toutes ses formes !

2, rue des Généraux Crémer, 57200 SARREGUEMINES
Tél. : 03-87-09-26-99
italiadelgusto.fr

SERÉMANGE ERZANGE 57290

TORRÉFACTEUR

Au Moulin à Café

19 rue Charles de Gaulle - T. 03 82 83 70 40

Pratique, cette petite boutique en bord de rue principale où l'on peut s'arrêter facilement quand l'envie de café nous prend ! Parmi les 16 variétés proposées, vous trouverez les délicats mokas Harrar, Yrgacheffe et Djimah, les pures origines d'Amérique du Sud et d'Afrique, le fameux Blue Mountain de Jamaïque, le Vilcabamba, ou encore le mystérieux Malabar moussonné. Possibilité de déguster sur place, au prix d'un euro symbolique.

STIRING WENDEL 57350

La Bonne Auberge 15/20

CHEF : LYDIA EGLOFF

15 rue Nationale - T. 03 87 87 52 78 - Menu(s) 52-130 € Ⓟ

C'est une adresse singulière, surprenante, épatante. Longtemps, les sœurs Egloff ont travaillé dans leur coin, pour leurs clients, au bout du bout, près de la frontière, sur une route ingrate et passagère. La maison est belle de l'intérieur et, comme les deux sœurs, elle rayonne. Lydia est en cuisine, Isabelle en salle. Toutes deux transmettent l'essentiel, des valeurs pérennes, dans l'excellence de l'aubergiste, dans l'identité, dans l'absence de concession. Le saisonnier, le local, elles pratiquent naturellement, depuis toujours, sans suivre une mode. Le foie gras de Lydia est mémorable, les cuissons sont précises, le poisson toujours souple, la viande fondante, le tout dans une sobriété et une simplicité qui font défaut à tant d'autres. Le temps passe, pour tout le monde, et la flamme est parfois moins vive. Mais il suffit souvent d'un mot, d'une phrase ou d'une bouchée pour que tout renaisse.

CAVISTE

La Rue du Vin

136 rue Nationale - T. 03 87 84 75 75

Bien sûr, vous pouvez passer vos commandes sur internet à partir du site dédié, mais il serait dommage de vous priver d'une visite, de la générosité et de la compétence du sommelier. Quelque 800 références que vous pourrez, pour certaines d'entre elles, déguster au comptoir juste pour vous faire une idée et guider votre choix.

Tables Remarquables – 15/20 à 16,5/20

THIONVILLE 57100

CHARCUTIER

Charcuterie Nosal

30 rue de l'Ancien Hôpital - T. 03 82 53 31 31

Fils d'un charcutier de renom, Christian Nosal perpétue une longue tradition. Président de la Fédération des bouchers-charcutiers-traiteurs du Grand Est, boucher-charcutier-traiteur à Thionville, il reste cependant soucieux d'un bon rapport qualité-prix. Sa charcuterie, principalement cuite et fumée, est fortement influencée par ses voisins allemands et déclinable en saucisse de pommes de terre, jambon persillé, saucisse de viandes, fuseau lorrain...

Carte

Addition moyenne d'un prix à la carte englobant le prix d'une entrée + plat + dessert

Menu(s)

Fourchette de prix mentionnant le menu le moins cher et le menu le plus cher proposant à la fois entrée, plat et dessert sans les boissons, qui n'exclut pas les prix intermédiaires

Déli'Meat
DÉLICIEUX

Au fond d'une cour en cœur de ville, le jeune chef propose une sélection pointue de viandes. Diverses origines et races : Australie, Argentine… Également des viandes du terroir ou exotiques ainsi que des produits de la mer. Cuite sur pierre chaude ou au grill, la viande est servie par tranche de 100 g. Pour une dégustation sur-mesure. Belle découverte pour les amateurs de bœuf maturé, burger, tartare au couteau.
Le + : Terrasse couverte.

10, cour du Mersch, 57100 THIONVILLE
Tél. : 03-54-86-02-83
restodelimeat.com

Aux grains de folie
SPÉCIALITÉ : LA QUALITÉ

Amoureux de pains originaux, de viennoiseries extra et de pâtisseries gourmandes, vous êtes au bon endroit ! La boulangerie-pâtisserie Aux grains de folie dénote, tant par sa sélection que par la qualité de ses produits : du pur beurre, de la farine bio pour les pains spéciaux et de la farine Label Rouge pour le pain de tradition française. Ils sont à l'origine même de la production créative de l'établissement. Pains aux noix ou à l'épeautre, baguette tradition ou brioche au beurre, toutes les envies seront comblées. Côté sucré, on craque pour le croissant pur beurre, les financiers au nutella, la tarte au fromage blanc, la tarte aux myrtilles meringuée, les succulents éclairs et les tartes aux fruits de saison, que l'on peut déguster sur l'une des tables du salon de thé. Côté salé, les salades fraîches et les quiches font fureur, notamment la chorizo-poivrons. *Fermé le lundi.*

5, rue des tilleuls, 57200 WIESVILLER – Tél. : 03-87-02-09-60

Le Chalet

SORTIR DES SENTIERS BATTUS

Tchèque curieux et talentueux, Jakup Skarupa vous invite à le suivre hors des sentiers battus de l'art culinaire. S'il sait comment régaler les végétariens et les végans, il décline le gibier en mijoté et civet (l'hiver), en burger, T-Bone et même carpaccio, sur une ardoise qui change tous les dix jours. Le tout est fait maison et s'accompagne de l'un des 200 vins* et rhums référencés. Le plaisir se prolonge, tous les quinze jours, avec une soirée thématique (barbecue, music-hall…) sur l'immense terrasse de ce restaurant de style montagnard, en plein cœur du village. *Ouvert du mardi au samedi de 11h30 à 14h et de 18h30 à 22h, et le dimanche de 11h30 à 22h (service en continu). De novembre à mars : fermé les lundi et mardi.*

8, rue de l'Église, 57905 ZETTING – Tél. : 03-87-98-46-17 – www.lechaletdezetting.fr
Facebook : Lechaletdezetting

> Un poète et un cuisinier se ressemblent bien : c'est le génie qui fait l'âme de leur art particulier.
>
> Athénée de Naucratis (170-223 ap. J.-C)

*L'ABUS D'ALCOOL EST DANGEREUX POUR LA SANTÉ

67

BAS-RHIN

AVOLSHEIM 67120

CHOCOLATIER

Antoni Chocolatier

1 route des Vins - T. 03 88 38 65 41

Une affaire de famille depuis soixante ans avec, aujourd'hui, Michel Antoni en charge du laboratoire, son frère à la direction et sa belle-sœur en boutique. La gamme des produits est large : pralinés, truffes, rochers, écorces d'orange confites, personnages de Noël et de Pâques, saucisson de chocolat (Schokoladenwurst)... Sans oublier tablettes de chocolat et ingrédients pour la pâtisserie. La spécialité de la maison, rouge dans son emballage... rouge, est la fameuse « griotte au chocolat et au kirsch d'Alsace », qui a fait la renommée de l'entreprise. Sérieux, savoir-faire, respect du produit et du client sont les maîtres mots de la chocolaterie Antoni. Une société qui réunit des hommes et des femmes passionnés par leur métier, et qui rayonne au-delà des frontières de l'Alsace.

BALBRONN 67310

DISTILLATEUR

Hagmeyer

119 rue Principale - T. 03 88 50 38 99

La distillerie Hagmeyer offre une large gamme d'eau-de-vie, avec notamment la poire williams de Balbronn, le kirsch d'Alsace, le quetsche d'Alsace ou encore le fameux Marc d'Alsace Gewurztraminer, en AOC depuis 2009. Leurs produits sont disponibles dans la région, mais également partout en France chez les cavistes.

BARR 67140

Enfin — 15/20

CHEF : LUCAS ENGEL

2 chemin du Château d'Andlau - T. 03 69 61 37 30 - Menu(s) 84 €

Enfin un restaurant moderne ! Qui ne prend ses clients ni pour des enfants, ni pour des ignares, ni pour des gogos. Bref, un ovni. L'osmose complète dans un lieu beau, ouvert, rustique contemporain sous les poutres de cette ancienne menuiserie, entre Carole Eckert, animatrice idéale d'un lieu adulte et sommelière experte, à l'esprit ouvert, aimant tout ce qui est bon, Lucas Engel, le chef adroit et précis, Léa qui accueille et coanime la salle. Le côté locavore, menu unique, tatouages et coolitude, pourrait fleurer le snobisme : pas du tout ! Et tout est bon sans claquer un smic. Pour 39 € au déjeuner, avec une mise en bouche extrêmement soyeuse, une mousse moelle de bœuf griottes et croûton, on suit avec un tarama de brochet délicieux, melon et gaspacho de courgette, un dahl de lentilles marié à un excellent bouillon de poireau épicé, crème et naan, la queue de bœuf et tomates en textures condiment aubergine, dans l'esprit d'une daube, et les desserts du moment, sur le chariot préparé par Léo, qui finissent bien cette séquence très séduisante.

HÔTEL

5 Terres Hôtel & Spa - 4 étoiles

11 place de l'Hôtel de Ville - T. 03 88 08 28 44 - à partir de : 170€

Membre du groupe MGallery, cet hôtel posé au cœur des vignobles alsaciens constitue une étape idéale au fil de la fameuse route des vins. Niché au centre de la petite cité de Barr, dans un somptueux bâtiment historique du XVIe siècle, il réunit 27 chambres et suites décorées avec soin, un restaurant déclinant une excellente cuisine bistronomique avec La Table du 5, aménagée dans une salle de pierres sèches et prolongée d'une grande terrasse. Et ce n'est pas tout, puisque le lieu abrite également l'un des spas les plus spectaculaires de la région, logé sous les voûtes historiques du bâtiment. Griffé Gemology, il se déploie autour d'une piscine intérieure, d'un hammam, d'un sauna et de cabines de soins où sont dispensés les traitements de la marque, à base de pierres précieuses.

AOP, IGP ET AOC DES PRODUITS DU GRAND EST

Bergamotes de Nancy, boudin blanc de Rethel, chaource, choucroute d'Alsace, crème fraîche fluide d'Alsace, emmenthal français est-central, framboise d'Alsace, jambon sec des Ardennes, kirsch d'Alsace, langres, miel d'Alsace, miel de sapin des Vosges, mirabelle d'Alsace, mirabelle de Lorraine, munster, pâtes d'Alsace, quetsche d'Alsace, soumaintrain, volailles de la Champagne, volailles d'Alsace...

s'Amer

L'ARTISANAT, LES GOÛTS, LE PLAISIR !

C'est un voyage de saveurs 100% artisanales, authentiques et alsaciennes, que les liquoristes, Gaëlle et Christophe, proposent. Les papilles sont émerveillées par leurs concoctions réalisées selon leurs propres recettes. Bien que tenues secrètes, nous savons qu'elles sont concrétisées avec de véritables fruits et aromates (bio en majorité) sans aucune poudre quelconque. Aux côtés du classique Amer, ils ont créé une gamme qui, cassant les codes, plaît aux plus fins palais dont les féminins. Il en est ainsi de leurs amers, spritz, limoncello, orangello et liqueurs, à déguster dans leur plus simple expression, agrémenté d'une bière ou en kir*. En parfait accord avec votre apéritif, ils proposent des suggestions culinaires artisanales. Comme nous, vous aimerez leur boutique coup de cœur « Made in Apéro ».

6, rue des Boulangers, 67140 BARR – Tél. : 06-38-41-67-33 – Facebook : @samerbiere

> De toutes les passions, la seule vraiment respectable me paraît être la gourmandise.
>
> Guy de Maupassant (1850-1893)

COMMUNIQUÉ

La Table du Champé

À DÉCOUVRIR ABSOLUMENT

Ouvert aux clients de l'hôtel Mont Champ du Feu, un établissement 4* tout confort, ainsi qu'à tous les gourmets et gourmands de passage dans cette belle station de montagne, cette table est à découvrir absolument. Elle bénéficie d'un cadre naturel à couper le souffle et propose une cuisine locale de saison qui évolue au rythme des produits coup de cœur des chefs, Marc Koeniguer et Thierry Bouillon. Leurs suggestions se dégustent toute l'année dans une ambiance montagnarde, moderne et lumineuse. Le bonheur est dans l'assiette et aussi dans le verre, grâce à une sélection de pépites de petits producteurs alsaciens. *Ouvert tous les soirs , le dimanche midi et jours fériés – Réservation conseillée.*

Le + : Privatisation possible

154, route de la Serva, 67130 BELMONT – Tél. : 03-88-97-30-52 – www.montchampdufeu.com
Facebook : Hôtel Restaurant Mont Champ du Feu – Instagram : montchampdufeu

Boulangerie Kevin

QUEL TALENT !

On ne présente plus Kevin Petry, finaliste de la Meilleure boulangerie de France sur M6. Après avoir conquis Bruno Cormerais et Norbert Tarayre avec son pain Pumpernickel 100% levain naturel sur base de farine complète de seigle, cuit comme au Moyen âge dans un bocal en verre, ou encore sa tarte au fromage blanc, il vous fera succomber à votre tour ! Et parce que l'excellence est la règle, l'accueil est très agréable.

16A, rue de Strasbourg,
67230 BENFELD
Tél. : 03-88-08-81-65
Facebook : Boulangerie-Kevin

BIRKENWALD 67440

HÔTEL

Hôtel Au Chasseur - 3 étoiles

7 rue de l'Église - T. 03 88 70 61 32 - à partir de : 120€

Au pied des Vosges, à 30 km seulement de Strasbourg et à 10 km de Saverne, cette maison de famille est désormais la propriété du chef Yan Gass, qui a choisi, avec son épouse Karine, de prendre la suite de ses parents à la tête de l'établissement. Une bonne nouvelle pour les fidèles du lieu qui ne jurent que par la cuisine de terroir de Yan, le charme cosy de ses 21 chambres et les délices de son spa avec salle de fitness, sauna, hammam, piscine et jacuzzi. Des prestations de grande qualité qui font de cette adresse l'une des plus prisées de la région, le tout à prix doux.

BREITENBACH 67220

HÔTEL

48° Nord - 4 étoiles

1048 route du Mont Sainte-Odile - T. 03 67 50 00 05 - à partir de : 182€

Conçu par le paysagiste Emil Leroy-Jönsson, en collaboration avec l'architecte norvégien Reiulf Ramstad, ce refuge ravit tous les amoureux de nature et d'écologie. Aussi surprenant que séduisant, il se compose de 14 «hyttes», de petits chalets inspirés de l'architecture scandinave contemporaine et posés sur les hauteurs du village de Breitenbach. Construits avec des bardages de bois issus des forêts alentour et coiffés d'un toit végétalisé, ils se fondent dans la verdure et offrent les plus doux des cocons avec, à l'intérieur, des lignes fluides, des tonalités écrues et de beaux meubles de bois blond. Mieux encore, certains sont dotés de sauna, bain nordique ou jacuzzi privatif pour se relaxer en admirant la vue somptueuse sur les collines avoisinantes. Dernière pépite, une cuisine délicieuse, 100% bio et faite maison par le chef Frédéric Metzger, qui a exhumé des techniques ancestrales de fumage ou de fermentation pour proposer des saveurs au plus près de la nature.

BRASSEUR

L'Abreuvoir

21 rue du Mont Sainte-Odile - T. 06 07 17 68 70

Microbrasserie associative, l'établissement compte une quinzaine de passionnés qui, ensemble, produisent chaque année une gamme de bière originale et conçue dans les règles de l'artisanat local. Développée uniquement à partir des houblons locaux, la sélection de l'Abreuvoir exprime le terroir à travers ses classiques sérieux, la blonde, la blanche, l'ambrée et la brune. La visite est proposée.

COLROY LA ROCHE 67420

HÔTEL

La Cheneaudière - 5 étoiles

3 rue du Vieux Moulin - T. 03 88 97 61 64 - à partir de : 300€

Posée sur une colline à 530 m d'altitude entre Vosges et Alsace, cette belle maison - aménagée en hôtel en 1974 par la famille Decker - est désormais sous la houlette de la troisième génération qui a su lui insuffler une vraie modernité sans trahir l'esprit des lieux. Les 45 chambres et suites possèdent toutes leur style particulier, aménagées avec des matériaux naturels, de vastes salles de bains et de larges baies vitrées pour admirer le jardin aromatique et le village en contrebas. On vient ici goûter le charme du domaine, savourer la cuisine bio et locale du restaurant emmené par le duo de chefs Jean-Paul Acker et Daniel Stein, mais surtout découvrir le somptueux «Nature-Spa» de 2500 m^2 répartis sur trois niveaux. Auréolé du titre international de meilleur spa Relais & Châteaux en 2016, il réunit sauna, hammam, cabines de soin, deux piscines intérieures (sans compter un bassin naturel à l'eau pure des montagnes et un grand bassin de flottaison au sel d'Epsom, qui permet au corps de se détendre en libérant toutes les tensions).

AOP, IGP ET AOC DES PRODUITS DU GRAND EST

Bergamotes de Nancy, boudin blanc de Rethel, chaource, choucroute d'Alsace, crème fraîche fluide d'Alsace, emmenthal français est-central, framboise d'Alsace, jambon sec des Ardennes, kirsch d'Alsace, langres, miel d'Alsace, miel de sapin des Vosges, mirabelle d'Alsace, mirabelle de Lorraine, munster, pâtes d'Alsace, quetsche d'Alsace, soumaintrain, volailles de la Champagne, volailles d'Alsace...

Boulangerie Beaudelot

LE GOÛT DU VRAI

Mathieu et Margaux Beaudelot ne trichent pas. Dans cette boutique qu'ils ont reprise en janvier 2021, ils fabriquent tout ce qu'ils proposent. Guidés par leur amour du métier, ils régalent leurs clients de viennoiseries pur beurre, de pains spéciaux parfois bio, ils confectionnent des gâteaux personnalisés et des pièces montées pour les grandes occasions. Goûtez leur Bredele : comme toutes leurs créations sucrées et salées, il a le goût du vrai. *Ouvert du lundi au vendredi (sauf mardi et jeudi après-midi) de 4h30 à 13h30 et de 15h30 à 19h, samedi et dimanche de 6h à 13h.*

109, rue du Maréchal Foch, 67730 CHÂTENOIS
Tél. : 03-88-82-02-25

Ferme de la Plume d'Or

DE LA PLUME À L'ASSIETTE

De cette exploitation familiale et labellisée « Bienvenue à la ferme » sortent de succulents produits issus des quelque 10 000 canards qu'elle nourrit, élève et transforme dans les règles de l'art. En entrant dans sa boutique, vous découvrez un large choix de suggestions plus savoureuses les unes que les autres : foie gras mi-cuit ou au torchon, confit, magret fumé ou séché, tourte pour ne citer qu'eux. Le tout, à prix raisonnable. Aux côtés de la production de la Ferme de la Plume d'Or, à laquelle il faut ajouter un délicieux jus de pomme maison, des asperges, des œufs et des plats cuisinés, on trouve le fruit du travail d'autres petits producteurs avec qui Georges et son fils, Régis, collaborent : vins, bières*, laitages, légumes… *« Rien que des produits de qualité pour faire un bon repas »*, conclut Georges.
Boutique ouverte du mardi au samedi de 7h30 à 18h30 (13h le samedi).

168, rue d'Altorf, 67120 DACHSTEIN – Tél. : 03-88-47-85-30
www.fermedelaplumedor.com

*L'ABUS D'ALCOOL EST DANGEREUX POUR LA SANTÉ

DAMBACH LA VILLE 67650

PÂTISSIER

Pâtisserie Kamm

85 rue du Maréchal Foch - T. 03 88 92 40 65

La même maison, la même rigueur et le même plaisir qu'à Sélestat. Un lieu accueillant où l'on retrouve les fameux macarons, tendres et moelleux (une dizaine de variétés), de cet artisan, pâtissier hors pair qui propose aussi de délicieux chocolats. Également des préparations traiteur, des tartes salées, quiches, tourtes...

DRULINGEN 67320

BOUCHER

Esminger Boucherie Charcuterie

30 rue du Général Leclerc - T. 03 88 00 61 74

Une adresse pleine de dynamisme que l'on aime bien, qui affiche des produits charcutiers typiquement alsaciens à faire pâlir d'envie les accros du bon cochon. Ici, on pourrait commander une saucisse pour chaque repas. Les variétés locales sont bien représentées, comme la strasbourg mi-veau mi-porc, la francfort pur porc, la fumée, la viennoise (ou knack, qui croque sous la dent), largement commentées par Sandra, qui vous donnera pleins d'idées d'associations gourmandes.

DRUSENHEIM 67410

Au Gourmet 14/20

4 route de Herrlisheim - T. 03 88 53 30 60 - Menu(s) 34-74€ Ⓟ

Moquette bleu Klein, voilages blancs, grandes tables rondes bien espacées : plutôt chic la salle de cette auberge rénovée en 2018 et en retrait de la départementale. Ludovic Kientz apporte la sagesse et la stabilité d'un cuisinier expérimenté qui fut chef au Crocodile jusqu'en 2017. Il propose une cuisine discrètement bourgeoise, plus rassurante qu'étonnante mais sûre dans ses goûts et ses cuissons. En Alsace, nous observons souvent deux écoles. Ludovic Kientz travaille les produits à la française, ce qui signifie qu'ils sont très bien sélectionnés, bien mis en valeur par des cuissons expertes et ainsi transcendés. Chaque plat est souligné par une sauce de qualité. L'œuf parfait «bio» cuit à 64°C à la truffe d'été est servi avec une délicate mousseline de pomme de terre et sa sauce Albufera qui tient ses promesses. Très beau foie gras de canard garni de streusel de cacao, servi en escalope bien épaisse, de laquelle se dégage beaucoup de gourmandise, amplifiée par une sauce bigarade et contrebalancée par la fraîcheur de la pastèque. Remarquable filet de truite des Sources du Heimbach cuit en vapeur douce, avec un risotto aux asperges vertes et une sauce curry-coco très gourmande. Le carré de veau fermier français est coupé épais à souhait, son jus à saucer aurait pu être un peu plus réduit. Le vacherin glacé à la fleur de sureau, accompagné de framboise et de rhubarbe, à la présentation subtile, aurait pu valoir 3 toques si les glaces n'avaient pas été congelées. Les nombreuses petites attentions servies tout au long du repas rendent l'expérience encore plus festive. Sandie Ling, jadis commise sommelière chez les Bras à Laguiole, conseille des vins de qualité au verre et veille avec bonne humeur sur un service professionnel. Cette cuisine est en net progrès depuis notre dernière visite. Un point de plus.

GAMBSHEIM 67760

Fleur de Sureau 13/20

22 rue du Chemin de Fer - T. 03 88 21 85 22 - Carte 63 € - Menu(s) 19,50-67 €

Posée face à la petite gare de Gambsheim, cette table tenue depuis plus de dix ans par Marie-Laure et Louis Ciolfi plaît pour les soins que les patrons portent à la fois à la cuisine et à la salle. Entouré d'une jolie collection de toiles de Daniel Gasser et sous le regard bienveillant de Marie-Laure, on savoure la cuisine de Louis, qui a appris la clarté de goût et le professionnalisme dans les grandes maisons. Au menu en 4 temps à 57 € : l'œuf de la ferme du grand chêne en cuisson «parfaite», avec une onctueuse purée de chou-fleur à laquelle les noisettes apportent un peu de peps, alors que les lamelles de truffe demeurent peu sensibles. Épais foie gras de canard poêlé, agréablement ferme mais un brin fade (le sel a été complètement oublié) : il est posé sur une tranche de pain d'épices, coiffé d'une quenelle de sorbet à la courge butternut et flanqué d'un puissant gel de myrtilles. Le filet de canette un peu trop cuit est accompagné d'une purée de panais ainsi que d'un jus bien réduit et gourmand. Le choco-amande est une composition à l'assiette où la mousse au chocolat, puissante, équilibrée et pas trop sucrée est contrebalancée par la fraîcheur du sorbet à la mangue. Bien plus qu'un buffet de gare, cette table demeure attractive pour son homogénéité et ses tarifs démocratiques.

GEISWILLER ZŒBERSDORF 67270

BRASSEUR

Bière la Pastel

2B route de Bouxwiller - T. 06 08 05 18 30

À une vingtaine de minutes de Saverne, cette maison produit une gamme de six bières artisanales. On trouvera les classiques conçues dans la tradition alsacienne, la Pils en deux fermentations, l'ambrée annuelle et l'ambrée de printemps, la blonde au moût de crémant en association avec un vigneron, de la blonde au miel, la blanche et la brune. Engagée dans une démarche écoresponsable, la brasserie propose une gamme de bière au pain, la «Brotbier», réalisée à base d'invendus.

GERTWILLER 67140

PÂTISSIER

Fortwenger

144 route de Strasbourg - T. 03 88 08 96 06

Ce n'est plus un plaisir uniquement réservé à l'hiver. Grâce à la pâtisserie Fortwenger, vous pouvez vous délecter de bons pains d'épices toute l'année. Les produits sont variés : compositions, assortiments, épicerie fine, grande diversité de pains d'épices. Un incontournable, pour tous les goûts.

GIMBRETT 67500

BRASSEUR

Les Bières du Dahu

13 rue des Artisans

Ouvert en 2015 dans un petit village du Kochersberg, la maison tient une production confidentielle d'environ 1000 litres par an. Suivant à la lettre les règles de l'artisanat brassicole, l'enseigne fabrique des bières non pasteurisées, non filtrées et refermentées en bouteille. La gamme compte aujourd'hui deux entrées, la blonde IPA et l'ambrée, en vente sur place.

GRAUFTHAL 67320

Au Vieux Moulin

14/20

7 rue du Vieux Moulin - T. 03 88 70 17 28 - Menu(s) 62-78 €

Il y a d'abord cet emplacement de choix face à l'étang et à la forêt des Vosges du Nord. Il y a ensuite Guillaume Kassel rentré au bercail depuis cinq ans. Ce chef, passé par Maison Lameloise (Éric Pras), Franck Putelat et Christophe Bacquié, rend savoureux tout ce qu'il touche. Jamais à court d'inspiration, cette cuisine en mouvement est l'une des plus généreuses que nous ayons rencontrées. Dans le menu «Découverte en quatre séquences» (60 €), qui laisse carte blanche au chef, on commence avec de belles saint-jacques crues, luisantes, coupées en tranches fines et reposant sur de la chair de tourteau. Dans un deuxième récipient se trouve une belle noix de saint-jacques bien charnue, croustillante, au curry noir, avec un coulis de mâche : une entrée fort gourmande et pleine de fraîcheur apéritive où tous les aromates et épices sont bien équilibrés. Un peu trop richement garnies, les asperges vertes bien croquantes sont mises en valeur par un sabayon à la menthe très gourmand. D'abord présentée entière, l'épaule d'agneau de lait des Pyrénées est ensuite servie en deux façons : d'une part, la chair particulièrement tendre, rôtie à l'ail des ours, avec des asperges blanches, une pomme de terre soufflée, et un jus d'agneau monté au beurre d'anchois ; d'autre part, en amusant kebab sur une salade de pissenlits. Une cuisine foisonnante avec des assiettes généreuses, parfois un peu surtravaillées, comme cet anchois posé sur la pomme de terre soufflée. Servi dans un bol, le dessert composé de chocolat, de citron de Menton, de noisettes du Piémont et d'un sorbet à la roquette nous a semblé moins structuré et un brin en dessous du reste. Le service est supervisé avec bienveillance par la mère du chef, Sylvie Kassel, qui conseille également les vins. Les fidèles ne s'y trompent pas : avec cette cuisine épatante de goûts, cette table est l'un des meilleurs rapports qualité-prix des Vosges du Nord.

GUNDERSHOFFEN 67110

HÔTEL

Hôtel Le Moulin - 4 étoiles

7 rue du Moulin - T. 03 88 07 33 30 - à partir de : 235€

À la lisière du parc naturel des Vosges, cet ancien moulin, transformé en hôtel, se déploie autour de 12 chambres et suites qui mêlent confort contemporain et décoration traditionnelle, avec de beaux meubles anciens et cette atmosphère chaleureuse et douillette qui signe l'esprit de la région. La plupart ouvrent sur la petite rivière en contrebas et le jardin empli de fleurs et d'herbes sauvages, tout comme la salle de restaurant, Les Jardins du Moulin, où l'on déguste une excellente cuisine locale signée du chef Arnaud Zinck. Les petits déjeuners, délicieux, sont servis dans la chambre avant que les hôtes ne partent à la découverte des trésors environnants, les forêts et les vallons alentour, mais aussi la fameuse ligne Maginot ou les champs de bataille napoléoniens de Reichshoffen.

BISCUITIER

La Fabrique à Bretzels - Boehli

14 rue des Genêts - T. 03 88 07 16 75

Sur 500 m^2, un historique de la bretzel alsacienne et une visite de la production. Avec, bien sûr, la boutique pour garnir le panier.

ÉLEVEUR

Ferme Meyer

2 route de Morsbronn - Eberbach - T. 03 88 09 48 47

Foie gras d'oie et foie gras de canard chez cet éleveur de tradition et de qualité. On peut visiter l'exploitation, profiter de la boutique du jeudi après-midi au samedi midi et assister au marché paysan le vendredi après-midi. Outre le foie gras, viande au détail, abats, gésiers confits, cuisse confite, magret fumé, tourte au canard...

Tables Originales – 10/20 à 10,5/20

HAGUENAU 67500

BRASSEUR

Brasserie de l'Ermitage

4 place de la Basilique Marienthal - T. 03 88 93 41 23

Au sud d'Haguenau, cet hôtel-brasserie produit des bières d'Alsace sur la base des houblons et des traditions locales. Outre les classiques, disponibles à la vente et à la dégustation sur place, on pourra également profiter des tartes flambées, proposées tous les soirs de 18 à 21h.

CAVISTE

Art du Vin

113A route de Strasbourg - T. 03 88 93 14 87

Des trois antennes L'Art du Vin, celle-ci se trouve au centre d'Hagueneau et perpétue, dans la tradition de l'enseigne, la présentation d'un catalogue large qui représente le vignoble sous ses différents aspects. En plus des classiques, Frédéric aura à cœur de faire découvrir à sa clientèle des cuvées plus confidentielles. On apprécie les sélections en bio.

POISSONNIER

Cap d'Hag

147 Grand Rue - T. 03 88 90 59 46

Voilà un Cap allègrement franchi par Stéphane Griffet, jeune poissonnier belge implanté en Alsace après avoir beaucoup voyagé à travers le monde. Poissons de ligne des côtes bretonnes ou saumon labellisé figurent sur l'étal au gré des arrivages. Conserves (anchois de Collioure) à base de poissons et crustacés, produits traiteur maison (comme le filet de lieu pané polenta à la provençale ou la choucroute de la mer), et même quelques légumes et bouteilles de vin sont proposés par ce passionné, qui ne manquera pas de fournir quelques bonnes recettes. Autre adresse à Strasbourg.

TORRÉFACTEUR

Cafés Rasco

13 Grand Rue - T. 03 88 93 59 31

Les Cafés Rasco jouissent d'une bonne réputation grâce à son torréfacteur, formé chez l'une des vedettes du métier outre-Rhin. Il procède à une torréfaction quotidienne, en petites quantités, de ses crus venus du monde entier. Blue Mountain, Kopi Luwak, Bourbon jaune du Pérou, Matari du Yémen, Kona hawaïen... côtoient des cafés issus de l'agriculture biologique pour quelque 35 variétés au plus fort de la saison.

Moulin Burggraf-Becker

MEUNIERS DEPUIS CINQ GÉNÉRATIONS, À 5KM DE HATTMATT

Cette entreprise familiale fondée en 1883 produit pour les professionnels et les particuliers des farines artisanales à partir des meilleures céréales de la région. Rendez-vous au magasin de vente, à côté du moulin : on y trouve notamment des farines et de l'épicerie. Tous les mois, « Les ateliers du Moulin » sont organisés autour de thèmes comme le pain au levain, les viennoiseries ou les pâtisseries.

67330 DOSSENHEIM-SUR-ZINSEL
Tél. : 03-88-70-01-67 – www.burggraf-becker.com

> Bien boire et bien manger font bien travailler.
>
> Proverbe français

Fromagerie Steinmetz

EXCEPTIONNEL !

Laurence et Pierre Steinmetz, leur fils, Benjamin et leurs équipes ravissent les palais les plus exigeants avec leurs trésors affinés selon les goûts des clients. Passionnées, les équipes de la maison éponyme proposent de belles découvertes – plus de 200 références qui varient en fonction des saisons – entre les fromages locaux et les suggestions des autres terroirs de l'Hexagone, de Suisse, d'Italie ou encore de Grande-Bretagne et des États-Unis. Aussi, pour de belles expériences gustatives, faites leur confiance, ils sauront vous conseiller et vous composer une farandole de saveurs entre un petit chèvre fermier de la région et une tomme aux coquelicots ! En hiver, succombez à leur incroyable gamme de fromages à raclette, entre les classiques et les inattendues !

Retrouvez leur présence sur les marchés sur : @Fromagerie.Steinmetz – Tél. : 06-12-89-48-08

Boucherie Kress
4[E] GÉNÉRATION

Créée en 1949 par ses arrière-grands-parents, Julien Kress perpétue la tradition artisanale familiale en produisant tout maison, de la charcuterie aux spaetzles. Il sélectionne de belles races de viande qu'il vend au détail et qu'il transforme : Salers, Simmenthal et Aubrac pour le bœuf, veau du Mont-Velay-Forez, porc labellisé bleu blanc cœur, agneau et volailles d'Alsace et gibier d'Alsace-Lorraine. Récompensé par des médailles au concours de la foire européenne de Strasbourg pour ses knacks et son boudin noir, le boucher-charcutier développe une gamme savoureuse de saucissons et charcuterie de sanglier, ainsi qu'un fabuleux pâté en croûte de chevreuil aux mirabelles et pistaches. Goûtez ses bouchées à la reine et son rosbif de cheval ! **Le + :** Le rayon traiteur tenu par Isabelle, sa mère.

1, Marché aux Grains, 67500 HAGUENEAU – Tél. : 03-88-93-85-90
Facebook : @boucherieKS
50, rue Principale, 67360 HAGUENAU – Tél. : 03-88-90-25-90

Le Saint Ex'
PRENDRE LE TEMPS DE SAVOURER

Prenez un lieu complètement insolite, au sein d'un aérodrome, une terrasse donnant sur des pistes et de petits avions... Ajoutez-y la passion d'Olivier et Véronique, restaurateurs, les plats authentiques du chef, faits maison et généreux, et vous comprendrez pourquoi le Saint Ex' gagne tant à être connu. Ses fameux ris de veau ou encore ses bouchées à la reine – médaille d'argent au concours de la Foire Européenne de Strasbourg – rivalisent avec l'incontournable onglet de bœuf à l'échalotte qui fait se déplacer beaucoup d'amoureux de (très) bonne viande. Ces plats sont sublimés par une belle sélection de vins*, au verre ou à la bouteille, et se dégustent en prenant son temps. Tout ici est fait pour que vous vous sentiez bien. Pourquoi vous priver de ce plaisir ? *Ouvert à midi du lundi au dimanche (sauf le mercredi) et le soir les jeudi, vendredi et samedi.* **Les + :** Restaurant climatisé – Parking – Privatisation possible.

7, Aérodrome, 67500 HAGUENEAU
www.lesaintex.restaurant

*L'ABUS D'ALCOOL EST DANGEREUX POUR LA SANTÉ

HEILIGENSTEIN 67140

PRODUCTEUR

Ferme de Truttenhausen

Truttenhausen - T. 03 69 64 95 75

Sur les contreforts de la forêt vosgienne, une ferme vouée aux bons produits et à la biodynamie. On trouve sur place le vendredi, sur les marchés de producteurs et Amap, des légumes, des céréales et des produits laitiers, issus de vaches laitières en pleine santé.

ICHTRATZHEIM 67460

CHARCUTIER

Les Foies Gras du Ried

37 rue du Château - T. 03 88 64 22 84

L'Alsace détient un savoir-faire indéniable en matière de foie frais, foi de Gerçois ! Le canard au goût affirmé et l'oie au goût plus délicat. Démonstration de préparation et dégustation au laboratoire en une heure et demie top chrono. Terrines, rillettes, gésiers de canard confits complètent une gamme très orientée saveurs.

Carte

Addition moyenne d'un prix à la carte englobant le prix d'une entrée + plat + dessert

Menu(s)

Fourchette de prix mentionnant le menu le moins cher et le menu le plus cher proposant à la fois entrée, plat et dessert sans les boissons, qui n'exclut pas les prix intermédiaires

Restaurant de Jaegerthal
UN HOMMAGE AU TERROIR

Une bâtisse du XIXe typique de la région, une famille de restaurateurs passionnés et un savoir-faire que perpétue Jean-François Fischer, représentant la 4e génération : voilà les ingrédients qui nourrissent la très bonne réputation de cette maison qui met en valeur son terroir. La preuve avec le gigot de chevreuil et les autres spécialités accompagnées d'une belle sélection de vins* et élaborées avec du gibier local et des produits frais et de saison : truites du vivier, escargots… Pensez à garder une petite place pour le dessert, il paraît que les meringues glacées sont divines !

1, route d'Obersteinbach, 67110 JAEGERTHAL
Tél. : 03-88-09-02-40

> La gastronomie est la joie de toutes les situations et de tous les âges. Elle donne la beauté de l'esprit.
>
> Charles Monselet (1825-1888)

ITTERSWILLER 67140

HÔTEL

Hôtel Arnold - 3 étoiles

Route du Vin - T. 03 88 85 50 58 - à partir de : 126€

Halte idéale sur la route des vins - entre Strasbourg, Colmar et le château du Haut-Koenigsbourg -, cette imposante maison alsacienne réunit 37 chambres au décor chaleureux, mêlant détails traditionnels et confort contemporain (parfaites literies, tapis douillets, meubles anciens et belles échappées sur les vignobles alentour). En face de l'hôtel, la Winstub Arnold, aménagée dans une ancienne cave à vin restaurée, invite les hôtes de passage à déguster le meilleur des productions et recettes régionales, avec une mention toute particulière pour les jambons et saumons fumés dans le propre fumoir du restaurant. Autre pépite, un espace bien-être avec piscine intérieure, sauna, hammam et rameur à eau... De quoi faire le plein d'énergie avant de rejoindre la grande terrasse avec ses transats et sa vue sur le charmant village d'Itterswiller.

KESKASTEL 67260

BOULANGER

Le Vénézuela

16 rue du Faubourg - T. 03 88 01 19 83

Chez les Dehout, la farine reste une affaire entendue. Pétrie par Mathieu, artisan-boulanger, travaillée par Peggy, maître pâtissier. Les recettes du succès de cette maison de village : des pains cuits au feu de bois, des brioches confectionnées à la main et des gâteaux élaborés avec beaucoup de passion.

KRAUTERGERSHEIM 67880

TRAITEUR

Choucrouterie ADES & Fils

8 route d'Obernai - T. 03 88 95 76 71

Depuis bientôt quatre générations, les Adès concoctent des choucroutes, des navets, des roug'choux (une choucroute à base de choux rouges) et des cornichons. La choucroute, le produit phare, est disponible toute l'année, sous toutes ses formes et préparée du début à la fin par leurs soins. Cette entreprise familiale régale toute l'Alsace et une moitié de la Lorraine.

Tables de Prestige – 17/20 à 18,5/20

LA PETITE PIERRE 67290

HÔTEL

La Clairière - 4 étoiles

63 route d'Ingwiller - T. 03 88 71 75 00 - à partir de : 182€

Posée à l'orée de la forêt, cette belle adresse est tout entière pensée autour du bien-être et de la nature. La preuve avec son programme d'activités qui offre l'occasion d'un vrai ressourcement (yoga, qi gong, sylvothérapie...), sa cuisine saine et savoureuse avec des produits bio et kilomètre zéro, et enfin son spa qui abrite deux piscines (intérieure et extérieure), un sauna et des cabines pour de remarquables soins et traitements bien-être. Autant de raisons pour poser ses valises dans l'une des 50 chambres aux couleurs toniques et aux allures contemporaines avec literie en latex naturel, tissus en coton bio et belles échappées sur les grands arbres. Un lieu idéal pour se déconnecter en profitant d'une nature miraculeusement préservée.

LA VANCELLE 67730

Auberge Frankenbourg

15,5/20

CHEF : SÉBASTIEN BUECHER

13 rue Général de Gaulle - T. 03 88 57 93 90 - Carte 85€ - Menu(s) 60-115€

Dans ce village montagnard dominé par les forêts de mélèzes et les ruines du château fort, se cache le Frankenbourg des frères Buecher, l'escale la plus dépaysante du centre de l'Alsace. Il fait bon s'installer sous la nef à charpente de la salle à manger de grand volume où s'active une pléthore de serveurs jeunes et toniques sous l'œil attentif de Guillaume. Sébastien, quant à lui, signe des plats tantôt élaborés à partir de produits simples mais transcendés, tantôt distingués par la générosité des détails et les associations inspirées. Le chef n'est jamais à court d'idées, comme en témoigne cet audacieux onglet de bœuf cuit au sel puis séché, mis en valeur par la richesse équilibrée de nombreux aromates. On apprécie la simplicité de ces asperges blanches glacées à l'hydromel, soulignées par cet étonnant yaourt de peaux d'asperges, même si le légume aurait pu être davantage sublimé par une cuisson plus concise. Certes laquée par un caramel d'aspérule et accompagnée de blette infusée au malt, la barbue nous a semblé un brin dénaturée par cette cuisson poêlée. Au contraire, nous avons préféré la technique à basse température qui amplifie la tendreté de la chair de ce pigeon de Nordhouse, accompagné d'un savoureux croustillant d'abattis et de cuisses : plat clair, abouti et distingué. On finit en beauté avec la gourmandise rare de cette superbe tartelette aux fraises montée à la minute, mousse légère à la mascarpone, ce cœur délicieusement coulant et ce sorbet moelleux. Les attentions proposées tout au long du repas sont nombreuses. On aime ces miches de pain cuites au feu de bois mises en scène au milieu de la salle et découpées devant les convives. Le système

Coravin permet de goûter des vins de qualité au verre. Guillaume à l'accueil ne manque pas de prestance. Grâce à leur parcours, les deux frères sont des professionnels de grande expérience et leur maison demeure l'adresse de référence de la région de Sélestat.

LA WANTZENAU 67610

Le Jardin Secret

15/20

CHEF : GILLES LEININGER

32 rue de la Gare - T. 03 88 96 63 44 - Carte 14 € - Menu(s) 42,50-90 €

Derrière la façade anodine de cette maison située face à la petite gare de La Wantzenau, se cache un élégant cocon entièrement blanc, épuré, contemporain, avec ses nombreux espaces, sa moquette profonde, ses tables élégamment nappées et agréablement espacées. Gilles Leininger, bête à concours et notamment vainqueur d'un Bocuse d'or, s'inspire de la tradition bourgeoise pour l'adapter au goût du jour. Les assiettes impressionnent par leur distinction et leur clarté de goût. Parmi les nouveaux plats dégustés cette année, nous nous sommes régalés avec cet admirable filet de lieu jaune de petit bateau magnifié par une cuisson précise, associé à la chair de tomate de la ferme Riedinger à Hoerdt, déshydratée puis réhydratée à l'eau de tomate. Le chef a une tendresse particulière pour les déclinaisons, comme en atteste ce remarquable travail autour de la langoustine, panna cotta, carpaccio, voile et bisque d'une puissance aromatique rare. La maison ne dispose d'aucune carte et, lorsque les visites se répètent, le menu surprise imposé n'est pas toujours épargné par des plats-refrains comme cette fine déclinaison d'artichauts ou cette tourte de pigeon et foie gras dont la gourmandise reste toutefois intacte. Les instants sucrés sont réglés sur les saisons avec cette «Vision du chef sur la tartelette à la mirabelle d'Alsace» subtilement associée au gingembre et à la sauge qui n'écrasent pas le fruit ; on regrette que le sorbet qui l'accompagne soit trop ferme. Depuis l'année dernière, le rythme du repas a progressé grâce à une équipe de salle renforcée, toujours plus attentive. Le nouveau sommelier conseille avec bienveillance ses dernières découvertes provenant de vignerons certifiés en biodynamie à l'instar de ce pinot noir 2019, cuvée «Mathieu» du domaine Kirrenbourg.

HÔTEL

Moulin de la Wantzenau - 3 étoiles

3 impasse du Moulin - T. 03 88 59 22 22 - à partir de : 95 €

L'une des plus anciennes auberges de la région, aménagée en 1874 dans un ancien moulin entouré d'une propriété de 2 ha avec son fouloir à chanvre, ses pâturages et ses jardins. Aujourd'hui transformé en hôtel, le lieu a conservé tous ses atouts, posé sur les eaux du Bief à l'ombre des grands saules. Parfait pour une retraite bucolique, il réunit 30 vastes chambres au charme rustique avec poutres apparentes, moquettes douillettes et sublime vue sur les jardins. Une mention également pour le grand salon où l'on vient prendre un verre installé dans de beaux fauteuils club et le spa logé dans les anciennes turbines du moulin qui ont fait place à un espace bien-être, avec hammam et sauna ouvert sur la nature.

BOUCHER

Boucherie Charcuterie Riedinger Balzer

24a rue du Général Leclerc - T. 03 88 96 67 00

Les recettes familiales transmises de génération en génération sont toujours parfaitement réalisées par la grande équipe d'artisans de la charcuterie Riedinger Balzer. Le plaisir est immense lorsque l'on goûte une tranche de foie gras, de terrine de canard au foie gras et poireaux, de jambon en croûte, ou quand on partage avec des amis les belles saucisses à griller et les merguez maison.

LAUBACH 67580

La Merise

15,5/20

CHEF : CÉDRIC DECKERT

7 rue d'Eschbach - T. 03 88 90 02 61 - Menu(s) 92-165 €

La demeure typiquement alsacienne, aménagée avec beaucoup de soin par Christelle et Cédric Deckert, poursuit son évolution et se transforme résolument en un lieu d'esthétique et de délicatesse. Rien n'est jamais trop beau pour ce jeune couple passionné, lorsqu'il s'agit de rendre plus confortable et plus accueillante la coquette maison ouverte sur la campagne. Dernière création en date : cette nouvelle bâtisse jouxtant des pieds de vigne d'un côté et un jardin léché de l'autre. À l'intérieur, une cave théâtralisée et un salon qui est utilisé pour les apéritifs et les fins de repas. Dans la salle à manger, essentiellement dotée de tables rondes et ouverte sur les vergers, le service au guéridon de grande maison sait comment mettre en valeur la cuisine de Cédric Deckert. À défaut d'idées, la cuisine poursuit son évolution dans la pureté et la concentration des saveurs. Superbe carpaccio de langoustines d'une fraîcheur inouïe, escorté de caviar Osciètre servi au guéridon et de crème, dont la saveur de vinaigre de framboise n'est pas du goût de tout le monde. Accompagnée par un chutney de fruits exotiques, la terrine de foie d'oie est bien relevée, ce qui la rend encore plus gourmande, même si la présentation en tranche épaisse nous semble un brin rustique. La noix de ris de veau au foin, servie dans une cocotte Staub, est réellement transcendée, et le manque de puissance du bouillon est compensé par la gourmandise de cette purée robuchonnienne garnie de croûtons. Depuis l'ouverture de la maison, les desserts ont évolué vers plus de finesse, à l'image de la tarte au chocolat servie chaude, rehaussée d'une râpée de fève tonka et d'une glace à la vanille de Tahiti fondante ou de ce fin feuilleté aux abricots rendu gourmand par une crème mousseline de kirsch et une fine quenelle de glace au yaourt. Le luxe est aussi dans les détails et les innombrables petites attentions, allant des bouchées apéritives jusqu'au bouquet final des tiroirs à chocolats. Présentée sur tablette, la jolie cave classique est désormais conseillée par Joël Brendel, venu du Cheval Blanc à Lembach.

LEMBACH 67510

Auberge du Cheval Blanc

15,5/20

CHEF : PASCAL BASTIAN

4 rue de Wissembourg - T. 06 09 53 30 86 - Menu(s) 95-165 €

Voilà 115 ans que le Cheval Blanc écrit sa légende gastronomique. Cet ancien relais de poste, c'est l'Alsace du Nord dans toute sa splendeur : une arrivée toujours aussi spectaculaire dans la cour à gros pavés, où semble encore résonner le fracas des diligences ; des dépendances ouvragées, puis une succession de salons monumentaux. Depuis qu'ils l'ont acquis en 2008, Carole et Pascal Bastian n'arrêtent pas d'améliorer, par petites touches, le décor de ce joyau. Beaucoup de bon goût, un peu d'audace et une recherche de l'épure permettent de mettre en valeur le volume châtelain de cette salle dotée d'une cheminée monumentale. Dernière modification en date : les chaises design. La cuisine de Pascal Bastian évolue tout aussi prudemment dans un style qui conjugue passé et présent. On commence avec un grand classique : la raviole de foie gras de canard poêlé aux champignons des bois, qui est servie avec un fond puissant mais crémé et une émulsion de truffes noires ; la truffe est, hélas, râpée en cuisine. Les amateurs de fraîcheur préféreront la belle déclinaison de thon rouge en carpaccio selon une façon méditerranéenne, en tartare avec une émulsion à la tomate grappe et enfin aux épices indiennes bien dosées. Quant à l'omble chevalier d'Alsace du Nord, il brille davantage par sa savoureuse sauce au vadouvan et les petites carottes d'Éric que par la précision de la cuisson. Les associations terre-mer semblent inspirer le chef, tel ce lapin aux coques servi avec des asperges de chez Claude, des petits pois, des rognons de lapin, et un sabayon aux agrumes doublé d'une sauce brune un brin trop salée. Comme souvent en Alsace, on finit le repas en gourmandise avec une composition autour de la fraise et de l'aspérule odorante, les différents produits gourmands sont posés dans l'assiette de manière distinguée. Les menus sont toujours bien composés, même si les deux premiers services annoncés comme des entrées sont en réalité des amuse-bouche, compensés en fin de repas par un généreux chariot de petits fours. Même si le service jeune, quoique abondant, balbutie de temps à autre, l'ensemble de l'expérience demeure largement une fête que nous aimons renouveler chaque année.

Tables Remarquables – 15/20 à 16,5/20

HÔTEL

Cheval Blanc - 4 étoiles

4 rue de Wissembourg - T. 03 88 94 41 86 - à partir de : 160€

Cet ancien relais de poste bâti en 1822 est aujourd'hui l'une des grandes institutions de la région, plébiscité par tous les gourmands qui ne jurent que par l'exquise cuisine de son chef Pascal Bastian. Soucieux de leur offrir une hospitalité à part entière, Pascal a imaginé, avec son épouse Carole, 19 chambres et suites à la décoration d'une grande sobriété, qui mixe le charme d'une maison ancienne et une épure toute contemporaine. Aménagée au rez-de-chaussée, la salle du petit déjeuner invite à la dégustation de vrais délices aux accents alsaciens (ne manquez pas le kougelhopf, sublime). Le très beau spa de 400 m^2 est une véritable ode à la détente et au bien-être avec sauna, hammam, douche sensorielle et piscine intérieure. Un lieu à ne pas manquer, parfait camp de base pour découvrir les villages alsaciens alentour et Strasbourg, à moins d'une heure de route.

Carte

Addition moyenne d'un prix à la carte englobant le prix d'une entrée + plat + dessert

Menu(s)

Fourchette de prix mentionnant le menu le moins cher et le menu le plus cher proposant à la fois entrée, plat et dessert sans les boissons, qui n'exclut pas les prix intermédiaires

Au Vieux Moulin
L'EXCELLENCE !

Disciple d'Escoffier, le Chef Éric Laghi, labellisé Maître Restaurateur et membre des Chefs d'Alsace, mérite ces distinctions qu'il partage avec son épouse, Séverine. Car, dans ce moulin à aube, sis dans un cadre champêtre chic, l'accueil, la cuisine et le service sont élevés au rang d'art. Ainsi, confortablement installés dans la salle au style maison bourgeoise, vous vivrez des instants culinaires merveilleux, qualifiés par les clients « d'addictifs ». Pour exemple, comme eux vous succomberez à la délicatesse du ceviche puis aux saveurs inouïes du filet d'Angus façon Rossini à la truffe fraîche, et à la subtilité des crêpes Suzette, accompagnés de vins* choisis en accord parfait. Et parce que ces restaurateurs renommés, amoureux de leur métier, ont pour philosophie de procurer du plaisir aux clients, leur gastronomie est généreuse.

5A, rue du Moulin, 67630 LAUTERBOURG – Tél. : 03-88-94-60-29
Facebook : au-vieux-moulin.fr

La Diligence
LA BELLE ALSACE

Ancien relais du XVIIe où Napoléon Bonaparte aurait séjourné, La Diligence, après plusieurs vies, a été reprise par Véronique et Cédric Rusch, deux enfants du pays dont l'ambition est de valoriser les produits du terroir en circuit court. Grâce à eux, La Diligence a gardé son âme, un esprit chaleureux qui invite à de doux instants autour des merveilleux plats alsaciens : baëckeoffe, flammekueche, fleischkiecheles, choucroute, wädele laqué au picon*, grumbeerekiechle à la truite saumonée... En plus de ces plats typiques, La Diligence propose à la carte des plats variés, notamment végétariens et végans, ainsi que des viandes (cordons, tartare de bœuf...) et des suggestions tels le feuilleté de saumon aux pleurotes. La Diligence a la capacité d'accueillir des groupes. **Le + :** Véronique speaks English, German and Spanish.

7, rue du Maréchal Foch, 67380 LINGOLSHEIM
Tél. : 03-88-78-32-24 ladiligence.net

*L'ABUS D'ALCOOL EST DANGEREUX POUR LA SANTÉ

LOCHWILLER 67440

BRASSEUR

Brasserie BAT

2 rue de l'Étang - T. 07 87 04 98 56

Au sud-est de Saverne, cette microbrasserie ouverte fin 2014 produit des bières essentiellement issues de l'agriculture biologique. Disponible en vente sur place, la maison offre une sélection confidentielle et solide sur la base des classiques blonde, ambrée, stout et blanche. Parfois, des cuvées spéciales de saison sont également proposées.

MARLENHEIM 67520

Le Cerf

14,5/20

30 rue du Général de Gaulle - T. 03 88 87 73 73 - Menu(s) 51-132 €

Dans cette demeure à l'âme alsacienne, les Husser maintiennent l'hospitalité et l'esprit de famille depuis plus de 90 ans. Au bord de l'ancienne nationale 4, Clara, Melina et Luca veillent sur cette imposante auberge à colombages qui fut jadis relais de poste. Ils n'ont cessé d'améliorer leur salle pour en faire un lieu au confort classique avec moquette, tables juponnées, chaises néo-Louis XVI à médaillons, bouquets, meubles anciens et dessins de l'Alsace naïve. On est en pays de Hansi, donc en terre d'identité et de fort terroir qui se lisent sur les cartes et menus dont Joël Philipps maintient l'héritage. La plupart des plats du répertoire ont l'accent d'ici, telle cette bouchée à la reine de l'arrière-grand-père Paul Wagner, maintes fois primée. Nous avons succombé à la dorade marinée au macvin, avec sa déclinaison autour du melon et le granola aux noix épicé : voilà une entrée pleine de fraîcheur apéritive. Grâce au dernier pêcheur du Rhin, Jérémy Fuchs, le silure est un poisson devenu à la mode, ici travaillé avec recherche, même si les billes de choucroute primeur contiennent un jus un brin trop acide. Le pavé de maigre sauvage, bien épais, plaît pour la délicatesse de sa chair, due à la cuisson douce, tandis que le carré d'agneau d'Alsace, élevé par Charles Balzer, tendre à souhait, est accompagné d'un tian de légumes provençaux ainsi que d'un condiment olive-anchois. Les desserts sont en progrès par rapport à notre repas précédent - ils atteignent les 3 toques - et plus particulièrement ces abricots du Roussillon servis en différentes textures avec un bon crémeux à la fève tonka, ainsi qu'avec une glace à l'orge fort plaisante. Ambiance bon enfant, service décontracté et cave bien fournie en vins d'Alsace.

TRAITEUR

M. Burg

63 rue du Général de Gaulle - T. 03 88 87 52 10

Dans la belle demeure typique de Michel Burg, le client ne sait plus où donner de la tête tant les vitrines sont alléchantes. Les viandes sont splendides et les charcuteries traditionnelles de terroir, fabriquées maison, exemplaires. Presskopf bien dense, saucisse noire, cervelas, gendarmes, knacks, puszta, ainsi que jambon, bacon et poitrine... sortis du fumoir artisanal.

MATZENHEIM 67150

BRASSEUR

Brasserie Matten

23 rue de l'Ill - T. 03 88 74 77 04

La production suit à la lettre les règles d'une méthode naturelle et écoresponsable. Le houblon est ainsi issu des houblonneries locales, et le brassage est fait sans ajouts ni pasteurisation. Au menu, des bières maintes fois primées, comme la très réputée «Red Fox IPA», blonde cuivrée en triple fermentation, la «Psaïko Déclik», blonde fermentation haute, la «Highway to Ale», qui titre 6,66%, la «White Fox» en blanche ou encore «La Schwortz» en brune.

Tables Exceptionnelles – 19/20 à 19,5/20

Tables de Prestige – 17/20 à 18,5/20

Tables Remarquables – 15/20 à 16,5/20

Tables de Chef – 13/20 à 14,5/20

Tables Gourmandes – 11/20 à 12,5/20

Tables Originales – 10/20 à 10,5/20

Les Jardins du Rottweg MARAÎCHER ET PRIMEUR

Jean Klieber et son équipe reçoivent à la ferme. Spécialisés dans le domaine des tomates et des fraises, ils proposent la libre cueillette pour des prix avantageux. Autre atout : l'Université du Potager ; des ateliers organisés pour tous en saison avec des thématiques comme « Savoir semer », « Savoir planter », etc. Une démarche gustative et éducative ! *Ouvert mercredi, vendredi, samedi, dimanche.*

Lieu-dit Chemin le Rottweg, 67580 MERTZWILLER
Tél. : 03-88-94-78-46 – www.lesjardinsdurottweg.fr

« La vraie cuisine est une forme d'art.
Un cadeau à partager.
Oprah Winfrey (1954-) »

Le Bistrot du Barbu

BIÈRES, VINS* ET BONNE HUMEUR !

Ce bistrot de quartier locavore est un véritable lieu de vie. Conçue et pensée par Vincent (le barbu), c'est une adresse à conserver précieusement, pour plein de bonnes raisons : découvrir une bière artisanale alsacienne parmi la trentaine qui se s'étale sur la carte, l'assortir de l'une des délicieuses suggestions d'Anita (la maman du barbu), élaborées à base de bons produits, la savourer en salle ou en terrasse, et toujours dans une excellente ambiance, pour déjeuner, dîner ou en afterwork. L'endroit, proche du centre-ville et vraiment très sympa, réserve aussi des soirées dégustation et thématiques (quizz, jeux de société, dégustations…) qui vous donnent envie… de revenir. Sauf si vous n'aimez ni la bière, ni le vin, ni la bonne humeur ! *Ouvert à midi du mardi au vendredi, et le soir du mercredi au samedi.*

5, rue des Remparts, 67120 MOLSHEIM – Tél. : 03-88-49-80-51
Facebook : Le Bistrot du Barbu – www.lebistrotdubarbu.com

---

*L'ABUS D'ALCOOL EST DANGEREUX POUR LA SANTÉ

Le Sarment

L'EXPÉRIENCE BISTRONOMIQUE

Une vieille bâtisse de 1614, typique de la Renaissance, avec une salle aux poutres apparentes, c'est ici que Laurent et Nicolas Kocher vous accueillent dans leur restaurant labellisé Maître Restaurateur. Nicolas, aux fourneaux, sublime des mets cuisinés maison, du fond de sauce au sorbet. Les incontournables sont le foie gras, la viande de bœuf travaillée selon son humeur et le moelleux au chocolat. Le Chef élabore quatre cartes par an, des suggestions à l'ardoise, un menu d'affaires en semaine et un menu Dégustation. Terrasse ombragée sur cour intérieure. 10 jolies chambres à la décoration contemporaine. **Le + :** Les deux frères ont ouvert une brasserie alsacienne dans le village de Barr. Deux établissements, deux ambiances !

1, rue Rotland, 67140 MITTELBERGHEIM – Tél. : 03-88-08-91-37
www.le-sarment.fr
Caveau Folie Marco (brasserie alsacienne) 67140 BARR – Tél. : 03-88-08-22-71
www.caveau-foliemarco.fr

Domaine Armand GILG

UNE VALEUR SÛRE

« Une valeur sûre », voilà comment les amateurs de bons vins et crémants* qualifient ce domaine de 30 hectares établi depuis le XVIe siècle à Mittelbergheim, l'un des plus beaux villages de France. Un vignoble avant tout familial, bio et authentique. Aujourd'hui, il s'illustre par l'éventail de sa gamme, dont de prestigieux Grands Crus (Zotzenberg et Moenchberg), et la qualité constante de sa production. La nouvelle cuvée de Crémant Chardonnay vintage et la trentaine d'autres références de vins d'Alsace se dégustent à la table de restaurants alsaciens et directement au caveau, lors de visites guidées ou non du domaine. Ne manquez pas de découvrir les vins, les magnifiques caves et toutes les valeurs du Domaine Armand Gilg à moins de 30 minutes de Strasbourg ! *Caveau ouvert du lundi au samedi de 8h à 12h et de 13h30 à 18h (17h le samedi) et de 9h à 11h30 le dimanche et les jours fériés.*

2, rue Rotland, 67140 MITTELBERGHEIM – Tél. : 03-88-08-92-76 – www.domaine-gilg.com

*L'ABUS D'ALCOOL EST DANGEREUX POUR LA SANTÉ

MONSWILLER 67700

Restaurant Kasbür 15/20

CHEF : YVES KIEFFER

8 rue de Dettwiller - T. 03 88 02 14 20 - Menu(s) 65-115 €

Sans cesse amélioré depuis bientôt vingt-cinq ans par les Kieffer, le décor ouvragé de cette douce maison est prolongé par une terrasse ouverte sur la vivifiante campagne savernoise. Passé par la Tour d'Argent et Marc Meneau, Yves Kieffer réussit des plats de fraîcheur et plein d'élan qui font de lui une valeur sûre. On aime le marbré de foie gras de canard, relevé à souhait et fort bien présenté sous forme de cubes, accompagné de cerises et d'une crème à l'amande douce. Grâce à une technique de cuisson parfaitement maîtrisée, la délicatesse de la chair du sandre est préservée ; il est pané avec une amusante chapelure de bretzel et souligné par un sabayon de cédrat, même si la saveur un peu âpre de la poudre de bourgeons de sapin a tendance à dominer ce plat. Quant aux ris de veau, traités avec une grande attention, ils sont accompagnés par un gâteau de morilles coiffé de petits pois et un jus à la livèche un poil trop salé. À défaut de distinction, les desserts ne manquent pas de gourmandise, telle cette «Union entre la fraise gariguette du midi et la verveine de notre jardin» préparée avec des fruits très goûteux et une glace moelleuse. L'un des temps forts de l'expérience sont les accords mets-vins, conseillés avec passion par Christophe Ziegler, tel ce Niderwind assemblé au fond d'un garage dans le quartier du Neudorf à Strasbourg ! Sous l'œil souriant de Béatrice, le service est aux petits soins, et les attentions servies tout au long du repas sont nombreuses. Kasbür est sans conteste la meilleure table de la région de Saverne.

AOP, IGP ET AOC DES VINS ET EAUX-DE-VIE DU GRAND EST

Alsace, alsace grand cru, coteaux-champenois, champagne, coteaux-de-coiffy, côtes-de-meuse, côtes-de-toul, crémant-d'alsace, haute-marne, marc d'Alsace gewurztraminer, moselle, rosé-des-riceys, whisky alsacien...

La Bruchoise & La Casa Blu

DEUX FOIS PLUS DE PLAISIR

Dès que vous arrivez à Muhlbach-sur-Bruche, impossible de manquer l'établissement tout de bleu paré, que Cédric et Muriel ont repris voilà 14 ans. À son cadre bucolique – l'endroit est entouré de forêts – s'ajoute une cuisine authentique, des plats simples et bien exécutés comme la star de la carte : le cordon bleu au veau, Munster et chapelure maison. Une sélection de produits locaux et une qualité constante qui font revenir les clients pour de beaux moments de plaisir culinaire et de convivialité partagée. Pour deux fois plus de plaisir, une pizzeria est venue, depuis septembre, compléter l'offre du restaurant La Bruchoise. Baptisée Casa blu, elle propose des pizzas croustillantes et des tartes flambées dans lesquelles vous aimerez croquer. **Le + :** Service traiteur et portage de repas à domicile

6, rue de la Gare, 67130 MUHLBACH-SUR-BRUCHE – Tél. : 03-88-47-37-56
Facebook : La Bruchoise – www.casa-blu.fr

« Dans les souvenirs d'enfance
de chaque bon cuisinier
se trouve une grande cuisine,
une cuisinière en marche,
un gâteau qui cuit et une maman.
Barbara Costikyan (1928-2020) »

*L'ABUS D'ALCOOL EST DANGEREUX POUR LA SANTÉ

MORSBRONN LES BAINS 67360

HÔTEL

La Source des Sens - 4 étoiles

19 route de Haguenau - T. 03 88 09 30 53 - à partir de : 275€

Niché au cœur du parc naturel des Vosges, dans la petite station thermale de Morsbronn-les-Bains, ce luxueux refuge aux allures contemporaines se veut un concept de bien-être global... Une adresse pensée pour la détente et le ressourcement qui réunit un spa de 2000 m^2 parfaitement aménagé (deux piscines, saunas, hammam, grottes de sel et salles de soin), 32 chambres et suites au luxe épuré, prolongées pour certaines d'une terrasse en bois ouvrant sur la forêt et un restaurant emmené par Pierre Weller qui offre un véritable voyage culinaire, avec des recettes locales habilement twistées. Un lieu idéal pour retrouver toute son énergie avant de partir à la découverte de la nature alentour, mais aussi de Strasbourg, à 30 minutes à peine de route.

MUTTERSHOLTZ 67600

BRASSEUR

Les Brasseurs du Ried

32 rue Ehnwihr - T. 09 67 23 31 83

Au cœur de la campagne alsacienne, une jolie ferme perdue au milieu des eaux, où l'on se retrouve autant pour les bières que les tartes flambées, la terrasse et les apéros d'été. Ici, une véritable production artisanale, avec des classiques dans la plus pure tradition locale. On reprendra de la blonde, de la blanche et de l'ambrée, toutes disponibles à la dégustation et à la vente.

MUTZIG 67190

CAVISTE

Jean Dénicheur de Crus

1 place de l'Abattoir - T. 03 90 40 91 18

Jean Kientzler se revendique à juste titre en dénicheur de crus. Il affectionne tous ceux qui sortent des sentiers battus, les vignerons de talent, les appellations méconnues et les autres dans tous les recoins de l'Hexagone, de l'Alsace jusqu'à la pointe de la Corse. Sommelier de formation, il recherche le côté humain qui se cache derrière les bouteilles et partage sa passion avec une clientèle de professionnels et d'amateurs. Dégustations en vue de faire les meilleurs mariages à partir de denrées simples, comme les tartines ou les petits plats facilement reproductibles.

PÂTISSIER

Pâtisserie Oppé

29 rue du Maréchal Foch - T. 03 88 38 13 21

Après avoir quitté Le Meurice, dont il fût le chef pâtissier, Camille Lesecq a rejoint son mentor, Christophe Felder, Alsacien d'origine, pour former un duo de titans et poursuivre en toute complicité des pâtisseries au classique revisité et réussi : charlotte aux fraises, macaron framboise et citron, mousse coco à l'orange, kougelhopf...

NEUGARTHEIM ITTLENHEIM 67370

BOULANGER

Boulangerie Scholler

12 rue Felsch - T. 03 88 69 92 78

Le four marche ici à une cadence naturelle, les fournées de pains répondant à une production respectueuse dont les matières premières sont d'origine biologique. Ce sont les parents de Matthieu, Jean-Pierre et Hélène, qui ont mis en place les premières gammes de pains complets. Aujourd'hui, c'est au tour du fils, épaulé par son épouse Véronique. Sel de Guérande, levain naturel et farines bio composent le cœur des produits maison.

OBERNAI 67210

La Fourchette des Ducs

16/20

CHEF : NICOLAS STAMM

6 rue de la Gare - Place Anne-Sophie Pic - T. 03 88 48 33 38 -

Carte 174 € - Menu(s) 165-215 €

C'est la maison voulue par Bugatti, c'est la maison de Lalique et de Spindler, c'est la maison d'Alsace par excellence. Cette excellence, dans le détail comme dans le fond, est portée avec un tel degré de professionnalisme par Nicolas Stamm et Serge Schaal qu'elle est la suite naturelle, artistique et gastronomique, de l'histoire de la Fourchette. Les ducs et les manants sont traités à égalité, c'est-à-dire comme des princes dans cet intérieur tout en splendeur, et l'assiette est un prolongement naturel de l'artisanat d'art développé tout autour : le foie gras est une œuvre, comme les grenouilles ou le sandre et ses schniederspättle à la choucroute, mais Nicolas Stamm sait aussi surprendre et séduire sur d'autres rivages, avec le homard en salade «façon Waldorf» et le daurenki de Petrossian, le saint-pierre poivrade beurre blanc agrumes et vanille ou l'agneau de l'Aveyron à la royale condiment ail noir... La carte des desserts est vaste et mémorable, les classiques brillamment interprétés et personnalisés, comme le baba, la tarte au chocolat, la poire pochée... Cave de grands crus, d'Alsace et d'ailleurs, très grandement fournie, le menu «Libre Émotion» à 215 € fait une belle fête.

Thierry Schwartz, Le Restaurant 16/20

CHEF : THIERRY SCHWARTZ

35 rue de Sélestat - T. 03 88 49 90 41 - Menu(s) 124-159 €

Dans ce décor de colombages à claire-voie, avec ces poutres, cette cheminée qui crépite et cette cave à vin, Thierry Schwartz a, en vingt ans, fait de son auberge une adresse incontournable de la cité de sainte Odile. Grand voyageur, ce chef ne s'en tient pas aux refrains du terroir, mais au contraire conjugue modernité et retour aux sources en cultivant un esprit locavore dont on aime la sincérité et l'engagement. Quête de l'origine, produits d'artisans, annonce à table de la distance qui sépare le producteur du restaurant, voilà quelques-unes des manifestations de ce véritable festival d'authenticité qui s'exprime dans un menu unique à 5 ou 9 plats. Dans la «Bacchanale de radis de Saint-Blaise», l'austérité du légume cru est rehaussée par la gourmandise du même légume en purée ainsi que par l'avoine torréfiée à la chlorophylle d'épinard. L'œuf dans l'œuf, plat signature du chef, est cette fois revisité avec son émulsion de choux aigre-doux et exalté par une amusante poudre de saint-jacques. L'époustouflante truite des fameuses Sources du Heimbach, cuite 35 minutes à basse température et associée à une incroyable sauce blanquette contenant des œufs de truite ainsi qu'une râpée de poutargue, est une véritable démonstration de la transcendance en cuisine. Au contraire, le quasi de veau à la cuisson certes contrôlée nous a semblé un peu trop ferme et son dashi carné un peu fade quoique associé à d'amusantes quenelles de moelle. Comme d'habitude, les desserts sont toujours aussi gourmands et fort inspirés avec ce chou au sarrasin fourré de sa crème pâtissière et accompagné de pop-corn et d'une glace au pourpier d'hiver simplement fondante. Outre le pain dont la miche est présentée crue en début de repas puis cuite pendant l'apéritif, on assiste désormais à la cérémonie de barattage du beurre en salle. La cave de 1500 références - belle collection de rieslings - est l'une des premières de la région. On regrette que, aux heures de forte affluence, on puisse être guidé dans la petite salle d'appoint de deuxième classe située au premier étage et se retrouver privé d'une partie du spectacle. Notre astuce : n'hésitez pas à appeler et à réserver une table dans la salle du rez-de-chaussée.

L'Osmose 14/20

18 rue du Général Gouraud (entrée par avenue de Gail) - T. 03 88 99 38 89 - Menu(s) 32-89 €

C'est un coin caché à l'extérieur du centre-ville, une adresse confidentielle. Antoine Botter a bourlingué à Bruxelles, Lausanne, Strasbourg et Lembach. Dans un décor zéro blabla où aucun superflu ne distrait de l'assiette, on mise tout sur les saveurs. Ce chef séduit les appétits chevronnés comme les jeunes découvreurs de talents et de modernité. Il remet au goût du jour de vieilles recettes, telle cette vichyssoise rendue gourmande par une galette de vieux parmesan et de caviar Baeri. Antoine Botter trace droit son chemin et n'hésite pas à prendre des risques dans la recherche personnelle, à l'image de cette sardine que la fumaison de 8 heures a un peu tendance à dessécher, heureusement compensée par un audacieux velouté d'épinards. Le chef fait appel à la technique basse température dernier cri, qui sublime la chair de ce lieu jaune, soulignée par ce friand beurre blanc au yuzu : véritable plat à 3 toques ! Quant au filet d'agneau mariné 12 heures puis juste poêlé, il est présenté sous forme d'une composition graphique pleine de clarté. La chair un peu dure de la viande est équilibrée par cet amusant Wellington d'asperges au jambon de Bayonne. Les instants sucrés sont de la même veine avec ce taco sucré, élaboré avec de la mangue en vinaigrette acidulée ; il est accompagné d'une tuile à la banane, d'un gel de piment d'Espelette bien dosé et d'un espuma d'avocat pour la gourmandise. Membre à part entière de l'aventure, le sommelier Frédéric Voné improvise, au pied levé, de beaux accords avec cette cuisine de l'instant. À Obernai, où les tables gastronomiques bon marché ne sont pas légion, cette maison discrète fait figure de table off.

HÔTEL

À la Cour d'Alsace - 4 étoiles

3 rue de Gail - T. 03 88 95 07 00 - à partir de : 154€

Au cœur de la cité médiévale d'Obernai, cet ancien domaine impérial des barons de Gail est aujourd'hui l'une des adresses les plus prisées de la région. La principale explication tient à sa géographie, puisqu'on pénètre dans l'hôtel comme dans un quartier de la ville. Les chambres et les suites sont en effet réparties dans une dizaine de maisons anciennes ordonnées autour de deux courettes emplies de fleurs. Celles-ci abritent également le restaurant gastronomique Le Jardin des Remparts, et le plus traditionnel Le Caveau de Gail. Ou encore le spa qui invite à la détente avec sa piscine, son hammam et sa vue sur le grand jardin fleuri. Un lieu atypique, plein de surprises et de charme, servi également par un service aussi efficace que chaleureux.

Le Parc Hôtel Obernai - 4 étoiles

169 route d'Ottrott - T. 03 88 95 50 08 - à partir de : 180€

Au cœur d'Obernai, cet hôtel familial est l'une des grandes institutions alsaciennes, réunissant 62 chambres et suites à la décoration traditionnelle avec boiseries anciennes, literies parfaites et tapis bien douillets. Le lieu abrite également une authentique et très agréable Stub, restaurant typiquement alsacien avec ses vieux bois et ses objets anciens. Mais le meilleur reste à venir... Le Parc Hôtel s'est doté en 2020 de l'un des plus beaux spas de la région, et sans doute de France. Logé dans un luxueux bâtiment à l'architecture contemporaine, le «Yonaguni Spa» offre les délices de 330 m^2 d'espaces de bain et invite à un parcours marin au fil de différentes salles aux ambiances variées. On profite ensuite de l'un des trois saunas avant de découvrir les somptueuses salles de repos ou les douches de l'espace «Waterfalls & Cascades». Une mention enfin pour les soins griffés Gemology qui déclinent ici une importante palette de traitements et de rituels pour le visage et le corps.

BOULANGER

Thierry Schwartz - La Boulangerie

7 rue du Marché - T. 03 88 95 54 80

La petite boutique de pains et bretzels bio est le parfait reflet de la tendance actuelle mêlant traditions locales, gourmandise et nutrition saine. Les baguettes et pains spéciaux sont dorés et croustillants à souhait, les sandwichs généreusement garnis de bons produits frais, et les bretzels alsaciennes, certifiées Écocert, sont devenues indispensables au paysage obernois.

FROMAGER

La Cloche à Fromage

3 rue Dietrich - T. 03 88 95 01 33

René Tourrette développe son savoir-faire dans toute l'Alsace, et jusqu'à Marseille, à travers des boutiques qui tiennent compte de son expérience en matière de beaux fromages. Les produits sont affinés dans ses propres caves, les pâtes sèches, molles françaises ou étrangères sont ainsi présentes dans ce qu'elles ont de plus délicat.

PÂTISSIER

Pâtisserie Gross

66 rue du Général Gouraud - T. 03 88 95 51 13

La maison compte quatre générations de maîtres pâtissiers, et la trajectoire de Michel Gross ne manque pas d'originalité puisque ce sont... ses études de mathématiques qui l'ont mené à son métier ! Il dirige maintenant une fabrication où la qualité des matières premières demeure l'axe majeur de la production : incontournable kougelhopf, entremets variés et chocolats restent de pures gourmandises.

OHLUNGEN 67590

BOUCHER

Boucherie Charcuterie Traiteur Romann

9 rue des Lilas - T. 03 90 55 00 13

Connu pour ses charcuteries maison, dont le superbe pâté en croûte médaillé de bronze, l'établissement fait également partie des meilleurs traiteurs de la région. En part individuelle ou en buffet pour les grandes occasions, les petits plats traditionnels font le bonheur des gourmands : paupiettes de bœuf et de veau, friands alsaciens, gigot d'agneau roulé à l'ail, veau orloff, suprême de pintade farci...

Tables Gourmandes – 11/20 à 12,5/20

OSTHOUSE 67150

Restaurant À l'Aigle d'Or

13/20

14 rue de Gerstheim - T. 03 88 98 06 82 - Menu(s) 36-92 €

Dans les salles boisées, chaleureuses et bourgeoises de cette solide institution de la plaine du Ried, qui célèbre plus de 110 années de convivialité, un repas est toujours une fête. Toutes les générations de la tribu Hellmann sont aux petits soins : Marie-Rose, sa belle-fille Brigitte et sa petite-fille Anna en salle ont le don de distribuer autour d'elles le bonheur. En cuisine, Jean-Philippe, relayé par son fils Pierre, et le gendre Pietro sont les gardiens de la tradition. On comprend qu'ils aient un bataillon de fidèles, avec leur généreux menu à 68 €. Savoureux foie gras d'oie maison, gelée au porto dont on ne se lassera jamais. Joli filet de loup de mer rôti avec précision, escorté d'une étuvée de fenouil citronné et de tomates séchées qui lui confère un caractère méditerranéen. Parmi les viandes, nous avons un faible pour le Pojarski de pigeon en habit vert de la Ferme Kieffer, une réplique du plat servi à l'Auberge de l'Ill, mais ici avec moins de foie gras. Le pavlova au chocolat pur Caraïbes et aux fruits rouges, avec son sorbet framboise, est moins gourmand que certains desserts servis à la carte. Cave bien composée en vins d'Alsace. En semaine on propose une alléchante carte de winstub dans la première salle.

OSTWALD 67540

HÔTEL

Château de l'Île - 5 étoiles

4 quai Heydt - T. 03 88 66 85 00 - à partir de : 143 €

Tout près de Strasbourg, niché dans un parc de 4 ha et rafraîchi par la rivière de l'Ill, ce château XIXe est une halte parfaite pour ceux qui souhaitent découvrir la capitale alsacienne en profitant d'un site en pleine nature. Entourée d'un ensemble de maisons typiques (colombages et balcons fleuris), cette somptueuse demeure se déploie autour de 62 chambres et suites au luxe raffiné qui revisitent l'esprit d'origine du lieu (lourdes tentures, parquets cirés et tapisseries murales). Au rez-de-chaussée, les gourmands n'ont que l'embarras du choix avec la table bistronomique Le Château de l'Île ou la winstub, avec ses tissus à carreaux, ses chaises sculptées et ses beaux vitraux, qui régale d'une cuisine locale modernisée, le tout emmené par le chef Yannick Mattern. Dernière pépite, le vaste spa, qui abrite une piscine intérieure, un hammam, une grande terrasse et un sauna, avec une vue à 180° sur la forêt alentour.

Tables de Chef – 13/20 à 14,5/20

OTTROTT 67530

La Table du 6717 13/20

17 route de Klingenthal - T. 03 67 68 67 17 - Menu(s) 69-85 €

L'ancien couvent des sœurs bénédictines, blotti dans le bucolique vallon de l'Ehn, poursuit sa métamorphose. Désiré Schaetzel a profité du confinement pour réaliser des travaux de grande ampleur. Les deux bâtiments historiques ont été reliés par un lobby aux habits blancs, des suites spacieuses au décor épuré et par un spa inédit. Comme une bonne nouvelle n'arrive jamais seule, Frédéric Lefèvre crée la surprise. Ce chef, qui officiait jadis à la Carambole, à Schiltigheim, désormais chef-consultant, supervise une équipe gagnante. Audray Stippich et Régis Dell donnent punch et saveurs aux plats servis chaque soir à La Table du 6717, ou le dimanche midi au Garden, une salle annexe ouverte sur les cascades. En dépit d'un service pas toujours bien coordonné, cette cuisine jeune, primesautière et fraîche, exalte des saveurs d'une grande clarté. On débute le repas en fraîcheur avec ce joli maquereau mariné au soja, escorté de betteraves de la ferme et une douceur de pommes et céleri. Les amateurs de foie gras ne seront pas déçus avec cette classique terrine épicée de manière équilibrée, escortée d'un audacieux cannelloni fraise-rhubarbe. Bien épais à souhait, quasi transcendé, le sandre grillé avec précision repose sur une savoureuse raviole végétale de céleri et de champignons, qui est soulignée par une plaisante émulsion aux herbes. Quant à l'épais carré de veau rôti, accompagné d'asperges blanches d'Alsace et de gnocchis à l'ail des ours, il est mis en valeur par une classique mais non moins savoureuse sauce crémeuse aux morilles. Les desserts sont de la même veine avec ces fraises goûteuses recouvertes d'une glace fondante à souhait et accompagnées d'une arlette un peu rustique. Tout cela s'arrose de l'un des nombreux vins de propre récolte, car Désiré Schaetzel est aussi vigneron.

HÔTEL

Le Clos des Délices - 4 étoiles

17 route de Klingenthal - T. 03 88 95 81 00 - à partir de : 159€

Finaliste 2022 du grand prix Villégiature du meilleur hôtel spa & wellness dans le monde, ce refuge est, on le devine, largement dédié au ressourcement. La preuve avec le remarquable spa qui se déploie autour de deux piscines (extérieure et intérieure), d'un jacuzzi, un sauna, une salle de fitness et un généreux programme de traitements (soin d'une heure à une journée entière conçue autour du bien-être). Après ces expériences de pure détente, il ne reste qu'à poser ses valises dans l'une des 36 chambres et suites à l'élégance contemporaine (bois blonds, lignes fluides et vastes espaces), certaines se prolongeant par de petites terrasses ouvrant sur la piscine avec, en toile de fond, les arbres de la forêt toute proche. Dernier atout du lieu, et non des moindres, La Table du 6717 ou le restaurant Le Garden, qui proposent une délicieuse cuisine régionale, déclinée par le duo Audrey Stippich et Régis Dell, avec une démarche écoresponsable privilégiant circuits courts et producteurs locaux.

PFULGRIESHEIM 67370

Bürestubel

12/20

8 rue de Lampertheim - T. 03 88 20 01 92 - Carte 14 € - Menu(s) 45-58 €

Une ravissante ferme du Kochersberg tricentenaire, fleurie, avec son porche, sa cour pavée, ses colombages, ses vitres en cul-de-bouteille et sa façade peinte par Edgar Mahler. L'intérieur est habité par un solide esprit de famille : décor bon enfant aux salles boisées, conserves bien rangées sur les étagères, accueil sympathique de Rachel et Ève. Pierre Meyer, formé au Cheval Blanc à Lembach et chez Alain Ducasse, secondé par son gendre, Carl Granval, élabore une cuisine de terroir alsacien savoureuse, imperturbable et touchante. Friande tourte de canard accompagnée d'un jus bien réduit et d'une purée de pommes de terre au beurre, salade de pot-au-feu élaborée avec du paleron cuit 24 heures fort gourmand, même si les pommes de terre sont dépourvues de sel. Jolis desserts, à l'image de cette fraîche tarte aux pommes du jour à l'alsacienne et coiffée de streusel un peu riche en cannelle ou ce fondant cuit à la minute et élaboré avec du chocolat de chez Thierry Mulhaupt. Le ressenti peut être différent selon le moment de la visite. L'ambiance apaisante de cette maison fréquentée au déjeuner par une clientèle des beaux quartiers strasbourgeois laisse la place le soir à davantage d'effervescence lors du service des tartes flambées.

RHINAU 67860

Au Vieux Couvent

15/20

CHEF : ALEXIS ALBRECHT

6 rue des Chanoines - T. 03 88 74 61 15 - Carte 108 € - Menu(s) 39-120 €

Figure connue de la cuisine aux herbes, Jean Albrecht a réussi la transmission de sa passion à son fils : Alexis cueille les herbes et fleurs comestibles, récolte les légumes du potager familial pour les combiner aux poissons d'eau douce de la région, aux viandes des éleveurs et au gibier de la chasse locale. Une cuisine qui a du style et du mordant, où le monde végétal ne tourne pas le dos au monde carnassier mais au contraire le met en valeur. Dans son menu «Plaisir» à 83 €, il nous impressionne dès l'entrée avec cette valse de fleurs et d'herbes qui accompagnent un espadon de Méditerranée : pétales de rose, capucine, bourrache blanche et bleue, souci, tépales d'hémérocalle, chénopode, sédum, mouron des oiseaux, pourpier, chrysanthème, tétragone, capucine, mertensia maritima, amarante, feuille de moutarde, herbe coca! Il donne du peps à un filet de brochet du Rhin pêché par Thierry Jung, et le sert en deux façons, en l'accompagnant de liliacées cultivées dans le jardin.

Le chef excelle aussi dans les déclinaisons de produits, à l'instar de cet agneau de la ferme Lehmann à Boofzheim servi d'abord sous forme de tourte, puis vient le gigot avec sa boulette et son jus à l'orientale évoquant un couscous. La générosité atteint son apogée au moment du «festival des desserts d'Alexis» dans le même credo festif et gourmand, à l'image de ce sorbet de pamplemousse au goût puissant de fruits, souligné par du Grand Marnier, ou ce Mandelbarry avec une déclinaison de rhubarbe du jardin, une crème diplomate à la livèche et un sorbet fraise ; mais la farandole ne s'arrête pas là! C'est généreux, jamais empesé, le service conduit par Évelyne Albrecht a l'œil à tout et la cave est bien outillée, avec quelques grands classiques alsaciens.

ROSHEIM 67560

CHARCUTIER

Charcuterie Muller

130 rue du Général de Gaulle - T. 03 88 50 22 55

La charcuterie alsacienne peut arborer fièrement la coiffe locale. Une équipe de 35 personnes, plusieurs pôles d'approvisionnement des animaux en local, national et à l'étranger permettent de livrer en produits finis ou prêts à cuire les collectivités, les grossistes et la vente au détail. Quatre boutiques (Rosheim, Rothau, Dorlisheim, Griesheim-près-Molsheim) assurent la distribution, celle-ci étant la plus importante. La pâtisserie charcutière est pur beurre, la saucisse fumée en croûte, le croustillant au munster ou le pâté lorrain parlent du pays.

Carte

Addition moyenne d'un prix à la carte englobant le prix d'une entrée + plat + dessert

Menu(s)

Fourchette de prix mentionnant le menu le moins cher et le menu le plus cher proposant à la fois entrée, plat et dessert sans les boissons, qui n'exclut pas les prix intermédiaires

L'Escale
UN AIR DE VACANCES

Avec son emplacement idyllique au bord du plan d'eau de la base nautique de Plobsheim et sa superbe terrasse, à seulement 15 km de Strasbourg, L'Escale fait souffler un air de vacances sur ses convives. Ils sont nombreux à venir pour le tartare de thon, avocat et coriandre ou l'authentique fish and chips, *« parce que c'est le meilleur ! »*. Il faut dire que le Chef et patron, Laurent, se plie en quatre pour faire plaisir à ses clients, avec sa cuisine de terroir à un très bon rapport qualité/régalade/prix. Au restaurant, il peut compter sur sa moitié, Solène, pour proposer les meilleurs accords mets et vins*. Très complémentaires, les restaurateurs n'ont qu'un seul et unique objectif : vous faire passer un bon et beau moment ! **Le + :** Le food truck de Laurent pour satisfaire les amateurs de véritables burgers maison.

Route du Plan d'Eau, 67115 PLOBSHEIM – Tél. : 03-88-76-25-05
Facebook : Restaurant l'Escale.

Le Cleebourg
LES PAPILLES EN ÉMOI

Doté d'une vue panoramique sur les Vosges et la Forêt Noire, cet hôtel***-restaurant au style contemporain s'est forgé une solide réputation autour de ses suggestions culinaires réalisées maison avec des produits frais. Au-delà de la choucroute alsacienne, vous vous régalerez avec les délicieux plats du jour ou ceux de la carte dont le remarquable filet de bœuf et légumes de saison ou la délectable déclinaison de cordon bleu, au veau ou à la truite saumonée locale. Pour l'émerveillement, participez aux soirées dégustation autour des accords vins locaux* et menu gastronomique ! Situé en pleine nature au départ de belles randonnées, Le Cleebourg composé de 22 chambres tout confort est idéal pour tous les événements privés ou professionnels. *Ouvert en continu 7j/7.* **Les + :** Privatisable – Location de vélos – Sauna et possibilité de massage.

Route du Vin, 67160 ROTT – Tél. : 03-88-54-94-80 – www.lecleebourg.com

*L'ABUS D'ALCOOL EST DANGEREUX POUR LA SANTÉ

La Toscana
ENTRE L'ITALIE ET L'ALSACE

Joli trait d'union entre l'Italie et l'Alsace, le restaurant-pizzeria de Caty et Daniel a de nombreux atouts à faire valoir. Dans une ambiance vraiment très conviviale et chaleureuse, les clients sont reçus comme à la maison. Ils viennent et ils reviennent pour se régaler de plats de pâtes et de succulentes spécialités italiennes comme ces délicieux boccocini à la crème dont la simple évocation vous met l'eau à la bouche. Que dire, alors, de cette trentaine de pizzas, généreusement garnies de bons produits italiens à l'instar de la Burata ou encore de la Toscana, à base de jambon, champignon, poivron, œuf et anchois. Un délice ! Le seul restaurant de Russ, depuis plus de 30 ans, a de beaux jours devant lui, grâce à un excellent bouche-à-oreille. *Ouvert midi et soir du lundi au vendredi (Fermé le mercredi), samedi et dimanche soir.*

2, place des Marronniers, 67130 RUSS - Tél : 03-88-97-94-10 - www.la-toscana-russ.fr

> Ajouter de la tomate et de l'origan, ça devient italien ; du vin et de l'estragon, ça devient français ; du citron et de la cannelle, ça devient grec ; de la sauce de soja, ça devient chinois ; ajouter de l'ail, ça devient bon !

Alice May Brock (1941-)

SAINT BLAISE LA ROCHE 67420

BOULANGER

Boulangerie Pâtisserie Claulin

20 rue Principale - T. 03 88 97 64 67

Une belle et typique boutique pour prendre un petit remontant plein de gourmandise, en sucré comme en salé. Pains spéciaux, viennoiseries, jolies pâtisseries, mais aussi kougelhopf salé et sucré, jambon en croûte...

SAINT PIERRE 67140

BRASSEUR

Brasserie Saint-Pierre

30 rue Principale - T. 03 88 08 82 95

Au sud d'Obernai, cette microbrasserie produit des bières d'abbaye dans un style traditionnel. À la dégustation sur place comme à la vente, on trouvera les grands types, la blonde, la blanche, la brune et l'ambrée. Tous les jours, la maison propose des visites commentées ainsi que des dégustations de spécialités culinaires alsaciennes.

SAVERNE 67700

CHOCOLATIER

Jacques Bockel

77 Grand Rue - T. 03 88 02 06 78

Jacques Bockel a ouvert sa première chocolaterie en 1992. Le succès sera rapide et les récompenses nombreuses, mais la maison a su rester familiale et artisanale. Considéré comme l'un des plus grands chocolatiers de France, Jacques Bockel propose une jolie gamme de produits innovants, notamment une excellente pâte à tartiner, plus chère que celle d'une célèbre marque, mais tellement meilleure et plus saine ! On peut même trouver une petite série «spécial diabétiques». Et, chaque semaine, on peut suivre des cours dans son école du chocolat.

ÉPICIER

L'Atelier Vert & L'Atelier Bio

10-11 rue de la Gare - T. 03 88 01 80 50

Des aliments de bonne qualité et biologiques. La partie épicerie salée propose un large choix de légumes, céréales, huiles et la partie sucrée des chocolats, du miel, des fruits, thés... Un rayon frais qui propose des grillades, des fromages, des yaourts. Sans oublier les vins bio !

La Délicathèque

104 Grand'Rue - T. 03 88 71 42 99

Pierre Huser, ingénieur agronome de formation, a créé cette épicerie il y a six ans, après vingt-cinq années dans le secteur de l'agroalimentaire. Toujours à l'affût d'une découverte, il propose des cafés, thés, condiments, biscuits, jus de fruits, sirops, chutneys, foie gras ou champignons provenant en priorité de petits commerçants. La Délicathèque est devenue une boutique indispensable, où l'on peut dénicher aussi bien du sirop de géranium que des conserves de pieds bleus, ces champignons qui accompagnent les viandes blanches, ainsi que tous les incontournables de l'épicerie fine.

PÂTISSIER

Pâtisserie Haushalter

66-68 Grand Rue - T. 03 88 91 13 30

Glacier, traiteur, boulanger, pâtissier et chocolatier, Éric Haushalter a plus d'une corde à son arc puisqu'il a également publié un livre sur le cacao, sa véritable spécialité. Des chocolats raffinés, préférant la délicatesse à la puissance, et une jolie gamme de bonbons, dont le «Noisette Etc», un pralin noisettes croustillant pralin chocolat noir et lait, le «Macaé», une ganache macaé infusée à la coriandre, pralin et noisettes, ou le «Criollo», une ganache framboise lactée jivara.

SCHARRACHBERGHEIM 67310

BRASSEUR

Brasserie la Narcose

88 rue Principale - T. 07 83 93 70 53

Dans la rue commerçante, cette petite brasserie située dans les locaux d'une ancienne menuiserie familiale produit des cuvées issues de l'agriculture biologique. Parmi l'offre, réduite et soignée, on trouvera une jolie gamme renouvelée de bières de saison, à l'image de la bière de printemps, une bière à l'ortie, ou encore la bière de Noël. On aura également les classiques bio, la blonde, la blanche et l'ambrée. De plus, à La Narcose, les bouteilles sont recyclées et réutilisées, grâce à une laveuse construite avec l'aide d'entreprises régionales.

Brasserie Lauth

63 route Principale - T. 03 88 50 66 05

À la suite de la salle de bal fondée par son père en 1948, Daniel Lauth reprend en 1997 la microbrasserie villageoise qui alimentait le lieu. La bière de Scharrach y voit ainsi le jour, en deux cuvées annuelles : la blonde et l'ambrée, ainsi que des créations saisonnières souvent renouvelées, comme la «Pils de Scharrach» ou encore la blanche et la noire de Scharrach.

SCHEIBENHARD 67630

BRASSEUR

Brasserie du Garçon Pointu

24 rue des Tirailleurs Tunisiens - T. 06 25 58 14 30

À la frontière franco-allemande, cette microbrasserie propose à la vente et à la dégustation sur place une sélection de bières artisanales conçues avec passion et savoir-faire. On trouvera les blondes et brunes, ainsi que quelques bières de saison.

LES 10 COMMANDEMENTS DE GAULT&MILLAU

1 « Tu ne cuiras pas trop. »

2 « Tu utiliseras des produits frais et de qualité. »

3 « Tu allégeras ta carte. »

4 « Tu ne seras pas systématiquement moderniste. »

5 « Tu rechercheras cependant ce que t'apportent les nouvelles techniques. »

6 « Tu éviteras marinades, faisandages, fermentations, etc. »

7 « Tu élimineras les sauces riches. »

8 « Tu n'ignoreras pas la diététique. »

9 « Tu ne truqueras pas tes présentations. »

10 « Tu seras inventif. »

Hôtel-Restaurant La Charrue
LE CHARME ALSACIEN

Une jolie bâtisse typée de la région et des produits scrupuleusement sélectionnés chez de petits producteurs, voilà la recette proposée par Nicolas Laurent, secondé par ses parents, Doris et Olivier. La fraîcheur des fruits et légumes du maraîcher voisin et des fermes alentours sublime les assiettes. Ici, on respecte l'environnement en valorisant les produits du début à la fin. Au menu, renouvelé au fil des saisons et des envies du chef, un gravlax de truite aux agrumes, du ris de veau aux morilles et aux asperges, une jolie côte de bœuf à partager, du gibier des chasses locales et pour terminer sur une note sucrée, des profiteroles et glace à la vanille de Madagascar. Terrasse ombragée de mûriers-platanes avec vue sur le bassin et la fontaine. **Les + :** Hôtel de charme. Privatisation possible.

4-5, rue du 1er Décembre, 67230 SAND – Tél. : 03-88-74-42-66 - www.lacharrue.com

Bulles Gourmandes
BIJOUX DE SAVEURS

Viennoiseries, entremets, gâteaux, tartes, cookies ou encore mignardises salées sont réalisés avec un talent fou par Jessica Kruth qui a fait de sa passion pour la pâtisserie son métier. Fidèle à ses valeurs d'exigence, elle travaille des matières premières d'excellence dont les farines bio, les œufs fermiers, le beurre AOP. Aussi, rendez-vous dans sa jolie boutique au style sobre et, selon les saisons, laissez-vous emporter par le finger fraises-pistaches, la tarte au citron, le rocher, la tartelette à la pistache !

4, rue de la Mairie, 67300 SCHILTIGHEIM – Tél. : 03-88-49-82-31
www.bullesgourmandes.fr

SCHILTIGHEIM 67300

Les Plaisirs Gourmands

15,5/20

CHEF : GUILLAUME SCHEER

35 rue du Général de Gaulle - T. 03 88 83 55 55 - Carte 73 € - Menu(s) 44-99 €

Schiltigheim n'en revient toujours pas : parier sur la gastronomie, la vraie, réfléchie et créative, et le devenir d'une vraie table, soignée et contemporaine. On n'aurait pas imaginé cela il y a quelques années dans cette banlieue brassicole. On aime l'ambiance de ce cocon feutré et voluptueux, ouvert sur un patio secret orné par un cerisier japonais, joliment éclairé la nuit. Contrairement à certains chefs qui s'installent trop vite, Guillaume Scheer a pris son temps pour acquérir une solide expérience, notamment auprès de Christian Le Squer à l'époque Ledoyen. Depuis son arrivée ici il y a quatre ans, il n'en finit pas de confirmer son talent. Au menu «Plaisirs» en 5 temps à 94 € : jolies ravioles de radis daikon farcies et rehaussées par le gras des pois de guacamole et la richesse d'une vinaigrette aux agrumes. Les asperges vertes de Mallemort bien croquantes au goût végétal, associées à d'amusantes morilles farcies de persil, sont rendues gourmandes par une hollandaise au curcuma d'Alsace. Servi avec une raviole de céleri cuit longuement en croûte de sel farcie d'une fine brunoise de fenouil, le joli turbot rôti est rehaussé par une sauce rouille et une soupe de poissons de roche versée à table. Le classique et tendre filet de bœuf charolais, on l'aime pour ses fameuses pommes soufflées et son incroyable jus à la ciboulette, une judicieuse variante végétale du traditionnel jus à la viande. Les desserts ont fait un bond impressionnant en gagnant à la fois en finesse et gourmandise avec ce palet de rhubarbe associé à une fondante glace au lait ribot, jus de framboise et de rhubarbe. Les petites attentions sont nombreuses tout au long du repas et plus particulièrement ce chou à la fève tonka servi tout à la fin. Charlotte Gâté supervise un service à la fois stylé et naturel, tandis qu'une sommelière talentueuse conseille de beaux accords mets-vins. Très à l'écoute de leurs fidèles, les patrons ont su faire de cette maison la véritable adresse de confiance de Strasbourg.

BRASSEUR

Michel Debus - Storig

85 route de Bischwiller - T. 03 88 62 13 56

Installée dans la Villa Weber, au nord de Strasbourg, la microbrasserie de Michel Debus produit une bière artisanale dans les règles de la tradition alsacienne. On y trouvera six cuvées : «La Storig», une classique blonde de houblon alsacien Strisselspalt, «La Bavarde», une ambrée, «La Girig», une blanche, mais aussi «La Schilig», en blonde Lager, «La Roukine», «La Mielleuse»... On pourra évidemment les déguster au restaurant de Michel Debus. Pour les visites, pensez à effectuer une réservation sur le site internet de la brasserie.

SCHLEITHAL 67160

BOUCHER

Boucherie Charcuterie Sigrist

158 rue Principale - T. 03 88 94 31 11

La gastronomie alsacienne et la tradition française sont à l'honneur dans la maison Sigrist, où les artisans travaillent d'arrache-pied pour vous permettre de déguster des plats délicieux en toute circonstance. Les charcuteries et canapés du rayon traiteur feront de merveilleux apéritifs, et les recettes classiques vous assureront des repas en toute décontraction autour d'assiettes irréprochables.

SCHWEIGHOUSE SUR MODER 67590

BOUCHER

Boucherie Charcuterie Fechter

33 route Ohlungen - T. 03 88 72 77 08

Boucherie-charcuterie depuis 1870, la maison Fechter affiche sa longue façade de couleur prune dans le centre-ville, à côté d'une jolie demeure à colombages. Idéalement située, avec des places de parking devant la boutique, elle permet aux clients un approvisionnement quasiment en quatre roues. Adhérent des Artisans du goût, l'établissement propose des charcuteries alsaciennes de premier choix.

SÉLESTAT 67600

HÔTEL

L'Illwald - 4 étoiles

Lieu-dit, Schnellenbuhl - T. 03 90 56 11 40 - à partir de : 130€

Adossé à la forêt de l'Illwald, ce refuge en pleine nature offre le meilleur de l'Alsace traditionnelle, chaleureuse et cosy : 16 chambres et suites ultraconfortables avec de belles boiseries et des tomettes anciennes, une délicieuse auberge où l'on déguste une cuisine de terroir dans un magnifique décor (boiseries et plafond peint) et un espace bien-être, avec salle de fitness et piscine extérieure. Une halte parfaite pour découvrir la réserve naturelle de l'Illwad et ses daims sauvages, la route des vins qui traverse le vignoble alsacien ou encore les trésors de la ville de Colmar et des villages Riquewihr ou Kaysersberg.

Carte

Addition moyenne d'un prix à la carte englobant le prix d'une entrée + plat + dessert

BOUCHER

Boucherie Charcuterie Jaegli

3 place de la Victoire - T. 03 88 92 32 52

Un bon boucher-charcutier-traiteur en plein cœur de ville, qui propose sa belle qualité traditionnelle, des spécialités alsaciennes, comme la choucroute ou le baeckeoffe, et des produits régionaux.

ÉPICIER

La Petite Ferme Riedwasen

44 rue des Chevaliers - T. 03 88 58 48 22

De l'épicerie fine régionale avec des producteurs de qualité sur tous les thèmes, fromages et charcuterie, crémerie et vin. Une boutique accueillante et bien tenue pour ramener nombre de bons souvenirs gourmands.

PÂTISSIER

Pâtisserie Kamm

15 rue des Clefs - T. 03 88 92 11 04

Un pâtissier éclectique, réputé pour ses macarons, qui réussit aussi bien les exercices imposés que les créations : le madagascar sans farine, le délicieux «Noir et Or», un sablé chocolat biscuit citron mousse chocolat manjari crème citron-verveine, mais aussi sur les fruités ou les «réinterprétés», comme le «Paris-Piémont», sur la base du paris-brest, avec une crème mousseline noisette. Également des préparations traiteur, des tartes salées, quiches, tourtes...

AOP, IGP ET AOC DES PRODUITS DU GRAND EST

Bergamotes de Nancy, boudin blanc de Rethel, chaource, choucroute d'Alsace, crème fraîche fluide d'Alsace, emmenthal français est-central, framboise d'Alsace, jambon sec des Ardennes, kirsch d'Alsace, langres, miel d'Alsace, miel de sapin des Vosges, mirabelle d'Alsace, mirabelle de Lorraine, munster, pâtes d'Alsace, quetsche d'Alsace, soumaintrain, volailles de la Champagne, volailles d'Alsace...

Larmes de Vin
UN COUP DE COEUR !

Sur la belle place du centre-ville de Sélestat, le bar à vins* à l'ambiance chic et feutrée de Caroline Hetzer est un petit havre de paix. Vous y ferez d'incroyables découvertes grâce à sa belle gamme de vins au verre ou en bouteille, de champagnes, crémants et spiritueux provenant de différents terroirs français et régions du monde et sélectionnés pour leurs richesses et leurs arômes. Accompagnez cette aventure en dégustant les suggestions culinaires réalisées maison avec des produits de saison de haute qualité gustative ! Caroline crée des salades, des planches de charcuteries et de fromages, des bruschettas ainsi que de délicieuses tartes flambées revisitées. On craque également pour le burger végétarien et le carpaccio d'Angus maturé à l'huile de truffe. **Le + :** Privatisable.

2, place d'armes, 67600 SÉLESTAT – Tél. : 03-88-82-22-94 – www.bar-larmesdevin.fr

« Le vin stimule l'appétit
et donne du goût à la nourriture.
Il favorise les discussions, l'euphorie
et peut transformer un simple repas
en événement mémorable.

Derek Cooper (1925-2014) »

*L'ABUS D'ALCOOL EST DANGEREUX POUR LA SANTÉ

La Cave de Gambrinus
UN REPAIRE À DÉCOUVRIR

Si l'on vous dit que Gambrinus est un roi mythique de Flandre de même que le patron des brasseurs, alors vous comprenez pourquoi Serge Wiedenhoff lui a emprunté son nom pour porter chance à sa cave à bières*, unique à Sélestat et ses environs, ouverte en avril 2022. Elle est le fruit de 30 ans d'expérience qu'il a acquise en tant que sommelier bières et est née de l'envie de ce sympathique patron de partager sa passion pour les produits maltés de qualité. Véritable repaire que tous les amateurs de blanches, blondes, ambrées ou brunes devraient connaître, la Cave de Gambrinus ne recèle pas moins de 500 références de bouteilles (rien que ça !). Leurs origines sont très variées puisqu'elles viennent autant de micro-brasseurs alsaciens, de diverses régions de France (avec des bières éphémères qu'on ne trouve pas ailleurs) que de l'autre bout du monde. Parmi sa sélection pointue, *« sur des critères de qualité et de bonne buvabilité »* affirme l'intéressé, de petites pépites d'originalité : il y a, par exemple, cette Gose à la menthe, pour le moins rafraîchissante, cette surprenante bière de table au rutabaga ou encore cette Russian Imperial Stout vieillie en fûts de Pinot noir. A-t-on piqué votre curiosité ? En plus des conseils de Serge, qui goûte et approuve tout ce qu'il vous propose, profitez des ateliers dégustation (aromatique, accords mets et bières…) qu'il organise régulièrement, le vendredi soir, en petit groupe et sur réservation. Il est temps de découvrir La Cave de Gambrinus et de demander votre carte de fidélité ! *Ouvert du mardi au vendredi de 9h à 13h et de 14h30 à 19h et le samedi de 9h à 18h (sans interruption).* **Le + :** Coffrets-cadeaux sur-mesure

10A, rue de l'Hôpital, 67600 SÉLESTAT – Tél. : 03-90-56-85-28
cavedegambrinus@gmail.com – www.lacavedegambrinus.com
Facebook : La Cave de Gambrinus – Instagram : lacavedegambrinus.

SESSENHEIM 67770

Auberge au Bœuf

15/20

CHEF : YANNICK GERMAIN

1 rue de l'Eglise - T. 03 88 86 97 14 - Menu(s) 44-108 €

Indissociable de l'histoire de Sessenheim, cette ravissante maison abrite deux salles à manger qui rivalisent de coquetterie alsacienne. Dans la salle principale dotée d'un poêle en faïence typique, les tables dressées avec beaucoup d'élégance, les meubles anciens cirés, le bois présent du sol au plafond créent une ambiance incroyablement apaisante. Perfectionniste, Yannick Germain travaille avec passion, aime les présentations sophistiquées et joue avec brio toute la gamme des produits du marché et des saisons. Au menu «Murmure sur les berges du Rhin» à 88 €, les saint-jacques de la rade de Brest, associées à l'artichaut et ponctuées de kalamansi sont un hors-d'œuvre plein de fraîcheur apéritive. Les couteaux de plongée juste gratinés avec une langue de coques, une purée fumée et une nage de coquillages au raifort est un plat riche en détails raffinés et harmonieux. Quant à l'agneau de lait de Preuschdorf en trois cuissons «de la tête aux pieds», il est servi comme une jolie dodine fort gourmande qui fait penser à un repas de fête en famille. La betterave crapaudine, associée aux griottes et noix de pécan, est une issue à la fois inventive, harmonieuse et pleine de fraîcheur. L'atmosphère est gaie, le service, enjoué et énergique. Étoffée et judicieuse, la cave de collection présentée sur une tablette numérique est à la hauteur de cette cuisine. On y trouve tout ce qui se fait de mieux en Alsace mais aussi en Bourgogne (rare collection de saint-aubin).

BOULANGER

Boulangerie-Pâtisserie Mikaël Gramfort

5 place de la Mairie - T. 03 88 09 90 73

Ce qui fait la différence, chez Mikaël Gramfort, ce sont ses pâtisseries, d'une délicatesse à tous égards. Son millefeuille à la vanille de Tahiti ou son galet rouge cassis framboise sont de vrais chefs-d'œuvre. Le petit salon permet de déguster ces merveilles sur place.

SOULTZ LES BAINS 67120

PÂTISSIER

Pâtisserie Klugesherz

43 rue de Mosheim - T. 03 88 38 19 97

La pâtisserie Klugesherz offre une large variété de produits. De la pâtisserie, en passant par le chocolat, les glaces, les macarons ou encore le service traiteur, elle sait comment régaler nos papilles. La tradition est bien évidemment respectée, mais Jean-Luc Klugesherz y apporte sa touche personnelle, et ça change tout !

STEIGE 67220

Auberge Chez Guth

14/20

5a rue du Bas des Monts - T. 03 88 58 12 05 - Menu(s) 45-79 €

On aime l'environnement montagnard de cette ancienne ferme-auberge dominant les pâturages du val de Villé postérieur. Depuis son ouverture il y a sept ans, cette maison discrète a de plus en plus de fidèles touchés par l'ambiance humble et la cuisine de Yannick Guth qui ne cesse de gagner en justesse et en précision. Passé par Flocons de Sel, à Megève, le chef s'exprime au travers de menus portant chacun une altitude différente. Au menu «Altitude 350» à 4 plats (59 €), le foie gras bien relevé, marbré de pomme verte, est escorté d'une purée de maïs, d'amusants pop-corn ainsi que d'une crème glacée au maïs fort onctueuse. Associés à un sabayon de livèche, les légumes racines, plus légers que ne le serait du riz, sont traités en savoureux risotto, où le parmesan est remplacé par le fromage cœur de massif en léger excès. Le filet de daguet (jeune cerf) de la chasse de Steige est présenté en ballotine et servi avec un crémeux de salsifis, des salsifis entiers fumés, et un jus infusé à la cardamome, aromatique et bien réduit. Présenté en petites sphères élégantes, le panais en bavaroise, flanqué d'une mousse au chocolat équilibrée, pas trop sucrée, ainsi que d'une glace aux noisettes moelleuse, est une issue à la fois fine et gourmande. La salle est certes dépourvue de luxe et de vestiaires, mais la cuisine fine et précise de cette auberge est sans conteste l'un des meilleurs rapports qualité-prix d'Alsace.

DISTILLATEUR

Jos Nusbaumer

23 Grande Rue - T. 03 90 56 29 56

Les eaux-de-vie sont connues dans toute l'Alsace depuis plus de soixante-dix ans. Un excellent producteur, aux multiples produits et parfums. Plus d'une trentaine de variétés.

PRODUCTEUR

Ferme du Manou

5 route du Bas des Monts - T. 06 52 63 16 50

Produits fermiers, charcuteries, salaisons, steaks, sur une exploitation qui offre également quelques gîtes pour l'étape.

Tables de Chef – 13/20 à 14,5/20

STRASBOURG 67000

1741 16/20

CHEF : JÉRÉMY PAGE

22 quai des Bateliers - T. 03 88 35 50 50 - Menu(s) 49-155 €

L'hospitalité alsacienne va bien au 1741, vénérable maison alsacienne posée sur le quai, allant aujourd'hui jusqu'à accueillir les clients qui le souhaitent au deuxième étage, dans l'espace cuisine, juste séparé du chef par une vitre. Les libéralités sont aussi dans l'accueil très cordial et le service précis de jeunes gens motivés et disponibles. Pour le reste, c'est le chef et la maison qui décident de tout, via les menus surprises qui rendent inutile la consultation du gros livre de cave avec sa couverture de cuir à l'ancienne. Pas de pairing annoncé, pas de vin au verre publié, le sommelier, comme le cuisinier, ayant la main sur ce que vous allez boire et manger. Par chance, Jérémy Page est de la bonne lignée, en ces lieux qui ont collectionné les champions, travaillant dans la modernité, jouant de la pincette et du locavore bio avec dextérité, valorisant, sans doute par modestie, les producteurs avant la cuisine. Une entrée végétale, d'excellents légumes d'une maraîchère proche, dans un bouillon épaissi de pomme de terre et parfumé de safran d'Alsace. Les légumes sont réellement remarquables, impossibles à manger avec les couverts à dînette qui accompagnent tout le repas (même le couteau semble factice), mais juste cuits, très naturels, soulignant le très beau travail de culture. Comme la tartelette tomate noire de Crimée et anchois de Cantabrique, version perso et élégante de la pissaladière, avec un délice de sorbet green zebra et verveine. Certes, il est plus facile d'envoyer les mêmes assiettes par table entière, mais ce chef-là a vraiment les idées et la technique, prouvées sur son pagre quasi à cru avec une manière de rouille, délicate et onctueuse, ou le rouget barbet raviole de chou-rave tout en croquant et ce concentré qui dénote autant de précision sur les cuissons que sur les jus. Avant un plaisant dessert de cuisinier, le pigeon cèpe et noix constitue une autre composition brillante (là encore, quel produit, quelle cuisson !). Excellent service dirigé avec tact et bonne humeur par Mickael Wagner, également maître de la cave.

Buerehiesel 15,5/20

CHEF : ÉRIC WESTERMANN

4 parc de l'Orangerie - T. 03 88 45 56 65 - Carte 102 € - Menu(s) 49-119 €

Posée au cœur du parc de l'Orangerie, cette ravissante ferme alsacienne à colombages construite en 1607, démontée pièce par pièce à Molsheim, puis reconstituée ici pour l'Exposition industrielle de 1895, est la table strasbourgeoise la plus champêtre. S'il fait bon s'installer dans le joli salon bleu de la bâtisse historique, doté d'un oriel et d'un plafond ouvragé, ou dans le chaleureux salon rouge, nous avons un petit faible pour la véranda entièrement entourée d'arbres où la magie opère une fois que la nuit est tombée. Éric Westermann, qui connaît bien les fondamentaux de la haute cuisine, maintient l'héritage paternel, allège le classicisme, s'ouvre à toutes les techniques de cuisson actuelles, surtout celles qui respectent le produit. Même éclectisme du service en salle, tantôt à l'assiette, tantôt au guéridon, avec ce découpage stylé de la poulette cuite comme un baeckeoffe ou celui d'une belle côte de veau. On aime la tendreté de la chair de cet omble chevalier de l'Isère cuit brièvement sous la salamandre et escorté d'une déclinaison de carottes. Le chef s'approvisionne chez les meilleurs maraîchers de la région, comme en témoignent les jolis légumes qui accompagnent ce fondant pigeon de Théo Kieffer. Proposée depuis plusieurs années au menu «Expression», la chair de l'anguille laquée au teriyaki nous semble, une fois de plus, un peu trop ferme et la saveur de fumé trop forte à notre goût écrase celle de la crème de chou-fleur quelque peu fade. Comme souvent en Alsace, les instants sucrés ne sont pas la cinquième roue du carrosse : le finger fraise et pistache est préparé avec une crème mousseline à la pistache fort gourmande. Jolie sélection de vins au verre, délicieux pains fabriqués par la boulangerie maison du centre-ville, nombreuses petites attentions servies tout au long du repas et service attentionné conduit par Clément Dittlo.

Au Crocodile

15/20

CHEF : ROMAIN BRILLAT

10 rue de l'Outre - T. 03 88 32 13 02 - Menu(s) 52-138 €

Le Crocodile, c'est de la haute gastronomie et un grand décor de théâtre dans une ambiance exclusive : décor baroque contemporain, appliques Lalique, tableau d'Adolphe Grison, miroirs et verrière pour une cuisine de haute tenue. Si vous cherchez à impressionner vos invités avec la salle, c'est l'endroit où il faut être. On n'a pas lésiné sur le noir mais, ce qui brille, c'est le service jeune et tonique dirigé par Amaury Barbado. En cuisine, le Bressan Romain Brillat, ancien second de Mathieu Viannay à Lyon et de Gilles Goujon à Fontjoncouse, a de l'ambition sans toutefois bousculer l'échiquier local. La cuisine de classicisme éclairé est discrètement inspirée par le marché et les produits locaux. Les gourmets de la ville la plus éloignée de la mer, très friands de poissons, sont comblés car les produits de la pêche sont transcendés par des cuissons expertes. L'aile de raie bretonne, un poisson habituellement rustique, fourrée d'ail des ours et accompagnée de meurette bien réduite, est, comme par un tour de magie, transformée en plat raffiné. On se souviendra longtemps de ces admirables aiguillettes de saint-pierre bien fermes, tout simplement accompagnées d'asperges blanches d'Alsace et de coriandre, soulignées par un sabayon d'agrumes. En revanche, les asperges servies en entrée, certes accompagnées de mozzarella de bufflonne d'Uhrwiller, d'olives noires taggiasche et de noisettes, trop marquées au barbecue, nous ont moins convaincus. Parmi les entrées, nous avons préféré les ravioles d'escargot d'Ebersheim à la farce gourmande, par ailleurs flambées au pastis. Belle sélection de fromages affinés à point par Christelle et Cyrille Lorho. Les desserts sont au niveau des 2 toques : plus légers que gourmands, souvent accompagnés de granités et autres sorbets austères, comme l'île flottante au lait de rhubarbe et à l'hibiscus, ou la branche de noisetier et le chocolat Schaal, avec une glace au citron noir. Belle sélection de vins de découverte au verre, conseillés avec passion par Bertrand

Dupont, l'ancien sommelier de l'Hôtel du Palais à Biarritz : l'aligoté de chez Agnès ou le cornas Les Alexandrins 2019. Le Crocodile est un lieu du patrimoine, indissociable de l'histoire de la restauration strasbourgeoise, à faire lors d'un week-end évasion dans la capitale du Grand Est.

Les Funambules

15/20

CHEF : GUILLAUME BESSON

17 rue Geiler - T. 03 88 61 65 41 - Menu(s) 33-75 €

Insoupçonnable depuis la rue, jouxtant le coin chic de la ville, celui des ambassades, cette maison, aux faux airs de restaurant de quartier, abrite la table la plus créative de la ville. Dans cette salle où le décor banal ne risque pas de détourner l'attention, on vient avant tout se recueillir sur l'assiette. Le style est évident : Guillaume Besson, passé par Coutanceau, travaille de beaux produits classiques, achetés chez les meilleurs fournisseurs, transcendés et agrémentés d'herbes et d'aromates. On aime la fraîcheur du tartare de bœuf du Kochersberg, avec ses spaghettis de chou-rave au citron confit, son gel de fanes citronnelle et son bouillon clair radis pomme ; ou encore la gourmandise du gâteau de poisson en croûte de pain de mie qui contraste de belle manière avec l'audace de ce jus vert coriandre-livèche-roquette. Quant au frais rouget à peine cuit à souhait, il est souligné par une sauce de type bisque au goût corsé qui rend ce plat très friand. Le pigeon au foie gras, inspiré de la cuisine bourgeoise, est revu avec quelques pois de betterave rouge, additionnés de gingembre, qui font toute la différence. Tout est fin et osé, on dirait presque primesautier tant il y a de la fraîcheur jusque dans les desserts, avec le millefeuille de rhubarbe constitué de très fins rectangles de pâte croustillante entre lesquels se trouve une crème mousseline au poivre timut dont la gourmandise du gras est contrebalancée par la fraîcheur du sorbet à l'oseille. On l'aura compris : tout ce qui sort de cette cuisine est d'une grande maîtrise, chaque assiette est claire, nette et se distingue par de jolis contrastes. Passée par l'Auberge de l'Ill, la nouvelle sommelière conseille les accords mets-vins et dirige un service enthousiaste et enjoué, parfois un brin expédié.

Le Colbert

14/20

127 route de Mittelhausbergen - T. 03 88 22 52 16 - Menu(s) 50-70 €

Avec son grand comptoir, ses teintes bleues et son éclairage Art déco, cette salle de grand volume, aux allures de brasserie, cache bien son jeu. On y sert une cuisine fine, précise et élégante, élaborée par Romain Creutzmeyer. Ce chef, passé chez Éric Westermann, a une tendresse particulière pour les beaux produits qu'il met en valeur au travers de déclinaisons. Jolie volaille d'Alsace rôtie sur coffre, servie en deux façons, avec sa poitrine fondante, puis sa cuisse en compression soulignée par une sauce Albufera. On aime le jeu des textures de cette déclinaison de carottes fort délicates ainsi que ce yaourt aux herbes, qui accompagnent une fondante truite d'Alsace. Jolie composition aux mandarines de chez Bachès avec sa chiboust très aérienne et brûlée, associée au marron et à un frais sorbet. Les petites attentions sont nombreuses en début et en fin de repas. Si la cuisine de cette adresse confidentielle très prisée par les amateurs de rapport qualité-prix frise souvent la 3e toque, elle gagnerait cependant à être mieux mise en valeur par un service plus posé.

Umami

14/20

8 rue des Dentelles - T. 03 88 32 80 53 - Menu(s) 70-80 €

Pionnière de la cuisine fusion, entrée sur la scène strasbourgeoise en 2007, Umami est l'une des meilleures tables de caractère en Alsace. Le décor se fait discret, parois de bois imitant les moucharabiehs, et pourrait presque apparaître comme un salon zen et contemporain en Petite France. Dommage toutefois que l'éclairage soit si éblouissant. René Fieger défend vertus et origine du goût umami, réinterprète la sériole en sashimi avec une sauce miso, sublime la lotte par une cuisson précise, associée à une sauce au lait de coco et à la tomate un brin piquante. Comme si de rien n'était, il sert même du tofu qu'il dissimule dans des gyozas, exaltés par des girolles ainsi qu'une vinaigrette au tamarin. Rehaussé par une exquise sauce molé, le filet de bœuf est la tendreté même. Le délice se prolonge jusqu'aux instants sucrés, avec les prunes d'Alsace, associées à un incroyable sorbet aux fruits et à un lait de coco au chocolat blanc révélant avec malice toute la douceur acidulée du fruit. Tout en délicatesse et précision et au-delà de la technique, René Fieger croise ainsi produits et cultures avec les fondamentaux et l'art du geste français.

Brasserie des Haras

13,5/20

23 rue des Glacières - T. 03 88 24 00 00 - Menu(s) 29-36 €

Magnifiquement rénovés, les splendides haras nationaux de Strasbourg accueillent aujourd'hui une hôtellerie 4 étoiles et une brasserie signée Marc Haeberlin. L'expérience est forcément de haute volée, avec un lieu majestueux, une cour élégante, une terrasse rêvée l'été et, à l'intérieur, une décoration ultra-minimaliste qui laisse toute la place à l'impressionnante charpente. Dans ce cadre raffiné et privilégié, les assiettes de tradition, de France et d'Alsace, suivent le mouvement avec une égale technique et élégance, comme une tarte flambée traditionnelle, une cocotte d'œufs brouillés à la truffe, une belle bouchée à la reine, une épaule d'agneau basse température, un savarin au rhum Clément. Très belle cave avec plus de 120 références.

Gavroche

13,5/20

4 rue Klein - T. 03 88 36 82 89 - Carte 28 € - Menu(s) 48-88 €

Cette maison sage et solide au sud de l'Ill maintient ses 2 toques avec une carte qui sait se renouveler et des idées toujours aussi bien réalisées. Du père nous sommes passés au fils, Alexy Fuchs, qui tient le cap avec des idées plutôt haut de gamme et des dressages techniques. La carte s'adapte aux nouvelles envies, un homard bleu poché dans un bouillon de pot-au-feu et petits légumes, une belle queue de lotte à la vapeur d'un couscous, boulgour et coriandre fraîche, un carré et ris de veau en deux cuissons, artichauts violets et gnocchi truffés, une tartelette chocolat noir-café soufflée. Menu dégustation à 74 €.

De:ja

13/20

1 rue Schimper - T. 06 86 81 40 26 - Menu(s) 38-118 €

Il était une fois un jeune couple amoureux de la cuisine et sensible à l'environnement qui a quitté les bancs de la fac pour créer cette table du quartier des XV après un passage à l'école hôtelière et chez Yannick Germain. David Degoursy, 24 ans, et sa compagne, Jeanne Satori, 23 ans, ont rénové la salle dans un style scandinave à la mode. Engagement bio et locavore, circuits courts, expertise à valoriser les légumes illustrent cette cuisine qui conjugue création et découverte, dans un menu unique à 6 ou 8 plats. Le jour de notre visite, poissons et légumes sont au programme. L'huître est encapsulée dans une coque en beurre de cacao et servie avec un crémeux de haricots de mer, un plat aux saveurs iodées ludique. Dans le registre végétal, l'inspiration est là et la technique aboutie avec ce céleri confit en croûte de pain accompagné d'un sabayon au vinaigre de miel ou cette échalote servie avec une glace aux noisettes et miso. Si la quenelle de brochet et sa préparation trop salée auraient pu se passer d'escargots, tous les autres poissons sont transcendés par une cuisson de haut vol : la baudroie associée au topinambour et aux marrons, rehaussée par la main de Bouddha et le citron vétiver, ou encore l'omble chevalier escorté d'une judicieuse déclinaison de carottes mais d'un chou de Bruxelles incongru atteignent allègrement les 3 toques. Le registre sucré gagnerait à être optimisé dans le sens de la précision. La composition autour de la mozzarella d'Uhrwiller est une excellente idée, mais un peu rustique, tandis que la gaufre bruxelloise garnie d'une glace au chocolat moelleuse, que l'on déguste avec plaisir sur le pouce, a-t-elle vraiment besoin de ce caviar ? Le service est aussi enthousiaste que la cuisine, la carte des vins bio et naturels est complétée par des accords non alcoolisés. Une maison d'ores et déjà passionnante qui symbolise le Strasbourg qui bouge.

La Casserole

12,5/20

24 rue des Juifs - T. 03 88 36 49 68 - Menu(s) 44-116 €

Moquette profonde, fauteuils tapissés de tissus haute couture, guéridons en albâtre rétroéclairé, incrustations de cristal Lalique, toile de cuir qui longe toute la salle : le décor de ce cocon feutré, repris il y a sept ans par Cédric Kuster, est l'un des plus raffinés de la ville. On comprend qu'avec une telle mise en scène il ne laisse pas insensible de nombreux fidèles. Côté cuisine, Jean Roc œuvre dans le classicisme remis au goût du jour. Joli foie gras de canard bien relevé et bien présenté en cubes, associé à du chocolat noir et des fruits exotiques, filet de bœuf charolais cuit avec précision, crème de Roquefort et poire en deux façons, puissant chocolat noir croquant et équilibré par la fraîcheur du sorbet à l'orange. À défaut de gourmandise, l'esthétique des belles assiettes s'accorde parfaitement au décor. Bons accords mets-vins avec un regard privilégié sur les vins alsaciens.

Honesty

12,5/20

2 quai Finkwiller - T. 03 90 40 37 16 - Menu(s) 37-60 €

Tiffany Schwoob et Chloé Schoubrenner, découvertes dans le «109», poursuivent leur aventure à une bonne cadence, avec des assiettes en bon roulement, un esprit néobistrot toujours dans l'air du temps et une décoration chic cosy qui ne vieillit pas. De 25 à 60 €, les formules laissent découvrir une cuisine féminine et graphique, un tataki de thon rouge, grain et huile de sésame, guacamole, un saumon confit à l'huile d'olive, légumes de saison et vinaigrette à la moutarde à l'ancienne, un magret de canard, mousseline de navets et poires rôties, jus de viande. Les desserts sont dans le même esprit, à l'image du carrot cake, crémeux et tuile à l'orange sanguine, glace au fromage blanc. Cave orientée nature.

Restaurant Zuem Ysehuet

12,5/20

21 quai Mullenheim - T. 03 88 35 68 62 - Menu(s) 34-69 €

À l'écart du centre-ville, dans un quartier résidentiel, la maison de Delphine et Stéphane Kaiser est un petit havre de paix loin des agitations. Le couple réalise là une belle cuisine à quatre mains, d'inspiration gastronomique et actuelle, moins concernée par les traditions régionales que l'envie d'aller où le vent mène. On retrouve ainsi à la carte des idées personnelles et bien exécutées, comme un croustillant de cochon, citron confit, gingembre et kimchi, un flétan braisé aux feuilles de citronnier, carottes confites aux agrumes et gingembre, un black angus maturé, pommes de terre confites et jus de bœuf fumé, enfin une tartelette poire tonka et crème mauresque. Formules de 34 à 98 € avec les vins inclus.

Villa Casella

12,5/20

5 rue du Paon - T. 03 88 32 50 50 - Carte 56 €

Référence italienne en ville, cette table installée entre la cathédrale et Petite France prouve que la cuisine italienne n'est pas qu'une cuisine populaire. L'expérience est raffinée, dans un cadre élégant en parquet et nappes blanches, tandis que les cuisines délivrent une assiette inspirée de la tradition et au dressage moderne. On se laissera porter par la qualité des produits et la finesse de l'exécution, la focaccia à la mortadelle, burrata et pistaches, les linguine alle vongole, le filet de daurade royale en papillote, olives, tomates séchées et artichauts, un tagliata de bœuf, parmesan et crème balsamique. Petite cave italienne.

Winstub - Chez Yvonne

12,5/20

10 rue du Sanglier - T. 03 88 32 84 15 - Carte 47 €

Nouveau changement en 2022 dans les cuisines de la plus célèbre des winstubs strasbourgeoises. Serge Cutillo, qui s'était fait remarquer il y a six ans au Rutsch, a pris les commandes de cette institution. Au plaisir du terroir interprété avec fraîcheur s'ajoute le bonheur quotidien d'une ardoise qui a du répondant. On redécouvre Yvonne sous une nouvelle mouture, telle que nous ne l'avons jamais connue, et peut-être même à son apogée. Une cuisine tirée vers le haut par cette intelligence des produits achetés chez les meilleurs fournisseurs de la plaine d'Alsace, les mêmes qui approvisionnent les grandes toques. Un style inhabituel dans cette cuisine de sensibilité rurale, jadis pauvre en produits mais riche en travail. On aime ce goût naturel des asperges blanches et vertes laissées croquantes, ces délicates feuilles d'oseille qui accompagnent ce frais bar à la chair moelleuse et souligné par une émulsion au safran d'Alsace. Un plat qui atteint allègrement la 2e toque. Mais il ne faut pas pour autant bouder les fondamentaux du riche terroir alsacien, telles ces quenelles de foie ici plus fraîches qu'ailleurs, accompagnées d'une tranche de lard, clin d'œil à l'Alsace rurale. Même le moelleux au chocolat est ici revisité avec une crème anglaise contenant de la gousse de vanille et passée au siphon, ce qui est rare dans une winstub. Avec ce vent nouveau, l'adresse culte est encore plus valeureuse dans ce secteur touristique où les petites adresses de confiance ne sont pas légion.

Le Banquet des Sophistes

12/20

5 rue d'Austerlitz - T. 03 88 68 59 67 - Carte 13 € - Menu(s) 22 €

Plus en retrait des habituels winstubs strasbourgeoises, ce joli bistrot en parquet, bois clair et mobilier noir répond plus à la demande d'une cuisine urbaine et actuelle, dans un bistrot revisité. Le chef y réalise une cuisine en slash assez modeuse et convaincante, des assiettes à la semaine qui sont d'une belle fraîcheur, en mars par exemple : truite/kalamansi/haricots coco rose, poisson du marché/potimarrons rôtis/noix de cajou/vinaigrette tahin-citron vert-grenade, du bœuf/écrasé de pommes de terre à la tomme de Savoie/panais rôti et jus au vin rouge. Cave bien développée avec des belles quilles de chez Leflaive, Bouzereau, Chante-Alouette...

Les Innocents

12/20

4 rue Paul Muller Simonis - T. 03 88 24 63 01 - Menu(s) 19 €

Un speakeasy de la prohibition, mais qui n'a d'époque que le style, pour un moment chic et rétro sur la forme, moderne et inventif sur le fond. Le cadre Art déco a son charme, du bois, des chaises Thonet, une cave dans une cellule de prison, un long comptoir, et une bonne humeur partagée qui fait de la maison une table autant qu'un bar à vin. Pour accompagner des assiettes dans la tendance, un ceviche de thon lait de coco-combava, ou un agneau basse température et caviar d'aubergines brûlées, on se laissera porter par une cave assez bien construite, une bonne centaine de cuvées principalement en Alsace.

Léonor

12/20

11 rue de la Nuée-Bleue - T. 03 67 29 29 29 - Carte 78 €

Indissociable de l'histoire de la ville, cet hôtel particulier du XVIIIe siècle, qui abrita naguère le commissariat central, désormais métamorphosé par les Scharf (Le Régent, La Cour du Corbeau, Les Haras...), est l'ouverture hôtelière la plus attendue à Strasbourg. Longeant une cour intérieure et décorés par Jean-Philippe Nuel, les nombreux espaces en enfilade bar, salons et restaurant attirent une clientèle avertie. La restauration a été confiée à Nicolas Stamm et Serge Schaal (La

Fourchette des Ducs, à Obernai) avec, aux manettes, le couple Axelle et Mathias Stelter, venu du 5 Terres, à Barr. À la fois branchée et décomplexée, la formule à toute heure - avec, par exemple, la salade César, un velouté de courge ou un sashimi de thon - séduit les amateurs de repas informels. Aux heures de repas, on propose en plus une viande ou un poisson sous forme de suggestion à 19 €. Le jour de notre passage, nous avons goûté un pot-au-feu revisité avec du veau fondant accompagné de jolis légumes et servi avec un bouillon et une sauce au raifort, tandis que le saumon snacké sur pleurotes d'Alsace, polenta et légumes, s'est révélé gourmand à souhait mais à la présentation un brin confuse. La plus grande surprise vient sans conteste des desserts de haute volée (3 toques) élaborés par Matthieu Bray, passé par l'Assiette Champenoise et la Villa René Lalique : superbe finger coco-passion à la fois frais et gourmand, ou gâteau au chocolat praliné accompagné d'une glace noisette et présenté sous forme de dôme. Avec un rapport ambiance-prix fort avantageux, c'est déjà le nouveau lieu de rendez-vous urbain chic des Strasbourgeois.

Mademoiselle 10 — 12/20

10 quai des Pêcheurs - T. 03 88 35 10 60 - Menu(s) 24-66 €

Cette table marine installée sur le quai des Pêcheurs a bien trouvé sa place, et permet une balade bretonne au cœur de l'Alsace. La table de la famille Nopre, père (ancien de la Toque Blanche) et fils puis fille, travaille les produits de la mer avec maîtrise et saisonnalité, et donne de quoi se rapprocher de la mer sans quitter la ville : sardines de Bretagne rôties au four, tapenade légumes du soleil légèrement épicée, médaillons de lotte de Bretagne poêlés, chorizo frit, huile d'olive à l'ail et pommes de terre de Normandie. Petite cave mais franchement vaillante, du Marcel Deiss, du Domaine Hauvette, du Château Simone ou encore du Pierre Gaillard.

Pierre Bois et Feu — 12/20

6 rue du Bain aux Roses - T. 03 88 36 25 59 - Menu(s) 67 €

L'adresse de Renaud Schneider, juste à côté du palais Rohan, est une maison viandarde où le bœuf est roi. On s'approche davantage du bistrot carné d'aujourd'hui que de la winstub traditionnelle, avec une carte de produit plus que de culture, convoquant le carpaccio de bœuf du Limousin au couteau au balsamique et basilic, l'entrecôte au fer à repasser, le tournedos aux champignons de saison, un châteaubriand pour deux. Dans un autre registre, il y aura le poulpe à la galicienne, le saumon en gravlax, et pour les desserts, un tout chocolat Guanaja, ou encore un sablé breton et gratin de fraises.

Au Pont Corbeau — 12/20

21 quai Saint-Nicolas - T. 03 88 35 60 68 - Menu(s) 17 €

Judicieusement installée à côté du musée de la culture et des traditions d'Alsace, cette table alsacienne vous apparaîtra comme une évidence, que ce soit avant ou après la visite. La maison est régionale jusqu'au bout des ongles, avec un vrai sens de l'authentique, caissons au plafond, lambris, atmosphère d'auberge et que des classiques du pays, restitués comme il faut. Ambiance plus que chaleureuse.

Pont des Vosges

12/20

15 quai Koch - T. 03 88 36 47 75 - Carte 58 €

Cette grande brasserie vicennale est un rendez-vous privilégié des repas d'affaires, installée aux portes du quartier des institutions européennes. Le ton est bourgeois, élégant, pour une maison qui se veut stable et intemporelle. La carte est consensuelle et la réalisation toujours au niveau, sur un carpaccio de bœuf au parmesan et au basilic, une demi-douzaine d'escargots, un risotto aux gambas et asperges vertes, une blanquette de veau, un suprême de poulet jaune aux morilles, une crème brûlée. Service professionnel.

Le Pont Tournant

12/20

5 rue des Moulins - T. 03 88 76 43 00 - Carte 67 €

Installé au bord de l'Ill, au cœur de la Petite France, cet hôtel 5 étoiles propose l'une des vues les plus belles de Strasbourg, dans un cadre raffiné et luxueux. La table de Julien Rodriguez se devait d'être à la hauteur d'une clientèle venue du monde entier, qui pourra profiter en ville des belles traditions alsaciennes et, à l'hôtel, d'une cuisine gastronomique française de haut niveau, où technique et beaux produits sont réunis. L'été, on pourra se restaurer en terrasse d'une carte allégée, avec par exemple un gravlax de truite, salade de fenouil et fromage blanc aux herbes, ou encore un curry de poisson à la noix de coco, gingembre et combava.

La Vieille Enseigne

12/20

9 rue des Tonneliers - T. 03 88 75 95 11 - Carte 52 €

Cette winstub pourrait jouer dans la même cour que les autres, mais elle fait toutefois le pari d'une tradition plus onéreuse et moins folklorique, qui finit par payer pour la qualité des produits, le respect solennel des recettes d'antan, et la sensation infinie d'être dans le vrai. Les standards se retrouvent dans une carte plutôt courte et représentative : un authentique presskopf, une bouchée à la reine, un dos de sandre, choucroute et sauce riesling, une impressionnante choucroute sept viandes, un baba au kirsch, une aumônière aux griottes. Cave alsacienne absolument remarquable, tournée vers le bio avec de grands noms comme des nouveautés : Hugel, Marcel Deiss, Zind-Humbrecht, Zusslin, Louis Maurer, Catherine Riss, Christian Binner, Ginglinger… Quelques autres belles cuvées d'autres régions, notamment d'Allemagne et de Suisse, aussi de Bourgogne et d'ailleurs, viennent compléter pour un peu plus de 400 références.

La Vieille Tour

12/20

1 rue Adolphe Seyboth - T. 03 88 32 54 30 - Menu(s) 29 €

La table d'Emmanuel et Véronique Lercher est adresse inscrite dans la durée, qui abreuve depuis les années le quartier de la Petite France en bonnes idées bistronomiques. Le chef travaille des produits de saison, à l'ardoise, selon ses envies et les idées. Le menu à 29 € du déjeuner permet d'apprécier une belle fraîcheur dans la démarche, comme une soupe de tomates, antipasti et feta, ou encore un filet de daurade royale rôti, compotée d'aubergine, poivron doux et vinaigrette au cumin. Service souriant.

Le Bistrot d'Antoine

11,5/20

3 rue de la Courtine - T. 03 90 24 93 25 - Carte 49 € - Menu(s) 28-35 €

Non loin de la place Saint-Étienne, tout à l'est de l'île, ce bistrot à l'apparence anodine est un secret bien gardé des Strasbourgeois, qui savent ici une petite cantine urbaine bien trouvée, où l'on mange des plats bistrot revisités. L'esprit est convivial, un peu canaille, on mange à l'ardoise des plats de saison qui vont bien, œuf mollet en meurette au guanciale, un gros maquereau snacké à la plancha et barigoule d'artichauts poivrade, un filet de poulet doré, gnocchi et coulis de poivrons rôtis, un savarin au rhum et mascarpone. Petite sélection au verre et bière pression.

Au Coin des Pucelles

11,5/20

12 rue des Pucelles - T. 03 88 35 35 14 - Carte 8 € - Menu(s) 38 €

Une table discrète mais qui a pourtant beaucoup à offrir. Derrière son élégante devanture bleue se révèle une salle pittoresque, au style historique, avec vitraux, lambris, mobilier entièrement en bois et fleurs, qui sentent bon l'Alsace. Derrière les fourneaux, on retrouve Stefan Baudic et sa cuisine de marché, d'inspiration traditionnelle. La carte est courte, donne envie, avec des huîtres bretonnes, un pot de foie gras, une tourte Reine Elizabeth, une tête de veau sauce gribiche, un kougelhopf à la crème. Cave intéressante.

Pecora Negra

11,5/20

13 rue des couples - T. 09 81 72 97 21

Dans le centre de Strasbourg, le célèbre chef Mauro Colagreco a implanté sa deuxième pizzeria après celle de Menton, et offre ainsi aux Alsaciens l'occasion d'un petit moment d'Italie aux frontières de l'Allemagne. L'endroit est assez vaste, branché, décoré avec minimalisme et agrémenté de quelques tables dehors, idéales les jours d'été. La carte propose, en plus de quelques antipasti, les incontournables pizzas napolitaines, la marinara et la margherita, ainsi que quelques idées plus personnelles. La réalisation et les ingrédients sont à saluer, si ce n'est parfois l'excédent d'huile. En dessert, le tiramisu est à la hauteur. Jolie cave italo-alsacienne, avec de belles surprises.

Bastardo

11/20

17 rue des Tonneliers - T. 03 88 21 01 01 - Carte 10 € - Menu(s) 15-20 €

Derrière cet étonnant bistrot au style rock chic et baroque se cache une jolie trattoria contemporaine, avec son comptoir et ses lustres en verroterie. La carte reprend les classiques de la Botte, correctement reproduits, des bons antipasti, des pizzas à la burrata, à la truffe, au fromage, des pastas de tradition, vongole ou encore carbonara. Service jeune et dynamique.

Bazart

11/20

9 rue du Renard-Prêchant - T. 03 88 51 09 35 - Menu(s) 35€

En lieu et place du Rutsch, du côté de la Krutenau, est apparue au milieu du confinement une nouvelle table, inventive et ambitieuse. L'endroit, composé de trois espaces, décontracté, arty et chic, permet trois humeurs différentes dans un cadre étudié et contemporain, où les lignes sont épurées, et l'art contemporain jamais bien loin. Les assiettes sont élégantes, dans une veine bistronomique en phase avec l'époque. La carte, courte et souvent renouvelée, répond aux exigences de fraîcheur, donne à voir par exemple l'œuf parfait, champignons et œuf de poisson volant, de la fregola sarda en risotto, une cocotte de lard, calamar et poulpe de Galice avec des haricots coco cuits en cassoulet, un canard avec une printanière de légumes et sauce café. Desserts plaisants.

Au Bouchon !

11/20

25 rue du Jeu des Enfants - T. 03 88 32 97 00 - Carte 51€

Ce petit bistrot dans une petite rue non loin du quai de Paris est un bon repaire de viandard, avec ses recettes classiques et son bon sourcing. Outre les standards du registre, on pourra ainsi s'attarder sur des belles pièces du boucher, la côte de bœuf Irish, le tomahawk charolais, le filet de bœuf simmental, qu'on accompagne au choix de frites, de salade, de purée ou de légumes. Une petite quarantaine de choix en cave.

Au Cruchon

11/20

11 rue des Pucelles - T. 03 88 35 78 82 - Carte 44€

Une winstub qu'on aime pour sa sagesse et sa constance, bien installée dans le carré d'or depuis les années, avec son décor chaleureux et simple, sa bonne cuisine régionale et son humeur toujours joyeuse. La petite maison est richement décorée, comme pour être sûr de bien savoir où l'on est, et l'ardoise complète l'ensemble alsacien : des escargots à l'alsacienne, du jarret braisé sur lit de choucroute, un baeckeofe aux trois viandes, une tête de veau façon cruchon... Cave locale.

La Cuiller à Pot

11/20

18 bis rue Finkwiller - T. 03 88 35 56 30 - Carte 15€ - Menu(s) 22-28€

On retrouve Grégory Reich et Pauline George dans leur table du quartier de Finkwiller, rénovée dans un style contemporain et épuré, où les matières naturelles dominent. Installé là depuis plus d'une dizaine d'années, le couple a su évoluer dans le bon sens pour offrir aux Strasbourgeois une table sage et experte qui assure l'expérience d'une cuisine bistronomique de bon niveau. La carte suit les saisons comme il faut, un strudel de queues de langoustines aux épices et fondue de poireaux, un croustillant de merlu de ligne et nouilles à l'encre de seiche, une blanquette de veau et croûte feuilletée au beurre, tagliatelles, un fondant au chocolat noir 60%. La cave suit le rythme.

L'Endroit
11/20

5 rue de Zurich - T. 03 88 23 48 45 - Menu(s) 16-38 €

Une table sage et généraliste emmenée par Carine Jung, bien installée à la lisière de la Krutenau et qui constitue au fil des ans une valeur sûre. La maison est décorée avec sobriété et sans faute de goût, de la brique, des fleurs et un peu de couleur. On retrouvera à la carte, évoluant au gré des années et des envies, des classiques revisités, un émietté de crabe au raifort et une bavaroise d'avocat, un filet de bar grillé, sauce crème et printanière de légumes, un beau tournedos de cerf rôti, sauce gibier et wok de chou rouge, une tarte au fromage blanc. Service souriant.

L'Éveil des Sens
11/20

2 rue Escarpée / angle rue des Dentelles - T. 03 88 32 81 01 - Menu(s) 47 €

Dans le très touristique quartier de la Petite France, la jolie terrasse de cette maison à colombages ne laisse pas indifférent et se remplit logiquement chaque été. L'adresse fait le pari d'une cuisine à rebours des habituels winstubs avec des propositions plus nationales, un omble chevalier mariné et poireaux gribiche, un œuf poché morille et crème fumée, un filet de lieu jaune haricots coco au lait de coco et citron vert, ou encore une entrecôte de veau, carottes en texture et croustillant d'aligot à la tomme. Ambiance conviviale. Service encore en rodage.

Meiselocker
11/20

39 rue des Frères - T. 03 88 22 30 00 - Menu(s) 39 €

La winstub est revenue à ses classiques, accordant le cadre et la carte, pour une expérience alsacienne de bout en bout. Dans une bonne humeur contagieuse, les tables revêtues de nappes à carreaux se garnissent de traditions régionales, un presskopf, des escargots alsaciens, un filet de sandre au beurre blanc sur choucroute, un jambonneau rôti sauce à la bière, une bouchée à la reine et spaëtzles, la choucroute du Meise. Desserts classiques : crème brûlée, coupe melba, kougelhopf au marc de gewurztraminer...

La Table de Christophe
11/20

28 rue des Juifs - T. 03 88 24 63 27 - Carte 13 € - Menu(s) 14,90-36 €

Christophe Ischia tient avec Angèle cette charmante table bistronomique installée derrière la cathédrale de Strasbourg. Le chef revisite des plats classiques dans un élégant décor boisé, et donne à voir des assiettes de bonne exécution, à la façon d'une terrine de foie gras au gewurztraminer, d'orecchiette aux crevettes sauvages snackées, cajun et brunoise provençale, d'un suprême de poulet fermier rôti à l'estragon et spaëtzles. Sélection alsacienne en cave.

Winstub le Clou
11/20

3 rue du Chaudron - T. 03 88 32 11 67 - Carte 44 €

Il s'agit de l'une des winstubs institutionnelles de la ville, située dans son centre et constituant un repère fiable du paysage culinaire alsacien. Tous les codes du genre sont réunis, une vieille maison de ville avec nappes à motifs, boiseries, plafond à caissons et, bien sûr, des recettes de tradition. Les essentiels sont évidemment à goûter, la tarte à l'oignon, le presskopf, les fleischnakas, le dos de sandre au riesling et choucroute, la choucroute garnie, le baeckeoffe, le jambon en croûte et pinot noir. Desserts classiques.

10,5/20

In Vino Veritas

25 place de la Cathédrale - T. 03 88 32 75 85

Un bar à vins italiens de professionnel, présentant le meilleur des crus et de vraies pépites et qui change des guinguettes où la bonne humeur pardonne trop souvent. Là, pas moins de 400 références dans une sélection tirée au cordeau, des grands classiques de Toscane et des vins bio, qu'on accompagne volontiers d'une assiette au point, une cuisine de trattoria élégante et bien dressée.

10,5/20

Porcus

6 place du Temple Neuf - T. 03 88 23 19 38

Cette institution charcutière a ouvert sa table afin de faire découvrir en direct producteur les réalisations de la maison. L'endroit est élégant et lumineux, du bois, du blanc et de la lumière naturelle. La plupart des produits de la charcuterie sont disponibles, des assiettes de charcuteries et de jambon pour commencer, puis un feuilleté de munster en croûte ou une tarte à l'oignon au beurre, une bouchée à la reine, un baeckeoffe aux trois viandes, une brotwurscht, un kougelhopf glacé. On pourra évidemment passer par la boutique pour reproduire l'expérience à la maison.

10,5/20

Le Purgatoire

34 rue de Zurich - T. 03 88 35 62 87 - Menu(s) 15,90 €

Ce «débit de vin depuis 1550» s'est imposé à la Krutenau comme l'une des adresses les plus appréciées des soirées avinées. Un bar à vin à la carte très plaisante, présentant plusieurs centaines de références, d'abord en Alsace (Paul Ginglinger, Frédéric Mochel, Vignoble du Rêveur...) mais aussi partout jusqu'en Nouvelle-Zélande. Il met également en avant une cuisine qui n'a pas à rougir, des belles propositions au déjeuner, comme un souvlaki d'agneau ou une entrecôte, girolles et frites ; et une carte plus vaste le soir, des planchettes, un œuf mimosa à la truffe d'été, une dorade aux champignons, épinards et crème infusée au thé vert jasmin, des rognons de veau poêlés, crème de morilles et knepfles, un dessert de framboises à la ricotta, gel, sorbet framboise et miel d'acacia.

10,5/20

Winstub Zuem Strissel

5 place de la Grande Boucherie - T. 03 88 32 14 73 - Carte 48 €

Derrière le musée de la ville se trouve la plus vieille winstub de Strasbourg, ouverte au XVIe siècle. La maison a tenté de conserver au mieux son charme historique et ses traditions, pour offrir aux gens de passage l'expérience alsacienne la plus authentique. Les nappes à carreaux accueillent une cuisine régionale très large, des entrées classiques, une déclinaison de tartes flambées, la bouchée à la reine, le bibeleskaes, les quenelles de foie aux petits lardons, la choucroute royale...

Alma

10/20

18 Rue Hannong - T. 03 88 22 08 48 - Carte 37 €

Un mélange étonnant qui fonctionne pourtant étrangement bien, opérant une passerelle convaincante entre Pérou et Japon. Les Strasbourgeois ne boudent pas leur plaisir devant ce comptoir qui leur offre une alternative originale au déjeuner, des ceviche, des bowls, des sushis... Prix abordables.

L'Alsace à Table

10/20

8 rue des Francs-Bourgeois - T. 03 88 32 50 62 - Menu(s) 25-45 €

Une brasserie bien connue des Strasbourgeois, un pilier local où l'on se rend pour toute occasion, pour les classiques alsaciens et une cuisine de la mer traditionnelle. On ne se ratera pas sur les assiettes d'huîtres et les fruits de mer, une soupe de poisson, un pavé de sandre et tagliatelles au beurre, un onglet de bœuf et spaëtzles. Des poissons entiers et du homard grillé sont également à la carte.

Au Brasseur

10/20

22 rue des Veaux - T. 03 88 36 12 13 - Carte 36 €

Quand on pense à l'Alsace, il y a a priori deux choses qui devraient toujours venir en tête : la cuisine alsacienne et la bière. Bonne pioche pour cette adresse brassicole, qui propose ses propres cuvées, ainsi que des spécialités traditionnelles en grande variété, pour une soirée sous le signe du régionalisme. Entre deux pintes, on pourra donc redécouvrir les tartes flambées, le jarret au munster, le poêlon de röestis, le gratin de spaëtzles au munster, la choucroute alsacienne...

Chez Rita

10/20

7 rue des Tonneliers - T. 03 90 40 08 12 - Carte 7 € - Menu(s) 20-27 €

La petite enclave libanaise située derrière l'Ancienne Douane permet de retrouver les plaisirs du Levant sur place ou à emporter. Le cadre est lumineux, en chromatique blanc et sable, avec des lignes simples, et la carte aligne tous les classiques (et il y en a beaucoup) en traditions et déclinaisons. On retrouvera le taboulé, le houmous, les feuilles de vigne, les falafels, le chawarma, le kefta et le méchoui, le baklava. Mezzés de 20 à 27 €. En cave, quelques vins libanais.

Au Fond du Jardin

10/20

6 rue de la Râpe - T. 03 88 24 50 06 - Menu(s) 19,50 €

Véritable petit cabinet des curiosités à deux pas du palais Rohan, cette ambassade anglaise est une œuvre victorienne où l'on vient pour le tea time. Cette maison hors du temps, imaginée par Frédéric Robert et Laurent Renaud, est un rendez-vous connu des amateurs de thés et de pâtisseries, qui pourront les découvrir sur réservation, ou bien à la vente à emporter.

Mai Saigon

10/20

29 rue de la Krutenau - T. 03 67 97 84 35 - Menu(s) 10-38 €

Cette bonne adresse vietnamienne dans le quartier de la Krutenau est l'occasion de voyager un peu, avec des plats traditionnels du pays, d'une réalisation exemplaire. La carte n'est pas écrasante et reste contenue sur une trentaine de plats, des nems, des rouleaux de printemps, les fameux bo buns (au bœuf, au porc, au poulet...), les pho bo tai, les assiettes de riz ou les nouilles craquantes, enfin des crêpes frites. Cave d'appoint.

La Maison des Tanneurs

10/20

42 rue du Bain aux Plantes - T. 03 88 32 79 70

Joyau de l'architecture strasbourgeoise construit en 1572, cette splendide maison posée sur le bord de l'Ill accueille depuis 1949 une «maison de la choucroute» qui fait rêver les touristes. Le cadre traditionnel participe évidemment au voyage, à la découverte de la soupe à l'oignon, du filet de sandre au vin blanc, de la choucroute et sa variante au poisson, de l'escalope de veau viennoise, enfin du kougelhopf glacé. Petite cave régionale.

Maison Kammerzell

10/20

16 place de la Cathédrale - T. 03 88 32 42 14 - Carte 51 € - Menu(s) 36-45 €

Sur la terrasse rêveuse face à la majestueuse cathédrale ou dans les petits salons boisés, on vient contempler l'héritage Renaissance de cette demeure classée monument historique. Colombages richement ornés, fresques, vitraux en cul-de-bouteille et une longue histoire ancienne s'invitent à cette table vouée à la cuisine régionale. Si la «Kamm» représente le temple de la choucroute, les Strasbourgeois sont devenus très friands de la variante aux poissons créée il y a cinquante ans à Paris. Au généreux menu dégustation, la tarte à l'oignon servie quasi froide nous a semblé un brin mollassonne, tandis que le filet de cabillaud associé au potimarron s'est révélé un peu trop cuit, et le médaillon de veau «Rossini» cuit à point accompagné d'une sauce bien réduite avait tendance à coller dans l'assiette. Le millefeuille à la vanille est monté à la minute avec une crème pâtissière de qualité boulangère. On arrose le repas de crus choisis sur une carte où les millésimes ont hélas été oubliés. Cette institution très prisée par les touristes aurait-elle du plomb dans l'aile ?

Muensterstuewel

10/20

8 place du Marché aux Cochons de Lait - T. 03 88 32 17 63 - Menu(s) 19,90-27,20 €

Sur cette adorable place au cœur du vieux Strasbourg, cette belle maison de 1562 est parfaitement dans son élément, et se fait le lieu idéal d'une authentique winstub, avec ses spécialités alsaciennes. La carte n'en manque pas et on viendra surtout pour les tartes flambées, la bouchée à la reine, les poêlons de spaëtzles, une évidente choucroute. Trois menus jusqu'à 27,20 €.

L'Oignon

10/20

4 rue des Moulins - T. 03 88 16 59 81 - Carte 39 €

Cette institution non loin du Pont Tournant reste un incontournable strasbourgeois, une maison de pierre et de poutre, où l'on vient savourer les classiques bistrotiers, les traditions alsaciennes et bien évidemment une soupe à l'oignon. La maison est aujourd'hui surtout populaire auprès des touristes, mais elle reste une adresse indiquée pour son suprême de poulet jaune d'Alsace, sa choucroute cinq viandes, ses röestis de pommes de terre, saumon fumé et crème de ciboulette. Petite cave.

Pacific Princess

10/20

1 rue des Dentelles - T. 03 88 24 00 03 - Carte 6 € - Menu(s) 18 €

Ce n'est pas une croisière, mais on s'y amuse quand même, dans ce décor de paquebot en bleu nuit et bois vernis. La maison située non loin de la Petite France propose une agréable carte fusion, idéale pour les soirées entre amis, reliant l'Alsace et la côte : tartare de thon, noix de pécan et melon mariné, rillettes de sardine, dorade, courgette jaune légèrement fumée, olives et boulgour grillé, tartelette au citron meringuée et râpé de citron noir de Valence. La maison fait également brunch.

Pan y Vino

10/20

6 Place des Orphelins - T. 09 53 25 66 13 - Carte 14 €

C'est un véritable petit coin de soleil au cœur de Strasbourg, pour réchauffer les cœurs et les esprits quand l'hiver est un peu trop rude, pour profiter de la terrasse les beaux jours. Simon et José ont misé sur l'authenticité, avec des vrais tapas et pintxos à l'ardoise, des classiques qui raviront tous les nostalgiques du pays ibérique, les patatas bravas, les croquetas de jamón, la paella negra, les pimientos del padrón, les gambas al pimenton... Belle cave espagnole.

Perles de Saveurs

10/20

9 rue des Dentelles - T. 03 88 22 19 81 - Menu(s) 21-45 €

Au fond d'une cour en face de la Petite France, ce bistrot discret et vaillant traverse les années dans le calme et sans rien changer à une stratégie payante. L'adresse cultive une identité actuelle et «dérégionalisée», préférant un style plus libre et tournée vers d'autres horizons. La carte du soir donne le ton, des gambas XXL, coquillettes en risotto, radis et jus des têtes, un maigre de ligne, carottes et fruit de la passion, chlorophylle de mâche, filet de taureau de Camargue, pita aux aubergines flambées, houmous de pois chiche au citron vert. De 26 à 57 €.

Pfifferbriader

10/20

14 place du Marché aux Cochons de Lait - T. 03 88 24 46 56 - Carte 36 €

Au cœur du quartier touristique, la maison joue des coudes pour garder sa part du gâteau, proposant une cuisine traditionnelle alsacienne, et un cadre régional et historique qui rivalise de charme. La carte est panoramique, avec une liste presque exhaustive : escargots, quiche lorraine, galettes de pommes de terre, choucroute aux trois poissons, sandre, filet mignon de cochon et spaëtzles, choucroute royale, fleischkiechle à la crème, jarret, volaille au riesling, bouchée à la reine, forêt-noire... Cave alsacienne.

Restaurant à l'Ancienne Douane

10/20

6 rue de la Douane - T. 03 88 15 78 78 - Carte 32 € - Menu(s) 28,50 €

Cette auberge multiséculaire installée au bord de l'Ill est un bâtiment médiéval majestueux, propice à la redécouverte des classiques alsaciens. Évidemment plébiscitée par les touristes, la grande brasserie dispose d'un espace étendu avec terrasse, dans un style traditionnel en phase avec l'expérience des recettes régionales : tarte flambée, bibeleskaes, waedele braisé au pinot noir, fleischkiechle sauce aux champignons et spaëtzles, baeckeoffe, choucroute strasbourgeoise... Service dynamique.

Suzanne

10/20

25 Rue du Vingt-Deux Novembre - T. 03 88 32 85 40 - Menu(s) 24,50 €

À la fois salon de thé, pâtisserie et restaurant, cette adresse du centre-ville s'apprécie à toute heure de la journée, pour son style traditionnel, ses douceurs et son agréable service. On retrouve côté restaurant les classiques du répertoire alsacien : choucroute, galettes de pommes de terre, bouchée à la reine, pâté en croûte... La boutique propose également des plats à emporter changeant chaque semaine.

Vino Strada Stub

10/20

20 rue des Bouchers - T. 03 88 16 96 21 - Menu(s) 19,90 €

Vino Strada, ce sont d'abord deux caves ouvertes depuis vingt-cinq ans, plus de 3500 références en vins et plus de 1000 spiritueux ; bref, une institution strasbourgeoise qui éduque des générations au gré de sélections pointues et vastes. L'enseigne a ouvert sa petite Stub, un restaurant-bar à vin où l'on pourra découvrir une partie de la sélection, dont une cinquantaine de vins au verre. Dans l'assiette, des petites idées dans l'air du temps, un gaspacho d'été avec une écume de basilic, un tartare de bœuf au couteau et caviar baeri, un thon rouge mi-cuit, pastèque caramélisée et sauce vierge, une ballotine de poulet jaune au guanciale, aubergine façon parmigiana, une feuillantine au praliné et citron.

Winstub Le Tire-Bouchon

10/20

5 rue des Tailleurs de Pierre - T. 03 88 22 16 32 - Menu(s) 26,90-31,90 €

Dans une splendide maison strasbourgeoise d'époque, richement décorée, l'installation d'une winstub a du sens, pour découvrir jusqu'au bout les plaisirs de la culture alsacienne. La vénérable maison fait vivre des traditions généreuses qu'elle reproduit dans deux menus bien balancés à 26,90 et 31,90 €, où l'on pourra se sustenter de bibeleskaes, lawerknaepfles, d'un filet de truite du Heimbach sur choucroute, ou encore d'une authentique choucroute royale. Bon service.

À La Tête de Lard

10/20

3 rue Hannong - T. 03 88 32 13 56 - Menu(s) 10,50-13,50 €

Une winstub classique et traditionnelle dans une rue de Strasbourg, avec un caveau voûté pour une expérience encore plus authentique. On y retrouvera tous les standards de la cuisine alsacienne, les tartes flambées, les galettes de pommes de terre, une incontournable choucroute, une lawerknaepfle, un jarret au munster, un strudel aux pommes. Ambiance chaleureuse.

HÔTEL

Cour du Corbeau - 4 étoiles

6-8 rue des Couples - T. 03 90 00 26 26 - à partir de : 110 €

Un lieu aussi somptueux que confidentiel... Invisible ou presque depuis la rue, l'Hôtel de la Cour du Corbeau se niche dans un ensemble architectural de style Renaissance qui fut l'un des plus anciens hôtels d'Europe, classé aux Monuments historiques en 1930. On pénètre dans ce refuge unique par une cour pavée qui révèle peu à peu la richesse du site, savamment restauré (façades à colombages, coursives traditionnelles et balcons de bois sculptés tout droit sortis du XVIe siècle). Aménagées de façon plus contemporaine, les 63 chambres et suites dévoilent néanmoins une partie de l'histoire des lieux : charpentes apparentes, jardins privatifs, splendides échappées sur la cathédrale de Strasbourg... L'hôtel ne possède pas de restaurant, mais recèle un bar décoré de bois et de cuir, non loin de l'espace bien-être où sont dispensés soins et massages conçus par Camille Becht, dont les cosmétiques sont issus de produits écologiques élaborés en Alsace. Membre de la collection MGallery, une adresse rare à découvrir.

Léonor - 4 étoiles

11 rue de la Nuée-Bleue - T. 03 67 29 29 29 - à partir de : 196 €

Inauguré en novembre 2021 après quatre années de restauration, ce tout nouvel hôtel au cœur de Strasbourg fait déjà le plein, mêlant voyageurs et locaux qui en ont fait l'un de leurs repaires préférés. Logé dans l'ancienne demeure XVIIIe du gouverneur général d'Alsace, le lieu a été repensé par l'architecte Jean-Philippe Nuel, qui y a aménagé 116 chambres et suites au style chaque fois singulier. Certaines sont mansardées, d'autres présentent de belles hauteurs sous plafond, mais toutes offrent une vue sur la splendide cour-terrasse de 500 m^2. Le bar dévoile un élégant comptoir en bois massif et des fauteuils bien profonds où l'on vient déguster un verre de vin ou un cocktail. Place ensuite au restaurant du Léonor, qui célèbre le meilleur des traditions alsaciennes avec une cuisine délicate imaginée par le duo Nicolas Stamm-Corby et Serge Schaal. Membre de la maison Sogehô, cette adresse contemporaine et pleine d'esprit revitalise habilement l'offre hôtelière de la ville.

Tables Originales – 10/20 à 10,5/20

Maison Rouge - 5 étoiles

4 rue des Francs-Bourgeois - T. 03 88 32 08 60 - à partir de : 195€

L'un des lieux les plus emblématiques de Strasbourg, des plus anciens aussi, puisque le bâtiment d'origine (une auberge) fut érigé au XIVe siècle. Désormais transformé en un luxueux hôtel, Maison Rouge se déploie autour de 131 chambres à l'atmosphère feutrée, avec des moquettes douillettes, des fauteuils bien profonds, de vastes salles de bains et de somptueuses vues sur la cathédrale. Les salons et la salle à manger ont conservé un mix original de pièces Art déco et d'architecture traditionnelle alsacienne, tout comme le bar-restaurant Le 1387, qui régale ses hôtes d'une cuisine locale toute fraîche. Un spa de 150 m^2 décoré de marbre et doté d'un hammam, sauna et jacuzzi vient compléter l'offre de ce refuge (membre Autograph Collection), idéal pour découvrir la capitale de l'Europe.

Régent Petite France - 5 étoiles

5 rue des Moulins - T. 03 88 76 43 43 - à partir de : 160€

Situé dans le très romantique quartier de la Petite France, ce refuge a été aménagé dans un ancien bâtiment industriel construit sur la rivière. Transformé en hôtel luxueux, il abrite 75 chambres et suites d'une grande élégance (parquets de bois blond, matières naturelles et marqueterie créée pour l'hôtel) qui offrent toutes une splendide vue sur l'Ill et les maisons à colombages de la vieille ville. Tout aussi somptueux, le vaste spa prend place dans un espace baigné de lumière et propose une large palette de soins d'exception (griffés SkinCeuticals), mais également un sauna, un hammam ainsi que des bains à remous extérieurs. Parfaitement régénéré, il ne vous reste plus qu'à rejoindre le restaurant Le Pont Tournant pour déguster une cuisine locale et raffinée, servie dès les premiers beaux jours sur la ravissante terrasse en surplomb de l'Ill.

BOUCHER

Frick-Lutz

16 rue des Orfèvres - T. 03 88 32 60 60

Cette boucherie-charcuterie fondée en 1830 est une illustre affaire familiale installée au pied de la cathédrale. On passe sous les grandes lettres gothiques de l'enseigne pour découvrir de longs étals complets, qui donnent un aperçu de l'étendue des savoirs, de généreuses pièces de viande soigneusement choisies, de Bresse, du Limousin, des Pyrénées, de beaux jambons, des salaisons, des saucissons et des pâtés, ainsi qu'une large carte traiteur. L'entreprise compte aujourd'hui sept points de vente dans les environs.

Maison Klein

28 boulevard d'Anvers - T. 03 88 61 16 10

Cette maison fondée en 1933 a rafraîchi son image et se présente sous un jour contemporain, avec une élégante vitrine épurée, cerclée de moulures noires. Si la boutique s'est modernisée, les réalisations demeurent celles d'un savoir-faire transmis de génération en génération : de belles charcuteries, des plats traiteurs, des pâtés en croûte... L'établissement propose également des produits d'épicerie fine.

BOULANGER

L'Allégorie

17 rue d'Austerlitz - T. 03 88 66 89 59

Meilleur boulanger du Grand Est et finaliste du concours de la meilleure boulangerie de M6, Sébastien Vaille est aujourd'hui à la tête de l'une des adresses les plus courues de la ville. Sa boutique tout en longueur est d'un style contemporain très raffiné, avec un salon de thé tout en marbre, des tons monochromes et des étals joliment présentés. Les gammes de pain bio tiennent leurs promesses, et on ne manquera pas les croissants colorés, les en-cas salés, les beaux sandwichs triangle ou encore les bretzels.

Les Mains dans la Farine

16 rue du 22-Novembre - T. 03 88 22 28 27

Belle boutique tout en longueur dans le centre-ville. On y apprécie la chaleur d'un bois brut, pour la touche naturelle, bien en phase avec les beaux pains au levain de la maison. La gamme de pains spéciaux vaut le détour, ainsi que les pâtisseries alsaciennes.

Au Pain de Mon Grand-Père

58 rue de la Kruteneau - T. 03 88 36 59 66

Forte aujourd'hui d'une dizaine de boutiques partout en France, l'entreprise de Patrick Dinel commence ici, au cœur du quartier de la Krutenau, avec le désir sincère de faire un pain traditionnel et authentique. Le succès est au rendez-vous et les farines biologiques, le levain naturel et la meule en pierre sont revenus dans les ateliers, pour notre plus grand plaisir. Les viennoiseries sont également recommandées. Deux autres adresses dans la ville, rue des Hallebardes et route de Mittelhausbergen.

Pains Westermann

1 rue des Orfèvres - T. 03 88 22 56 45

Cette vaste boulangerie du centre, sous les arcades, mêle éléments anciens et contemporains, avec un mobilier en bois et acier début de siècle, un ton monochrome actuel et des étalages lumineux. On y retrouve surtout une magnifique gamme de pains spéciaux, ainsi que d'élégantes pâtisseries.

CAVISTE

Art du Vin

16 rue d'Austerlitz - T. 03 88 35 12 28

La maison, ouverte en 1986, demeure un incontournable caviste de la ville, un lieu élégant avec une vitrine en arcade et des étalages soignés, qui alignent des quilles de toute la France et du monde entier. L'établissement propose également des dégustations pour affûter son palais. Bons conseils.

Caves Jacques Baumann

2 rue de la Lanterne - T. 03 88 13 51 74

Cette cave fondée en 1912 à Mulhouse tient également une petite antenne dans le centre de Strasbourg. Elle propose près de 1000 étiquettes sur tout le vignoble français et ailleurs, dont quasiment 200 références en Alsace. Les sélections de spiritueux et de sirops artisanaux sont aussi recommandées.

Au Fil du Vin Libre

26 quai des Bateliers - T. 03 88 35 12 09

Jean Walch est bien connu à Strasbourg pour ses merveilleuses sélections de vins naturels, qui constituent son fonds de commerce et justifient sa notoriété. Les choix sont pointus, iconoclastes, vastes (pas loin de 800 références), avec du Lindenlaub, du Pierre Frick, de l'Octavin.

Au Millésime

7 rue du Temple Neuf - T. 03 88 22 30 20

Le plus ancien caviste indépendant de Strasbourg a conservé cet aspect un peu «old school» qui fleure bon l'expérience et les années passées, avec sa devanture en bois verni et ses appliques en forme de grappe de raisin. L'immense cave compte plus de 40000 bouteilles et pas moins de 1500 références, qui sauront satisfaire toutes les envies, du vin de table aux grandes occasions.

Verre de Terre

28 rue des Juifs - T. 09 86 55 89 94

À l'est de l'île, la cave de Florence Brouillard, d'une décoration simple, illustre la passion de cette ancienne sommelière pour les vins bio et naturels. On y retrouve des sélections pointues sur tout le pays, Vignoble du Rêveur, Manoir de la Tête Rouge, Jullien, Fabien Jouves...

Vino Strada

20 rue des Bouchers - T. 03 88 36 87 14

Notamment connu pour ses splendides collections, le restaurant d'Isabelle Kraemer propose sa cave, où l'on peut retrouver à bon prix les sélections vastes et pointues de l'adresse. Les artisans et les domaines bio y sont mis en avant, en Alsace et ailleurs (mais surtout en Alsace) : Vignoble du Rêveur, Marcel Deiss, Vignoble des 2 Lunes, puis Berthet-Bondet, Trapet, Simone, Jullien, Caraguilhes, Domaine de la Romanée-Conti... et plein d'autres trésors.

Œnosphere

33 rue de Zurich - T. 03 88 36 10 87

La cave de Benoît est l'une des plus appréciées de la Krutenau, un lieu à la déco brut et d'une sobriété en phase avec l'époque, où l'on pourra déambuler parmi une sélection de près de 500 références. La boutique fait avant tout la promotion des vins bio et nature, avec des gammes bien échelonnées en prix.

CHOCOLATIER

Jacques Bockel

10 rue du Vieux Marché aux Poissons - T. 03 90 22 17 47

Artisan chocolatier et célèbre torréfacteur de cacaos, Jacques Bockel peut se targuer d'un succès indéniable, avec près d'une quinzaine de boutiques installées dans tout l'est de la France. Celle de Strasbourg aligne les grands classiques, des créations originales qui mettent en scène le chocolat, des tablettes de grands crus, des chocolats moulés ou de la pâte à tartiner.

ÉPICIER

Le Bocal

21 rue de la Krutenau - T. 03 88 36 70 61

Nouvelle venue dans le quartier de la Krutenau, cette magnifique boutique minimaliste au décor naturel s'est spécialisée dans la vente en vrac, dans une démarche éthique et zéro déchet. L'élégance du lieu pousse à adopter les bons comportements, comme de venir avec ses propres contenants pour s'approvisionner en cafés Henri, en farines bio, féculents, céréales, épices... Au premier étage, on trouvera une vaste sélection de produits non alimentaires, pour les soins du corps et la maison.

Mon Oncle Malker de Munster

4 place de la Grande Boucherie - T. 03 69 96 76 28

Cette épicerie est spécialisée dans la promotion des traditions régionales, des classiques culinaires aux produits de la ferme, du fromager et du boucher. La boutique est élégante, avec un beau mobilier en bois clair, sur lequel le voyageur pourra emporter de quoi prolonger le plaisir, du munster, des saucisses d'Alsace, des tourtes et feuilletés, une choucroute, des eaux-de-vie, vins et autres spiritueux alsaciens.

FROMAGER

La Cloche à Fromage

32 rue des Tonneliers - T. 03 88 52 04 03

Ouverte en 2019, cette boutique permet aux amateurs de René Tourrette de retrouver ses meilleures sélections au nord du centre-ville. Les étals de chèvre sont évidemment recommandés, mais le voyage est loin d'être terminé puisque la maison compte plus de 150 spécialités. On trouvera également salaisons, plateaux, produits d'épicerie fine et de crémerie.

Maison Lorho

3 rue des Orfèvres - T. 03 88 32 71 20

Ce temple du fromage est tenu par le couple MOF Cyrille et Christelle Lorho (2007 et 2019). La splendide boutique, aux étals noirs et aux alignements très lisibles, accueille plus de 140 références, pour un tour d'horizon exhaustif s'appuyant sur une sélection rigoureuse. Quelques produits d'épicerie fine viennent compléter l'offre.

GLACIER

Le Glacier Franchi

5 rue des Francs-Bourgeois - T. 03 88 23 16 15

Fondée en 1934 par Joseph Franchi, cette entreprise familiale est aujourd'hui la maison de glaces la plus célèbre d'Alsace, une renommée que la tradition artisanale dûment transmise, génération après génération, explique amplement. Les glaces sont toujours fabriquées sur place et les parfums dénotent une créativité renouvelée, à manière de la spéciale vanille à la truffe blanche d'été ou de la glace au thé à la fleur d'hibiscus.

PÂTISSIER

Maison Naegel

9 rue des Orfèvres - T. 03 88 32 82 86

Cette institution fondée en 1927 nourrit les Strasbourgeois en saveurs sucrées et salées dans un esprit familial et de tradition. Derrière la sobre façade noire aux lettres Art nouveau, on y retrouve outre les pains spéciaux, des pâtisseries originales, dacquoise aux fraises, mendiant aux cerises, et des spécialités salées, la tourte à la viande, ainsi qu'une déclinaison de quiches.

Pains d'Épices Mireille Oster

14 rue des Dentelles - T. 03 88 32 33 34

La célèbre maison de pain d'épices perpétue son savoir-faire depuis 1933, nourrissant cette tradition régionale d'une bonne dose d'exotisme, ramenant du monde entier des parfums qui ont bâti la renommée de leurs produits. On y retrouvera également les barres et des confiseries.

Aux Pralines de Mélanie

33 rue du Fossé des Tanneurs - T. 03 88 32 37 41

Cette élégante boutique du côté du palais Rohan est spécialisée dans la praline, qu'elle décline dans des collections contemporaines et esthétiques. On y apprécie également les belles brioches, les tartes, les cakes et les biscuits.

Pâtisserie Christian

12 rue de l'Outre - T. 03 88 32 04 41

Fondée en 1962, cette illustre pâtisserie strasbourgeoise est encore aujourd'hui l'une des adresses les plus prisées de la préfecture. Transmission des traditions et création se mêlent dans cette magnifique bâtisse du XVIIIe siècle à la façade peinte en trompe-l'œil. La pâtisserie comprend à la fois une boutique, un salon de thé et un laboratoire. On pourra choisir parmi une vaste gamme de produits souvent renouvelée, des petits fours, des ballotins, des tablettes de chocolat, des gâteaux en portion ou entiers. L'enseigne compte également une boutique rue Mercière.

Pâtisserie Kubler

29 avenue des Vosges - T. 03 88 35 22 27

Cette pâtisserie-chocolaterie-glacerie officie dans le quartier de la Neustadt depuis 1950 et perpétue un savoir-faire bien transmis. La belle façade grise annonce une modernité retrouvée dans les lignes épurées de la boutique, qui mise davantage sur une approche contemporaine de l'artisanat que sur une tradition trop structurante. Sur les étals, on appréciera autant les grands classiques du répertoire français que les spécialités de la maison, «Le Kileï», «Le Bahia» ou encore l'«Enora».

Pâtisserie Thierry Mulhaupt

18 rue du Vieux Marché aux Poissons - T. 03 88 23 15 02

Les lignes épurées et les couleurs chaudes de la boutique sont la marque de fabrique de Thierry Mulhaupt, qui se distingue par un sens de l'esthétique présent dans chaque aspect de ses créations. Les pâtisseries et les chocolats sont aussi beaux à voir qu'à manger, les tablettes mettent en avant les meilleurs crus, et des ateliers viennent satisfaire les plus passionnés, qui pourront apprendre les techniques du métier.

TORRÉFACTEUR

Café Bretelles

57 rue de Zurich - T. 03 88 23 20 96

Ce café engagé situé dans la Krutenau est forcément un peu bobo, mais on ne boudera jamais le plaisir d'un bon café torréfié par Mokxa, de petits en-cas salés issus des circuits courts ou encore de pâtisseries de la Maison Christian. Jolie petite déco à la mode avec beaucoup de bois brut, de la pierre et de l'acier.

Cafés Henri

31 rue Hallebardes - T. 03 88 32 85 06

Cette maison familiale fondée en 1949 est aujourd'hui devenue l'une des entreprises de torréfaction les plus réputées du Grand Est, fournissant pas moins de 2000 professionnels. La boutique des origines, au pied de la cathédrale, est toujours là, et l'on peut s'y rendre pour découvrir la vingtaine de grands crus, issus du monde entier, d'Ouganda, de Papouasie-Nouvelle-Guinée, du Pérou ou encore du Cap-Vert. On y trouvera également une bonne soixantaine de thés, ainsi que des infusions et des accessoires de dégustation.

TRAITEUR

Maison Artzner

7 rue de la Mésange - T. 03 88 32 05 00

Cette grande maison historique ouverte il y a plus de deux cents ans est une institution alsacienne, renommée pour son activité de traiteur et d'épicerie fine. Les suggestions sont vastes, avant tout des classiques du répertoire régional, bouchée à la reine, presskopf de homard, pavé de sandre sur choucroute, choucroute royale, baeckeoffe aux trois viandes... L'enseigne propose également des plateaux-repas.

Mavrommatis

8 rue d'Austerlitz - T. 03 90 22 90 76

La célèbre maison Mavrommatis, restaurant grec et épicerie (parmi l'une des plus renommées de Paris), a ouvert une antenne du côté de la Krutenau. On y retrouve toute l'expertise de l'enseigne et les bonnes sélections de produits pour reproduire chez soi un authentique repas hellénique.

AOP, IGP ET AOC DES PRODUITS DU GRAND EST

Bergamotes de Nancy, boudin blanc de Rethel, chaource, choucroute d'Alsace, crème fraîche fluide d'Alsace, emmenthal français est-central, framboise d'Alsace, jambon sec des Ardennes, kirsch d'Alsace, langres, miel d'Alsace, miel de sapin des Vosges, mirabelle d'Alsace, mirabelle de Lorraine, munster, pâtes d'Alsace, quetsche d'Alsace, soumaintrain, volailles de la Champagne, volailles d'Alsace...

Levanthym
DE LA MAGIE DANS VOS PLATS !

Si le nom de la marque créée par Sarah Kanj vous emporte dans un ailleurs secret, ses suggestions vous transporteront. En effet, inspirée par les parfums de son pays d'origine, le Liban, et les savoir-faire traditionnels hérités de sa grand-mère, Sarah propose épices et produits artisanaux telle la mélasse de grenade. Elle utilise les plantes endémiques – tel le sumac et une variété de thym sauvage aux saveurs uniques – séchées et effeuillées manuellement dans son atelier. Sa composition phare, le Zaatar, est aussi incontournable dans les cuisines de chefs renommés que dans la nôtre, celle du quotidien, pour sublimer une marinade de poisson ou de viande, une sauce, une salade, des légumes… Les puristes la dégustent mélangée à un filet d'huile d'olives sur un morceau de pain. Quand on dit magie… **Le + :** Boutique en ligne.

12, quai des Pêcheurs, 67000 STRASBOURG – Tél. : 07-67-22-73-38 – levanthym.fr

Tapas Café
DOUCEURS ANDALOUSES

Grâce à des affinités familiales avec le sud de l'Espagne, David Ruxer et Vincent Do ont repris ce restaurant créé voilà 25 ans à Strasbourg. Des produits frais de saison, du fromage espagnol et de la charcuterie 100 % bellota (petits cochons noirs élevés en liberté en Andalousie) composent des recettes typiques. Des suggestions sont proposées chaque semaine : croquettes de fromage, albondigas (boulettes de viande), pommes de terre sauce aïoli maison et bravas (sauce tomate épicée), tartine andalouse composée d'aïoli, de tomates gratinées au fromage Manchego et jambon Serrano, houmous et gambas (petite création de la maison) ou gambas al pilpil et petits chorizos... On termine sur les incontournables crèmes catalanes et churros, savoureux desserts espagnols. **Le + :** Terrasse ensoleillée dès l'arrivée du printemps.

16, rue du Bain Finkwiller, 67000 STRASBOURG – Tél. : 03-88-24-57-30
www.tapas-cafe-strasbourg.eatbu.com

Le Verdict

RESTAURANT DE SPÉCIALITÉ

Les Strasbourgeois le savent : ici, la spécialité est l'onglet de bœuf à l'échalote au fondant inégalé. En plus des autres délicieuses suggestions de viande et de poisson que le chef décline à l'envi, ils la dégustent dans un cadre idyllique, à proximité du canal. Déco soignée, très belle terrasse, vinothèque*, ambiance jazz… Tous les ingrédients sont réunis pour passer un délicieux moment. Le verdict est sans appel mais, comme de nombreux habitués, appelez tout de même pour réserver !

7, rue Fossé des Treizes, 67000 STRASBOURG – Tél. : 03-90-23-19-10 – Tél. : 06-51-15-04-93
Facebook et Instagram : Le Verdict.

Oma Augusta

AU QUOTIDIEN ET À OFFRIR

La jolie épicerie d'Esther et Matthieu regorge de gourmandises à prix attractifs dont certaines bio qui agrémentent le quotidien : fromages et charcuterie à la coupe ; fruits et légumes ; épices, condiments ; confitures ; farines, riz, pâtes ; conserves de poissons, pâtés ; vins* et softs… Aux produits locaux, s'ajoutent des inédits canadiens ou basques découverts lors de leurs voyages. Ils proposent aussi de délicieux sandwichs, soupes, plateaux ou brunchs à emporter. Le tout accompagné d'un magnifique sens du service.

52, route de Polygone, 67100 STRASBOURG – Tél. : 09-71-37-26-02
www.oma-augusta.com

L'Établi

BIEN ÉTABLI À STRASBOURG

Derrière ce jeu de mots facile, on trouve le sérieux de Pol Tripotin, restaurateur passionné, et d'un chef créatif qui revendique une cuisine authentique, de saison et entièrement faite maison. Risotto au poulpe grillé et clafoutis aux cerises d'Alsace figurent parmi les propositions alléchantes qui s'accompagnent de vins nature, bio ou en biodynamie et des bières artisanales et locales*. Accueillis chaleureusement et dans une ambiance détendue, les clients apprécient aussi la déco au style épuré et les généreuses planches à partager, le soir. *Ouvert du mardi au dimanche, midi et soir.*

8, place d'Austerlitz, 67000 STRASBOURG – Tél. : 03-88-36-82-21
www.etabli-strasbourg.com

*L'ABUS D'ALCOOL EST DANGEREUX POUR LA SANTÉ

SUNDHOUSE 67920

BOUCHER

Boucherie Charcuterie La Fine Fourchette

28 rue Principale - T. 03 88 85 86 19

Fondée par Pierre Siegrist en 1986, puis reprise par ses employés désireux de continuer sur la même ligne qualitative, La Fine Fourchette fait aujourd'hui partie des adresses incontournables. Saucissons, jambon blanc, baeckeoffe, saucisses de viande, de foie, de Lyon, jambon cru, presskopf, et de délicieuses knacks récemment primées à la Foire européenne de Strasbourg.

LES 10 COMMANDEMENTS DE GAULT&MILLAU

1
« Tu ne cuiras pas trop. »

2
« Tu utiliseras des produits frais et de qualité. »

3
« Tu allégeras ta carte. »

4
« Tu ne seras pas systématiquement moderniste. »

5
« Tu rechercheras cependant ce que t'apportent les nouvelles techniques. »

6
« Tu éviteras marinades, faisandages, fermentations, etc. »

7
« Tu élimineras les sauces riches. »

8
« Tu n'ignoreras pas la diététique. »

9
« Tu ne truqueras pas tes présentations. »

10
« Tu seras inventif. »

La Fourchette

LES CUIVRES, LA DOUCEUR ET LE TALENT

Après avoir œuvré pour d'autres, Isabelle Gatschine est aux fourneaux de son propre restaurant au doux décor. Sa signature : les saveurs d'une cuisine de grand-mère revisitée, réalisée maison avec de beaux produits en circuit court. En chef d'orchestre de ses symphonies gourmandes, elle désosse, lève, cisèle, saisit, laisse mijoter ou réduire, déglace, crée jus, sauces et mariages gourmands. Ainsi, vous serez étonnés par ses accords et succomberez toujours ! Le rognon de veau émincé saisi dans sa poêle en fonte avant d'être flambé au cognac* ou encore son cordon bleu pour lequel elle a levé les filets d'une volaille entière, voire son poêlon de spaetzles « Voyageur » sont des gourmandises dont on ne se lasse jamais. Un coup de cœur !

31, rue Principale, 67220 TRIEMBACH-AU-VAL – Tél. : 07-68-22-66-28
la-fourchette-restaurant.eatbu.com

> La découverte d'un mets nouveau fait plus pour le bonheur du genre humain que la découverte d'une étoile.
>
> Jean Anthelme Brillat-Savarin (1755-1826)

*L'ABUS D'ALCOOL EST DANGEREUX POUR LA SANTÉ

UBERACH 67350

BRASSEUR

Brasserie Uberach

5 rue du Cerf - T. 03 88 07 07 77

Depuis 1999, l'établissement reprend le flambeau brassicole de la vallée et fabrique une gamme assez large de bières, qui fait la part belle à la création. Non contente de produire les classiques en blonde, blanche ou ambrée, la maison propose également des bières où les épices et les plantes réinventent le goût du houblon. On pourra notamment découvrir la «Juliette», aux arômes de rose et de gingembre, la «Marie Noëlle», aux arômes de cerise et de framboise, la noire «Jean Balthazar», l'ambrée presque noire «Doigt de Dieu» ou la traditionnelle alsacienne «Ramona». On ne manquera pas non plus de fouiller les rayons des bio et les saisonnières.

VENDENHEIM 67550

BOUCHER

Boucherie Charcuterie Riedinger Balzer

5 avenue du Général Leclerc - T. 03 88 69 40 08

Jacqueline Riedinger-Balzer, présidente de la Fédération des bouchers-charcutiers-traiteurs d'Alsace, montre force détermination pour défendre la profession dans ce qu'elle a de meilleur. Cette maison familiale conserve un esprit d'équipe qui permet à chacun de mieux conseiller les clients. Affichant une prédominance charcutière spécifique à la région et un large assortiment de spécialités issues d'une tradition rhénane, le rayon boucherie reste sous la vigilance de Jacques Riedinger.

VŒLLERDINGEN 67430

ÉPICIER

Les Vergers d'Arlette

9 rue Principale - T. 03 88 00 07 91

À l'entrée du parc régional des Vosges du Nord, Arlette et Gérard Carrier présentent, outre les fruits en vente directe, des vinaigres, des jus, des liqueurs et des eaux-de-vie de fruits issus de l'agriculture biologique. La maison propose également des bières à l'épeautre ou aux fruits. La vente et les visites se font sur rendez-vous.

Carte

Addition moyenne d'un prix à la carte englobant le prix d'une entrée + plat + dessert

WALDHAMBACH 67430

BRASSEUR

Brasserie Blessing

Parc naturel régional des Vosges du Nord - 6 Rue de la Promenade - T. 06 71 26 90 16

Ouverte en 2014, cette brasserie concrétise un retour aux sources initié par Thomas et sa famille, partis de Montpellier sur les traces de leur village natal. Fort d'une expérience de biochimiste, Thomas met à profit ses connaissances afin de réaliser une gamme de bières artisanales travaillée et équilibrée. On pourra découvrir «La Promise», une blonde cuivrée 100% houblons alsaciens, «La Filoute», de type IPA, la blanche «La Rieuse», l'ambrée «L'Insolente», la blonde «L'Enjôleuse» ou encore la bière de Noël «La Ravigote». Chaque premier samedi du mois, en fin de matinée, la brasserie ouvre ses portes au public pour une visite passionnante et instructive.

WEITBRUCH 67500

CAVISTE

La Boutique du Sommelier

9 rue des Messieurs - T. 03 88 72 11 18

Lauréat du concours meilleurs cavistes de France 2016, Philippe Schlick est un vrai passionné qui saura vous conseiller et vous écouter sans chercher à vous vendre un produit coûteux. Il trouvera celui qui vous convient en fonction de votre goût, de votre plat ou de vos habitudes, et ce peut être un vin à moins de 10 euros ! Ouvert de 14h à 19h du mardi au samedi et les vendredis et samedis matin.

Menu(s)

Fourchette de prix mentionnant le menu le moins cher et le menu le plus cher proposant à la fois entrée, plat et dessert sans les boissons, qui n'exclut pas les prix intermédiaires

Au Cerisier
TABLE GOURMANDE

Expatriés 16 ans en Espagne et 8 ans en Indonésie, Muriel et Christian Beaulieu ainsi que leur fils aîné, Guillaume, se sont nourris de délicieux parfums exotiques qu'ils transmettent dans une cuisine bistronomique entièrement confectionnée maison. Grâce aux produits frais locaux qu'ils sélectionnent pour leur belle qualité, ils rédigent une nouvelle carte par saison additionnée de suggestions du marché. Poulpe grillé sur risotto de saint-jacques, pluma ibérique et sa croûte de chorizo ou carpaccio de lotte fumée maison… sont quelques exemples de leurs créations gourmandes qui pourront être sublimées par leur carte des vins* très étoffée. En dessert, tentez une magnifique crème brûlée infusée au combava et sa compotée de mangue. **Le + :** Salle climatisée.

8, rue Birris, 67310 WESTHOFFEN – Tél. : 09-50-62-96-37 – www.au-cerisier.fr

> L'âme du gourmand est toute dans son palais.
>
> Jean-Jacques Rousseau (1712-1778)

La Pépinière L'ÉVASION

Un parc agrémenté d'arbres centenaires, un bâti remarquable doté de plusieurs salles au style design : c'est là que l'inclassable et talentueux Chef Olivier Fuchs vous accueille pour vos événements. Sa cuisine bistronomique inspirée des gastronomies du Monde comble les gourmets. Gourmandise, délicatesse, dressages artistiques, accords mets vins* et service attentionné, La Pépinière est une signature qui transporte !

11, rue de la Pépinière, 67360 WOERTH – Tél. : 03-88-09-30-79
www.restaurantlapepiniere.fr

*L'ABUS D'ALCOOL EST DANGEREUX POUR LA SANTÉ

WINGEN SUR MODER 67290

HÔTEL

Hôtel Villa René Lalique - 5 étoiles

18 rue Bellevue - T. 03 88 71 98 98 - à partir de : 565€

Au cœur du village de Wingen-sur-Moder, l'ancienne demeure de l'artiste René Lalique a été transformée en 2015 en un refuge 5 étoiles qui a su conserver l'authenticité de cette maison familiale, tout en y infusant les codes du luxe contemporain. Confiée aux architectes d'intérieur Lady Tina Green et Pietro Mingarelli, les 6 suites exclusives s'inspirent chacune d'un motif original du maître verrier et recèlent de précieuses pièces de cristal qui décorent cadres de lit, tables de chevet et miroirs. À deux pas, une annexe actuelle signée de l'architecte suisse Mario Botta abrite la grande salle vitrée du restaurant gastronomique, qui invite les hôtes à déguster la cuisine de haut vol du chef autrichien Paul Stradner, tout en admirant les réalisations de René Lalique et le paysage, somptueux, sur le parc arboré. Un lieu à ne pas manquer !

WISSEMBOURG 67160

PÂTISSIER

Pâtisserie Daniel Rebert

7 place du Marché aux Choux - T. 03 88 94 01 66

On accourt jusqu'à 100 km à la ronde pour ses chocolats, fins et délicats, à l'image du «Ceylan», soyeux et enivrant, avec ses parfums de cannelle bâton (et pas en poudre), ou le «Mandarin», une ganache lait acidulée à la pulpe de mandarine et infusion de baie rose. Ses pâtisseries révèlent des tournures classiques (forêt-noire, royal...) ou plus actuelles, comme l'«Émeraude», une mousse allégée au yuzu, mêlée à une gelée au gingembre et citron vert.

WITTISHEIM 67820

BOUTIQUE DE THÉS

Les Jardins de Gaïa

6 rue de l'Ecluse - T. 03 88 85 88 30

La philosophie de cette maison se résume assez facilement : conjuguer qualité, commerce équitable et bio dans une (très) large gamme de thés. Au total, plus de 600 variétés qui s'étirent sur les rayons, depuis les très précieux «first flush» du Darjeeling (les premières récoltes d'Inde de l'année, d'une fraîcheur absolue) au Jade wu long, un thé bleu vert de la région du Hubei, en Chine.

68

HAUT-RHIN

ALTKIRCH 68130

L'Orchidée

15,5/20

33 rue Gilardoni - T. 03 89 88 50 39 - Menu(s) 55-120 €

Le Sundgau, ce n'est pas que carpes frites ou fleischnackas. Au piano de cette ancienne winstub reconvertie, Chatchai Klanklong rebat les cartes, défend une autre culture. Ce chef d'expérience, passé par le Rendez-Vous de Chasse et Philippe Bamas, à Bottmingen, compose une carte de virtuose qui repose sur des bases classiques françaises, mais qui percute les saveurs avec des notes d'Extrême-Orient. Le ton est donné dès «la phase de mise en éveil», c'est le cas de le dire, avec ce Yam traditionnel thaïlandais, ce bonbon de satay ou encore cette feuille de poivrier Lalot garnie de gambas sauvages. Richement aromatisé mais fort bien équilibré, le tartare de veau est une entrée pleine d'allant. La daurade sébaste grillée sur l'écaille est tout simplement admirable : elle est rehaussée par une émulsion de lait de coco au curry rouge et un condiment de piment et de gingembre parfaitement cohérent. Quant au pigeonneau des Vosges cuit sur le coffre et accompagné d'un amusant cromesquis de foie et de cuisse, c'est un classique, mais il est revisité ici par un jus de viande corsé au tamarin et un condiment fruits rouges à la citronnelle. La qualité des desserts a désormais rattrapé celle des plats avec le chocolat Li Chu grand cru crémeux marié à de la myrtille sauvage, du gingembre et de la verveine du jardin : un modèle de dessert très fin et très précis, gourmand, riche en saveurs subtiles. Chatchai Klanklong, c'est l'art de sublimer les épices, les aromates et les condiments dans une expression cohérente. Une formidable cuisine d'auteur, inspirée, libre, qui a fait un bond impressionnant. Jamais Altkirch n'a connu pareille table. Notre révélation de l'année dans le Haut-Rhin.

AMMERSCHWIHR 68770

Restaurant Julien Binz

15,5/20

CHEF : JULIEN BINZ

7 rue des Cigognes - T. 03 89 22 98 23 - Carte 97 € - Menu(s) 95-115 €

La route des vins foisonne de belles adresses gourmandes. Celle de Sandrine et Julien Binz est dans le peloton des adresses les plus homogènes. Ce couple cultivé s'inspire de ses voyages, n'hésite pas à rendre visite aux confrères, réfléchit aux moindres détails qui transforment chaque repas en vraie fête. À elle, la mise en scène néobaroque cousue or, les arts de la table et même le design des robes du personnel. À lui, le renouveau de la cuisine alsacienne. Ce chef curieux, passé par Philippe Gaertner et Marc Haeberlin, délivre une cuisine éclectique qui mise sur les petits producteurs. Il revisite le terroir avec cette poêlée d'escargots gros-gris «Pré aux Colimaçons», dont la saveur d'ail donne beaucoup d'allant. Le style s'ouvre ensuite sur d'autres horizons avec ce panaché de poissons d'eau douce travaillé en bouillabaisse alsacienne où les produits sont bien mis en valeur par la gourmandise de la sauce. Le chef s'amuse dans le jeu terre-mer avec le filet de bœuf cuit au barbecue, associé au caviar osciètre, et transcendé par un friand sabayon fumé. Les assiettes sont à l'image de la maison : des idées, des produits, une technique à l'unisson. Jamais les sauces ne sont négligées ; au contraire, elles parviennent à magnifier chaque plat. Le dessert rhubarbe-fraise et sureau, certes frais, nous a semblé un rien roboratif avec son disque sablé imposant. La cave de collectionneur, qui s'étoffe d'année en année, accorde une attention privilégiée aux vins d'Alsace et aux vins nature. Dans cette salle de charme dominée par la reproduction de «La Fontaine d'amour» de Fragonard, on goûte le décor et la cuisine, mais aussi la bonne humeur que répand François Lhermitte, maître d'hôtel-sommelier d'expérience et plein de verve.

Menu(s)

Fourchette de prix mentionnant le menu le moins cher et le menu le plus cher proposant à la fois entrée, plat et dessert sans les boissons, qui n'exclut pas les prix intermédiaires

L'auberge du Cheval Blanc

CUISINE TRADITIONNELLE ET PRODUITS LOCAUX

Restaurant familial depuis trois générations, L'Auberge du Cheval Blanc propose une cuisine traditionnelle dans un ancien corps de ferme. Sylvie et Cyril Weiss ont pris le relais de leurs parents et grands-parents, pour proposer des plats alsaciens. La sœur et le frère travaillent beaucoup en circuit court, à partir de produits locaux. Les fruits et légumes sont produits par un paysan du village voisin, les poissons proviennent de piscicultures locales… Au-delà de la garantie de fraîcheur, c'est toute une philosophie pour Sylvie et Cyril !

380, avenue d'Altkirch, 68350 BRUNSTATT-DIDENHEIM
Tél. : 03-89-06-16-44 – www.chevalblancbrunstatt.com

À l'auberge LE PLAISIR FAIT MAISON

Paul, le patron, et son chef, Laurent, revendiquent une cuisine de terroir 100% « fait maison », pour le bonheur de leurs fidèles clients. Au cœur du village, l'établissement créé par Simone (la mère de Paul) est réputé pour ses mets traditionnels, notamment ses fameux rognons, *« les meilleurs de l'Est de la France »*, dit-on par ici. *Ouvert du mercredi au samedi, midi et soir, et le dimanche midi.* **Les + :** Privatisation possible. Accessibilité PMR.

4 A, rue Louis Werner, 68210 BERNWILLER
Tél. : 03-89-70-14-63

> De toutes les passions, la seule vraiment respectable me paraît être la gourmandise.
>
> Guy de Maupassant (1850-1893)

Giogusto
DÉLICIEUSE ITALIE

Pour faire honneur à la gastronomie de ses origines, Giovanni Corbelli a créé Giogusto, un concept qui associe épicerie fine italienne, traiteur et restauration, sur place ou à emporter.
Ainsi, dans son établissement au style épuré, vous découvrirez les produits en provenance directe de la Botte : charcuterie et fromages affinés 24 mois, vins*, pâtes sèches haut de gamme, huiles d'olive inimitables, biscuits calabrais, cafés…
Octroyez-vous une pause pour déguster les pizzas réalisées dans les règles de l'art, les arancini ou les plats du jour comme les lasagnes et les ravioles ! En dessert, le tiramisu, la panna cotta ou la *crema di caffè*.
Par ailleurs, Giogusto accompagne vos anniversaires ou cocktails entre amis avec des plateaux, composés de merveilleuses saveurs. Aussi bons que beaux.

Pont d'Aspach, 68520 BURNHAUPT-LE-HAUT
Tél. : 09-54-92-92-91 – www.giogusto.fr

Chez Claudia et Thiébaut
BOULANGERIE ET PÂTISSERIE

Dans cette boulangerie-pâtisserie, non seulement tout est fait maison, mais les pains sont au levain naturel et vous en trouverez même aux céréales anciennes ! Ainsi le pain au blé khorasan trouve sa place à côté du petit épeautre, du pain scandinave et du pain complet inversé au levain qui se conserve longtemps. Pour Claudia et Thiébaut, il importe de proposer des pains de bonne qualité nutritionnelle et, bien sûr, artisanaux. Les pâtisseries aussi sont faites maison avec du lait fermier local. Leur pâté en croûte est particulièrement apprécié, tout comme la brioche et le kougelhopf. Et parce que le jeune couple adore créer, vous pourrez également trouver quelques originalités, toujours artisanales.

5, rue du Cordonnier, 68530 BUHL – Tél. : 03-89-81-85-57
Facebook : Boulangerie chez Claudia et Thiébaut
Instagram : chez_claudia_et_thiebaut_boul

*L'ABUS D'ALCOOL EST DANGEREUX POUR LA SANTÉ

COLMAR 68000

JY'S

16,5/20

CHEF : JEAN-YVES SCHILLINGER

3 allée du Champ de Mars - T. 03 89 21 53 60 - Menu(s) 72-204 €

Il y a deux ans, Kathia et Jean-Yves Schillinger ont quitté l'agitation touristique de la Petite Venise pour s'installer dans le tout nouvel hôtel design niché au calme du Champ de Mars. Dans cet écrin exclusif, au décor signé Olivier Gagnère, avec ses patios ornés de boules de verre et de plantes grimpantes, la magie opère et chaque repas est une vraie fête. Voilà vingt ans que les Schillinger sont revenus de leur expérience new yorkaise et la cuisine de retour de voyage, aux notes fusion de Jean-Yves, demeure intacte. L'expérience peut être différente selon la formule choisie : si on opte pour un repas à la carte, on bénéficie d'une assiette principale entourée d'assiettes satellites avec un réel travail de composition tandis que dans le menu-dégustation à rallonge, ce sont au minimum six plats uniques et plus minimalistes qui s'enchaînent. Cette année nous avons succombé au menu-dégustation à six plats (147€), qui comprend un poireau-vinaigrette, revisité avec jus de pomme-céleri à la mode et joliment décoré d'une audacieuse sauce kimizu, même si le légume nous a semblé assez quelconque. Nous avons préféré la langoustine à peine cuite, avec une vinaigrette à la carotte et aux épices bien dosées. Les calamars juste snackés sur un espuma au wasabi, servis avec une sauce thaï fort goûteuse, plaisent même s'il est difficile de couper le calamar dans un bol. Quant à la sériole, à peine snackée en tataki, son accompagnement pomme-mangue-papaye, souligné par une émulsion de concombre au ponzu, est plein de fraîcheur végétale. La coupe longitudinale de la canette de Barbarie confère à ce plat beaucoup de classe tandis que le gel au caramel de yuzu lui donne vraiment du peps. Tout cela s'arrose d'une très belle sélection de vins au verre conseillée par un sommelier plein de verve. On conclut avec un millefeuille entièrement réalisé à la main, modèle de légèreté, tandis que les noisettes torréfiées, le caramel onctueux à l'ail noir et la sauce au café fort viennent se confronter à la vanille. En bouquet final de cette fête, on nous offre de jolies pâtisseries présentées sur un chariot bien fourni et bien expliqué. Le point fort de cette scène, ouverte par des baies vitrées sur la fontaine de Bruat, réside dans le ballet de l'une des meilleures brigades de salle d'Alsace, supervisée par la maîtresse de maison, Kathia Schillinger.

L'Atelier du Peintre

15/20

CHEF : LOÏC LEFEBVRE

1 rue Schongauer - T. 03 89 29 51 57 - Carte 87 € - Menu(s) 45-120 €

Notamment passé chez Jacques Chibois, à Grasse, et les frères Pourcel, à Montpellier, Loïc Lefèbvre n'est ni un inconnu ni un novice qui a, par son expérience et ses talents, su s'imposer à Colmar depuis plus d'une dizaine d'années. Tenue avec sa compagne Caroline Cordier, cette table gastronomique du centre-ville est un incontournable, une maison à l'intérieur étudié, feutré et contemporain, tout en blanc et panneaux rembourrés, d'une très belle élégance. Le chef y produit une cuisine personnelle et graphique, qui révèle d'elle-même son passage méditerranéen, au détour de billes de butternut et chèvre, caramel calamondin et bouillon, un pavé de maigre et tartare de crevettes, jus de bouillabaisse, fregola sarda en risotto, une pavlova ananas citron vert sésame grillé et sorbet shiso. Cave bien équipée.

À l'Échevin

14/20

4-6 place des Six Montagnes Noires - T. 03 89 41 60 32 - Menu(s) 50-110 €

Institution alsacienne, cet hôtel 4 étoiles installé dans une maison du XVIe siècle et tenu par la famille Bomo depuis plus de quarante ans est une référence incontournable. Splendide demeure alsacienne dont la salle offre un moment quasiment les pieds dans l'eau au bord de la Lauch, elle accueille depuis peu le jeune chef Paul Fabuel, ancien d'«Objectif Top Chef». Ce dernier mise sur une cuisine en cohérence avec le charme des lieux, des assiettes élégantes et plutôt bourgeoises, qui associent l'Alsace et la France avec un bel équilibre, et des beaux produits tout du long. La formule à 50 € en 4 plats est franchement une bonne affaire, avec le foie gras autour du citron, le beau millefeuille de pintade et morilles, gnocchi à l'ail noir, la formidable déclinaison à la poire pour terminer. Très belle cave de plus de 200 références, surtout en Alsace. Service impeccable.

Bord'Eau

14/20

17 rue de la Poissonnerie - T. 03 89 21 53 60 - Menu(s) 47-57 €

Au bord de la Lauch, la façade en trompe-l'œil de cette maison alsacienne intrigue et invite à pousser la porte, des ornements peints comme un décor de théâtre, comme pour rappeler que la cuisine est aussi un art de la mise en scène. C'est très clairement le cas pour celle de Benoît David, qui, sous l'égide de Jean-Yves Schillinger, élabore des assiettes qui se mangent d'abord avec les yeux. Les recettes convoquent un tour du monde, des gambas aux moules et légumes thaï, crémeux safrané au lait de coco, un omble chevalier, jeunes poireaux, gnocchi, carottes au gingembre et lard, une selle d'agneau au romarin, lentilles à la moutarde de Meaux et fenouil confit, un citron en texture, crumble huile d'olive et cake yaourt sorbet citron et basilic. Menu-carte à 53 €.

Brasserie Historique - La Maison des Têtes

13,5/20

19 rue des Têtes - T. 03 89 24 43 43 - Menu(s) 21-25 €

Brasserie de la Maison des Têtes, hôtel 5 étoiles, c'est l'occasion de redécouvrir les grands classiques de la cuisine alsacienne tout en profitant du cadre absolument unique de cette luxueuse bâtisse du XVIIe siècle, et des bons conseils du chef Éric Girardin, 3 toques au restaurant gastronomique de l'hôtel. Dans ce splendide cadre régional et d'époque, avec bois sculpté, authentique poêle à bois en faïence et mise en table bourgeoise, on pourra ainsi réapprendre les traditions locales, un splendide pâté en croûte avec une petite salade, une énorme choucroute huit viandes, aussi exemplaire que démesurée, réservée aux plus affamés d'entre nous. La très belle cave alsacienne est tout à fait conseillée.

Maison Rouge

13/20

9 rue des Ecoles - T. 03 89 23 53 22 - Carte 66 €

La jolie maison rouge et fer forgé de Jean Kuentz, alias «Petit Jean», s'est imposée comme l'une des plus prometteuses de la ville. Depuis son retour en Alsace, le chef prouve sa belle technique (il a fait ses armes chez Jean-François Piège), défend des idées inspirées de la tradition qu'il met très élégamment en scène, a mis en place une expérience professionnelle et exemplaire. La carte aligne les beaux classiques, le pâté en croûte foie gras et volaille, le risotto safrané aux coquillages et asperges blanches, le jarret de veau 72 heures et truffe noire, pommes de terre en purée, les profiteroles pistache, marmelade d'orange et sauce chocolat. Cave bien pourvue.

Quai 21

13/20

21 quai de la Poissonnerie - T. 03 89 58 58 58 - Carte 61 € - Menu(s) 28-53 €

On retrouve Frédéric Tagliani au bord de la Lauch, juste en face du marché central, pour une cuisine semi-gastronomique, dans un cadre élégant en pierre brut, bois et bleu nuit. Le chef, notamment passé chez Marc Haeberlin, Olivier Nasti et Jean-Yves Schillinger, prouve une vraie technique et un bel amour du produit, décliné dans des compositions jouant sur les textures et les équilibres, des lanières de thon rouge mi-cuites au sésame, fenouil, pommes vertes et crabe, caramel de crustacés, une aile de raie, mousseline de pommes de terre, ail noir et parmesan, un filet d'agneau, pâte de citron confit, fromage blanc et écrasé de pommes de terre, un cylindre chocolat, framboise et crémeux thé matcha. Bonne sélection de vins, notamment en Alsace avec du domaine Ginglinger ou encore Albert Mann.

Les Racines

11,5/20

20B rue d'Alspach - T. 03 89 41 09 01 - Menu(s) 36 €

Légèrement excentrées du centre-ville, ces Racines sont bien accrochées à leur ville, se sont assurées un cercle de fidèles et des bonnes années. La maison est sage, assez constante dans son entreprise, avec des assiettes bistronomique bien dressées. À partir de 36 €, croquette de boudin, choucroute et pommes, omble chevalier, chou farci, carottes et champignons, onglet de bœuf et jus à l'estragon, une torche aux marrons. Belle sélection de spiritueux.

Restaurant L'Incontournable

11,5/20

23 rue d'Alspach - T. 03 89 23 45 57 - Carte 49 €

Au bout de la tranquille rue d'Aspach, Xavier Koenig commence à bien trouver son tempo et sa cuisine se fait chaque jour intéressante et nette. Du produit local bien sûr, mais aussi du poisson et tout ce qui est de qualité pour une cuisine de chef :

foie gras aux épices et pêche confite à la marjolaine, lotte cuite en feuille de figuier blette confite au curry jus aux figues, agneau en trois cuissons pressé de légumes d'été jus corsé au romarin. La carte change tous les quinze jours, les desserts sont aussi inventifs (poivron confit au shiso fromage blanc sorbet poivron framboise) et la cave progresse.

Aux Trois Poissons

11,5/20

15 quai de la Poissonnerie - T. 03 89 41 25 21 - Menu(s) 30-67 €

La jolie maison à colombage installée au coin d'un quai de la Petite Venise propose une cuisine marine dans un cadre plutôt chic et traditionnel. L'institution ouverte en 1965 associe recettes d'aujourd'hui et d'hier dans trois menus bien calibrés, à 30, 47 et 67 €, où l'on pourra naviguer entre baeckeoffe aux trois poissons, tataki de thon, choucroute et sandre rôti, quasi de veau et mousseline butternut, soupe de quetsches. Cave principalement alsacienne.

Restaurant du Marché

11/20

20 place de la Cathédrale - T. 03 89 41 58 20 - Menu(s) 28,50 €

Sous les arcades d'une jolie maison de ville du vieux Colmar, cette table de marché est tout indiquée pour une pause traditionnelle sur le circuit touristique. Avec son charme bien gardé, un peu paysan avec son petit mobilier, son lustre et ses fleurs, l'ambiance est à la nostalgie d'une authenticité alsacienne, redéployé dans l'assiette avec le foie gras de canard maison, la choucroute, le baeckeoffe aux trois viandes, les filets de pigeonneaux garnis et sauce pinot noir, le précieux chocolat et coulis fruits rouges. Cave régionale.

L'Épicurien

11/20

11 rue Wickram - T. 03 89 41 14 50 - Menu(s) 19-40 €

Caviste, bar à vin et aussi table bistronomique qui n'hésite pas à aller chercher les beaux produits pour un moment vraiment bon vivant. Les idées sont assez bonnes, des classiques bien réalisés qui sauront attirer le gourmand, un œuf en meurette, une verrine d'œufs de truite de chez Petrossian, un filet de veau et gambas de Patagonie, légumes rôtis, purée de patates douces, jus de veau et homard parfumé à l'angostura... La cave est remarquable, une bonne sélection en Alsace et sur toute la France avec quelques grands noms de la vigne (Romanée-Conti, Jean-Louis Chave, Jamet, La Grange des Pères, Mas Jullien, Yquem...).

Winstub de la Petite Venise

10,5/20

4 rue de la Poissonnerie - T. 03 89 41 72 59

Cette typique maison alsacienne est l'occasion idéale pour redécouvrir les traditions régionales, dans un cadre à l'ancienne, convivial et touristique. Sous les poutres en bois, les recettes du pays sont dans leur élément, une salade au munster, un bibeleskaes, choucroute, fleischkiechle, jambonneau braisé au raifort, kougelhopf glacé...

L'Arpège

10/20

24 rue des Marchands - T. 03 89 24 29 64 - Menu(s) 18-24 €

Au fond d'une cour, ce joli jardin décoré façon brocante accueille une cuisine actuelle et nature, consciente des enjeux éthiques et rattachée au mouvement slow food. Les assiettes expriment des idées dans la bonne mode, une bistronomie française bien représentée, un gravlax d'omble chevalier, gel de thé fumé et crème au raifort, un dos de cabillaud, endives et oranges braisées, crumble sarrasin, une jambonnette de pigeon en crépine, mousseline de pommes de terre et parmesan, un marronnier au cassis. Menus à partir de 18 €.

Bistrot des Lavandières

10/20

12 rue Saint-Jean - T. 03 89 24 19 22 - Menu(s) 29,90-34,90 €

Idéalement situé sur une place typique du vieux Colmar, l'établissement avec terrasse se fait l'escale toute désignée pour les touristes en balade. La grande maison alsacienne fait dans le classique traditionnel, d'ici comme d'ailleurs, avec quelques standards locaux (munster pané à la bière bio, choucroute, glace framboise de Colmar) et des recettes plus universelles : œuf mayo, escargots au beurre persillé, magret de canard sauce à l'orange, crème brûlée...

La Cocotte de Grand-Mère

10/20

14 place de l'Ecole - T. 03 89 23 32 49 - Menu(s) 18,90 €

À deux pas du musée Bartholdi, cette table de marché défend une double formule gagnante, avec une cuisine de bistrot à l'ardoise le midi, tandis que la carte du soir relève un peu le niveau avec des idées plus travaillées. Les compositions modernes tranchent avec les classiques du tourisme local, des idées moins régionales et davantage personnelles, à la façon d'un tartare de truite, citron vert et aneth, des saint-jacques poêlées et risotto au safran d'Alsace, un lapin en trois façons, un fondant au chocolat. Prix abordables.

Au Cygne

10/20

15 rue Edouard Richard - T. 03 89 23 76 26 - Menu(s) 15,50-29,50 €

À l'écart des quartiers touristiques, la winstub se réserve ainsi pour ceux qui la connaissent bien, des locaux principalement, qui s'y retrouvent pour célébrer les classiques du registre alsacien. Tout y est, les nappes vichy, le bois et la bonne humeur, un jardin d'été pour les beaux jours, et évidemment des assiettes généreuses et de tradition : presskopf, bouchée à la reine, bibeleskaes, lawerknaepfle, tarte flambée... Desserts classiques.

Enopasta Bradi

10/20

8 rue Étroite - T. 03 89 29 68 44

Une bonne référence en ville pour les plaisirs d'Italie, qui se déclinent en épicerie ou à la table d'hôte, sur place ou à emporter. Les produits traiteur sont ainsi proposés à l'assiette suivant les semaines, une mozzarella, une salade de poulpe, des raviolis au saumon citron et aneth, des linguine aux fruits de mer, un médaillon de râble de lapin et galette de pommes de terre à l'ail des ours.

Le Fer Rouge

10/20

52 Grand Rue - T. 03 89 20 80 69 - Carte 12 € - Menu(s) 16,90 €

Maison alsacienne par excellence, ce sont tout d'abord ses splendides encorbellements et ses colombages qui attirent le regard, image d'Épinal d'une région de traditions et d'histoire. La maison surfe à fond sur ce charme romantique, qui se poursuit dans l'assiette avec les grands classiques du répertoire local : pâté en croûte, entrecôte veau et spaëtzles, choucroute aux trois poissons... Service aimable.

Jadis et Gourmande

10/20

8 pl du Marché-aux-Fruits - T. 03 89 41 73 76

Ouvert toute la journée, cet adorable salon de thé est un concentré de charmes alsacien, avec son architecture typique, son intérieur tout en bois et conservé dans un style d'époque, ses bons plaisirs de tradition. La maison fait dans l'efficace, des assiettes pour combler sa faim dans le plus pur esprit local : tourte maison, bouchée à la reine, lawerknaepfle, sandre sur choucroute, tartes flambées, strudel aux pommes... Et bien sûr des vins régionaux.

Le Petit Bidon

10/20

14 rue Étroite - T. 03 89 24 97 93 - Carte 15 € - Menu(s) 32-43 €

Un petit bistrot d'aujourd'hui pour changer des classiques régionaux, où l'on retrouvera des idées actuelles, bien réalisées, qui complètent à merveille le bar à vin originel. Dans une carte régulièrement renouvelée, on pourra ainsi y croiser la fricassée de champignons, œuf parfait et dés de tomme, un retour de pêche aux carottes aux oignons, sauce carotte blanche au safran, un secreto de cochon ibérique et pesto d'ail des ours, une crème soufflée au fromage blanc et purée d'azukis. La cave compte environ 200 références, sur toute la France, avec une bonne dominante d'Alsace.

La Soï

10/20

17 rue des Marchands

Dans le vieux Colmar, cette maison discrète s'est inventée comme le royaume de la tarte flambée, qu'elle décline à toutes les sauces. La formule est simple et l'affluence prouve qu'elle fonctionne, pour son efficacité et ses prix attractifs. Au menu, tarte flambée traditionnelle, au munster, au poivre du Sichuan, à l'ail des ours, à la tomme aux truffes, aux pommes, à la myrtille...

Le Théâtre

10/20

1 rue des Bains - T. 03 89 29 29 29 - Carte 15 €

Brasserie appréciée pour son intérieur élégant et sa carte efficace, qui attire les Colmariens pour un moment entre amis. Cadre de briques rouges et de rideaux rouges pour le thème, et une formule unique qui ne rate jamais sa cible, une pièce du boucher et frites, invariablement, qu'on pourra compléter d'un dessert au choix, moelleux au chocolat, crème brûlée, baba au rhum ou entremet trois chocolats. Côté boisson, on trouvera de la Meteor et des pichets de vin.

L'Un des Sens

10/20

18 rue Berthe Molly - T. 03 89 24 04 37

Ce bar à vins situé non loin du parc du Champ de Mars est un incontournable en ville, pour sa bonne humeur, sa jolie terrasse, et ses bonnes assiettes à partager. Véritable lieu de convivialité, les Colmariens s'y retrouvent pour des idées simples et efficaces, inspirées des traditions locales, des charcuteries et des fromages locaux, une terrine de gibier, une tarte à l'oignon, une tourte de viande... Bonne sélection en cave.

Wistub Brenner

10/20

1 rue de Turenne - T. 03 89 41 42 33 - Menu(s) 30,90-35,90 €

Cette winstub restitue toute l'essence de l'Alsace, avec sa jolie maison à colombages, sa terrasse idéale les beaux jours, et sa cuisine de tradition qui ravira les touristes et les amateurs de régionalisme. La carte de Daniel Queille est bien complète, avec la tarte à l'oignon, la salade au munster, le bibeleskaes, l'incontournable choucroute, le jarret de porc braisé, sauce pinot noir et spaëtzles. Cave principalement alsacienne avec quelques propositions en bordeaux, bourgogne et côtes-du-rhône.

HÔTEL

L'Esquisse Hôtel & Spa - MGallery - 5 étoiles

2 avenue de la Marne - T. 03 67 68 20 00 - à partir de : 195€

À la lisière du parc du Champ-de-Mars, cette adresse, inaugurée en 2021, s'impose déjà comme l'une des haltes incontournables d'un séjour à Colmar. L'architecture, résolument contemporaine, rend hommage au sculpteur natif de la ville Auguste Bartholdi, auteur de la statue de la Liberté. On est tout d'abord bluffé par la somptueuse façade en métal du bâtiment, dont le camaïeu de verts fait écho aux feuillages du parc. Le meilleur reste à venir avec la sculpture de cuivre ondulée qui abrite la réception et rappelle le bas de la statue new-yorkaise ou l'impressionnant masque à l'effigie de son visage qui surplombe l'espace. Le lieu propose 62 chambres et suites (ainsi que 2 appartements aux allures de penthouse) à la décoration tout en fluidité. Un goût pour l'épure qui se retrouve également dans le K Bar, la salle du restaurant JY'S ou le spa griffé Clarins de 500 m^2 avec sauna, hammam, cabines de soin et piscine. Membre de la collection MGallery, l'un des plus beaux hôtels d'Alsace.

La Maison des Têtes - 5 étoiles

19 rue des Têtes - T. 03 89 24 43 43 - à partir de : 195€

L'une des adresses les plus emblématiques de la ville, et l'une des plus séduisantes. Proche du musée Unterlinden (qui abrite le fameux retable d'Issenheim), La Maison des Têtes, construite au début du XVIIe siècle, doit son nom à la profusion de sculptures qui décorent aujourd'hui encore sa façade. Désormais transformée en hôtel, cette adresse vaut notamment par sa façon singulière de mêler esthétique contemporaine et héritage alsacien, ce qui lui donne tout son caractère. La preuve avec ses 21 chambres aux murs blancs pour mettre en lumière les boiseries ou encore la confrontation des atmosphères, celle de la Brasserie Historique, avec ses alcôves de bois et ses vitraux, et celle du Restaurant Girardin, nichée dans un écrin immaculé, avec une alcôve, cette fois en tissu, qui prend des allures avant-gardistes. Membre Relais & Châteaux, une adresse qui vaut également par sa très belle cour intérieure, où l'on s'attable dès les premiers rayons du soleil.

CAVISTE

La Sommelière

19 Place de la Cathédrale - T. 03 89 41 20 38

Ouverte depuis 1990, la cave de Marie et Stéphane Jungblut, liée au domaine Marc Tempé, s'est spécialisée dans les vins bio, qu'on retrouve dans une jolie sélection de près de 600 références. Si les vins d'Alsace sont évidemment les mieux représentés, les autres régions ne sont pas ignorées. Une cave de près de 400 spiritueux est également à disposition.

GLACIER

Glaces Alsa

5 rue Thann - T. 03 89 41 38 87

Référence incontournable des Colmariens, cette maison ouverte il y a plus d'un siècle propose plus de 100 parfums de sorbets et glaces, mais également des créations originales, vacherins, entremets, pièces montées, idéales pour les événements.

PÂTISSIER

L'Atelier de Yann

10 place de la Cathédrale - T. 03 89 20 01 00

Avec sa vue imprenable sur la collégiale Saint-Martin, le salon de thé de L'Atelier et sa terrasse offrent un cadre idéal pour une pause tout au long de la journée. La maison de Yann est un lieu contemporain et épuré, avec parquet, où les créations du maître pâtissier, présentées sur un bel étalage qui semble léviter, donnent toutes envie, les classiques comme les originales, d'une esthétique recherchée. L'établissement propose également des cours, pour les adultes et les enfants.

Charles Schmitt

30 avenue de la République - T. 03 89 41 23 29

La belle entreprise familiale de Charles Schmitt existe depuis maintenant plus de trente-cinq ans et s'est imposée à Metz comme une institution emblématique. À la fois boulangerie, pâtisserie, chocolaterie et traiteur, l'élégant espace aux lignes contemporaines permet de déguster, sur place ou à emporter, des pâtisseries originales et des plats chauds ou froids.

Lorber

44 Grand Rue - T. 03 89 41 04 39

Avec sa charmante devanture en bois moulu et verni, cette pâtisserie du vieux centre affiche un style élégant et classique, en phase avec le service et les propositions de la maison, qui mettent en avant les traditions locales. On conseillera évidemment le kougelhopf et la linzer torte.

AOP, IGP ET AOC DES PRODUITS DU GRAND EST

Bergamotes de Nancy, boudin blanc de Rethel, chaource, choucroute d'Alsace, crème fraîche fluide d'Alsace, emmenthal français est-central, framboise d'Alsace, jambon sec des Ardennes, kirsch d'Alsace, langres, miel d'Alsace, miel de sapin des Vosges, mirabelle d'Alsace, mirabelle de Lorraine, munster, pâtes d'Alsace, quetsche d'Alsace, soumaintrain, volailles de la Champagne, volailles d'Alsace...

COMMUNIQUÉ

L'un des sens
CAVE À MANGER ET À BOIRE

Lieu atypique, endroit intimiste… Cette cave à manger et à boire valorise le terroir alsacien avec des propositions issues de petits producteurs. Dans sa cave, pas moins de 500 vins, tous naturels, bio ou en biodynamie, qu'une sommelière a sélectionnés pour vous. À sa table, on découvre des mets empreints de convivialité, faisant rimer qualité et simplicité, comme Le petit bonheur fondu, réhaussé d'herbes et de miel, ou encore l'œuf cocotte et sa garniture de saison. Le tout servi avec attention et décontraction. N'oubliez pas de passer par l'épicerie et de faire votre choix parmi les bocaux, escargots, cafés, gressins… bons et locaux, bien sûr !
Dès les beaux jours, vous adorerez déguster un gin* tonic, spécialité de la maison, sur la terrasse au calme, en plein centre du vieux Colmar. *Ouvert du mardi au samedi de 17h à 22h30.*

18, rue Berthe Molly, 68000 COLMAR – Tél. : 03-89-24-04-37
www.lun-des-sens.alsace

Pumodoro Bottega
LE MEILLEUR DE L'ITALIE

C'est en hommage à sa famille des Pouilles qu'Anthony Borracino a créé ce concept-store qui réunit une épicerie, un espace de restauration ainsi qu'un service traiteur. Fidèle à ses valeurs, Anthony ne fait appel qu'à de petits producteurs, et s'inscrit dans une démarche slowfood, respectueuse de l'environnement, des Hommes et du bien-être animal. Pumodoro Bottega regorge de trésors véritables, tels que le jambon de Parme, le parmigiano issu de vaches rouges, les pâtes tréfilées au bronze, le vinaigre balsamique de Modène, et autres tiramisu, cicchetti et vins* gouleyants ! Le voyage est au rendez-vous grâce aux plats cuisinés, réalisés maison, proposés sur place ou à emporter.

6, boulevard du Champ-de-Mars, 68000 COLMAR – Tél. : 03-89-29-89-11
16, Grand Rue, 68750 BERGHEIM – Tél. : 03-89-71-91-09
17, rue de la 1ère Armée, 68800 THANN – Tél. : 03-89-82-16-40
www.pumodoro.fr

COMMUNIQUÉ

Au temps d'un verre

UN SOUFFLE DE LIBERTÉ

Comme les fidèles clients de ce bar à vin* au décor actuel, sis dans une bâtisse du XVIIe siècle, nous avons aimé nous laisser porter par l'aventure originale de Romuald Berthet, trait d'union entre les vignerons et vous. Il vous invite à découvrir des vins de l'Hexagone et d'ailleurs, tout en dégustant des suggestions végétariennes, de poissons et crustacés, de fromages, de charcuterie de grande qualité avec même, une proposition sucrée. Découvrez son univers enchanteur avec sa formule Liberté de vins au verre !

36, rue Vauban, 68000 COLMAR – Tél. : 03-68-61-02-17
Facebook : AuTempsdunVerre

Les six montagnes

UN VRAI BONHEUR

Ce restaurant est un univers d'élégance actuelle, cocooning et nature, conçu comme un jardin d'hiver, où le chef, Fung VU crée, pour vous, un voyage culinaire. Sa cuisine marie le raffinement et la gourmandise, la tradition et la modernité, les saveurs alsaciennes et celles du monde. Vous succomberez à ses plats de saison tels les couteaux, l'onglet au chimichurri ou encore son merveilleux pluma ibérique façon Tigre qui pleurt ! Pour conclure : le baba au rhum* ! La carte des vins, dont certains en bio, est en accord.

1, rue Landeck, 68000 COLMAR – Tél. : 03-68-61-13-70
www.les-six-montagnes.com

Le Flamm's

L'ADRESSE DES LOCAUX

Parce que les locaux ont fait de ce restaurant spécialisé dans les plats traditionnels alsaciens leur adresse préférée, vous êtes ici certain de déguster les véritables saveurs du pays. En effet, Brigitte, dans la restauration depuis toujours, magnifie les recettes de son défunt époux : bouchée à la reine, flammekueche, jarret au munster, choucroute, carpe frites… À accompagner de bons crus* des alentours. Et parce que les groupes et les enfants sont adorablement accueillis, on en fait son restaurant de famille.

4, rue des Serruriers, 68000 COLMAR
Tél. : 03-89-41-56-85

EGUISHEIM 68420

BOULANGER

Boulangerie-Pâtisserie Marx

39 Grand Rue - T. 03 89 41 32 56

Franck Roesch est à la tête de cette jolie boulangerie dans laquelle sont proposées un bon nombre de spécialités alsaciennes, délicieusement exécutées. On y trouve notamment une savoureuse tarte de Linz, des bretzels, mais également les fameux biscuits de Noël à la cannelle ou à l'anis, disponible toute l'année.

ENSISHEIM 68190

BOULANGER

Boulangerie-pâtisserie Walter

46 rue de la 1ère Armée Française - T. 03 89 26 41 20

Dans le centre-ville d'Ensisheim, vous ne manquerez pas la boulangerie à la façade rose où travaille Bianca Martins. Les pains et viennoiseries, ce n'est pas son affaire, mais la gamme traditionnelle s'est toutefois enrichie de pains sans gluten. Côté pâtisseries, Bianca, primée pour sa charlotte mangue-vanille, a plus d'un tour dans son sac. Les formes sont modernisées, mais les parfums restent dans la lignée classique, chocolat, fruits, éclairs, millefeuilles...

BRASSEUR

Brasseries Ensisheim - La Passerelle

Parc d'Activité - La Passerelle - T. 03 67 26 01 94

Véritable machine à produire, la maison se compose de trois activités distinctes : Les Brasseries de l'Ill, qui tient une fonction de grossiste, la microbrasserie La Passerelle, qui fabrique les bières, et le restaurant La Flamme, qui, outre sa cuisine alsacienne traditionnelle, propose des dégustations. Au menu, quatre classiques réputés, les «Blanche de l'Ill», «Ansa rousse», «Ansa blonde» et «Corbock». Des bières spéciales sont produites à l'occasion.

ESCHENTZWILLER 68440

BRASSEUR

Micro-brasserie G'Sundgo

3 rue de Schlierbach - T. 06 52 42 65 56

Au sud-est de Mulhouse, Gilles Zwingelstein tient une microbrasserie éclectique qui propose des cuvées inspirées. Parmi ses classiques, on pourra y piocher des bières typées belges, notamment en blonde, mais aussi des porter, dans la tradition la plus anglaise, ou encore des IPA, en houblon d'Alsace. Veillez à appeler pour prendre rendez-vous et retrouvez les bières dans une vingtaine de points de vente sur la région.

FELLERING 68470

BRASSEUR

Brasserie Cabrio

Parc de Wesserling - 4 rue des Fabriques - T. 06 59 91 88 68

Au cœur du parc des Ballons des Vosges, Christophe Jentzsch fabrique ses bières artisanales depuis 2012. La microbrasserie produit les classiques blanche, blonde, ambrée, Pale Ale et la bière au miel, mais également des bières de saison, comme «La Fleur de Sureau», «La Printanière» ou «La Bière de Noël». Disponibles dans les commerces, auberges et restaurants des environs, on peut aussi les acheter sur place.

FRÉLAND 68240

BOUCHER

Art Boucherie

63 Grand Rue - T. 03 89 22 37 65

Une aubaine pour les amateurs de gibier que ce vaste entrepôt voué à la chasse avec sa boutique pour acheter et déguster terrines et saucisses, viandes au détail, tourtes de gibier (vendredi et samedi de 10h à 18h). Amélie et Christophe Frey, tous deux chasseurs, approvisionnent nombre de tables régionales.

PRODUCTEUR

Ferme du Kalblin

Serge et Marie-Claude Wurtz - T. 03 89 73 91 69

Sur les hauteurs de la vallée du Kaysersberg, cette ferme produit en agrobiologie des plantes aromatiques, médicinales et culinaires. Elle propose en outre à la vente des fruits et autres baies sauvages transformés. On pourra y acheter des confitures bio, vinaigres, jus de fruits, bières artisanales, liqueurs et eaux-de-vie ou encore tisanes. Des chambres d'hôtes sont également disponibles. Visites sur rendez-vous.

Carte

Addition moyenne d'un prix à la carte englobant le prix d'une entrée + plat + dessert

Au bon frère UN RÉGAL

Aux fourneaux de ce restaurant familial, au design actuel et élégant, œuvre la cheffe, Caroline Krugmann. Exigeante, elle travaille des produits frais en circuit court, majoritairement bio, et son talent fait honneur à la tradition. Ainsi, régalez-vous avec ses rognons de veau, cuisses de grenouilles ou encore carpe et frites ! On aime aussi les burgers, les desserts et les brunchs dominicaux. Et ici, la générosité est de mise.

64, rue de la Libération, 68740 FESSENHEIM
Tél. : 03-89-50-02-91 – Facebook : AuBonFrere

> Cuisiner. C'est l'art le plus beau et le plus complet. Il engage nos cinq sens, plus un : le besoin de donner le meilleur de nous-mêmes
>
> Paulo Coelho (1947-)

Restaurant du Cercle Saint-Léger
LA GÉNÉROSITÉ EN BOUCHE

Qui n'a jamais poussé la porte du restaurant du Cercle Saint-Léger se prive d'un grand plaisir. Isolé du centre-ville de Guebwiller et entouré de verdure, l'établissement, surplombé par un majestueux séquoia vieux de 150 ans, est entré dans une nouvelle ère en 2017. Sous l'impulsion de Philippe, en cuisine, et de Céline, en salle, il propose une cuisine française traditionnelle gourmande dont la clientèle, fidèle, vante la qualité. Plats copieux, ambiance chaleureuse, on s'y sent comme à la maison. Côté salé, les bouchées à la reine et le pâté en croûte sont des incontournables. Les becs sucrés, eux, ne résistent ni à la torche aux marrons, ni à la célèbre meringue glacée. Le menu entrée-plat-dessert est à 15€ (sauf dimanche et jours fériés). Le restaurant est équipé de la dVine Pro® qui délivre de grands crus au verre.
Ouvert du mercredi au dimanche midi. **Les + :** Privatisation possible. Carte Ticket Resto acceptée.

27, rue du Maréchal de Lattre de Tassigny, 68500 GUEBWILLER
Tél. : 03-89-39-63-57

GUEBWILLER 68500

BRASSEUR

AMAP Bières - S'Humpaloch

2 chemin du Peternit - T. 03 89 76 84 08

Membre du réseau Amap (Association pour le maintien d'une agriculture paysanne), la microbrasserie de Jean-Jacques Hupfel utilise des produits exclusivement bio. Privilégiant les techniques traditionnelles et les circuits courts, l'enseigne réalise une production restreinte en blonde, blanche et ambrée, ainsi qu'une cuvée de saison. Disponible à la vente sur place.

CAVISTE

La Cave des Grands Crus - Jean-Philippe Venck

5 place de l'Hôtel de Ville - T. 03 89 76 59 31

La cave est devenue une référence alsacienne pour les amateurs de grands vins et de millésimes rares. En 2012, Jean-Philippe Venck, œnologue de formation, a repris les rênes de cette institution locale créée en 1987. Des centaines de références de toutes les régions françaises, des vins de passionnés, d'illuminés parfois... des bio, des artisanaux, des classiques, des connus, et toujours la même exigence de qualité.

GUÉMAR 68970

ÉPICIER

Safran du Château

45 rue d'Illhauesern - T. 09 77 61 96 38

Le safran, vous connaissez ? Et saviez-vous qu'il est possible d'en acheter directement chez le producteur, dans le sud de la région ? Hervé Barbisan, vigneron de formation, passionné par les plantes, les épices en général et le safran en particulier, possède plusieurs safranières cultivées. Cette belle aventure commencée en 2006 lui permet de confectionner des dérivés liquides, sirops, liqueurs, crémants, ainsi qu'une gamme de produits disponibles sur commande (foie gras, confitures, chocolats, meringue). Boutique en ligne.

Tables Gourmandes – 11/20 à 12,5/20

Tables Originales – 10/20 à 10,5/20

HEIMSBRUNN 68990

BOUCHER

Boucherie Charcuterie Pierre Pross

27 rue de Galfingue - T. 03 89 81 90 63

L'Alsace est pleine de bonnes surprises, et la boutique de Pierre Pross en fait partie. On y trouve tout ce qu'on peut souhaiter d'un commerce de bouche : un artisan passionné (et son irrésistible accent alsacien !), un accueil chaleureux et des produits comme on n'en voit plus beaucoup. Le pâté en croûte maison est médaillé d'or.

Membres de l'Académie Gault&Millau

Tables Exceptionnelles – 19/20 à 19,5/20

Tables de Prestige – 17/20 à 18,5/20

Tables Remarquables – 15/20 à 16,5/20

Tables de Chef – 13/20 à 14,5/20

Tables Gourmandes – 11/20 à 12,5/20

Tables Originales – 10/20 à 10,5/20

COMMUNIQUÉ

Au pain de vie
BON ET BIO

Le seul commerce de Hartmannswiller est une boulangerie-pâtisserie bio : pains et miches au levain, confectionnés à partir de farines anciennes, gâteaux classiques comme les éclairs ou le Royal, pour tous les jours ou pour les grands jours, viennoiseries pur beurre… Avec passion et savoir-faire, Mathieu et Marion déclinent leurs créations en boutique et sur les marchés des environs. Elles sont bonnes et bio ! *Ouvert du mercredi au samedi de 6h30 à 9h, et le dimanche de 6h30 à 12h. Présent sur les marchés de Masevaux, Altkirch et Huningue.*

38, Grand Rue, 68500 HARTMANNSWILLER – Tél. : 03-89-82-01-59
Facebook : Boulangerie Au Pain de Vie

« Il n'y a que les mauvais cœurs qui médisent à table, car rien ne rend plus indulgent que la bonne chère.

Grimod de la Reynière (1758-1837) »

La Huninguoise AUTOUR DU VIN*

C'est un concept unique au bord du Rhin. Cave à vin riche de plus de 350 références, toute appellation viticole confondue, cet établissement est aussi un bar à vin – privilégiant les références nature, bio et en biodynamie – et un espace dégustation hors norme. Le lieu propose régulièrement des dégustations et suggestions bistronomiques ou gastronomiques, sublimées par les conseils des sommeliers de la maison.

10, rue de France, 68300 HUNINGUE – Tél. : 03-89-89-86-00
https://hello.huninguoise.com

---

*L'ABUS D'ALCOOL EST DANGEREUX POUR LA SANTÉ

ILLHAEUSERN 68970

L'Auberge de l'Ill

CHEF : MARC HAEBERLIN - *CHEF PÂTISSIER :* FRANCIS BELLICAM - *DIRECTEUR DE SALLE :* DANIELLE BAUMANN - *SOMMELIER :* SERGE DUBS
2 rue de Collonges au Mont d'Or - T. 03 89 71 89 00 - Carte 240 € - Menu(s) 170-225 €

L'Auberge de l'Ill, c'est d'abord un jardin d'un romantisme fou qui borde l'Ill avec ses barques à fond plat, ses saules pleureurs, son séchoir à tabac du Ried, son charme d'un raffinement attachant. C'est ensuite une enfilade de salles aux baies ouvertes sur la rivière, décor chic aux teintes douces, sans cesse amélioré par Jouin & Manku, qui classe la maison dans le peloton de tête des plus beaux restaurants de province. Un repas chez les Haeberlin est une fête. Pour les yeux, pour le palais, mais aussi pour le cœur. Une grande et belle maison, un trésor et à sa tête, le plus adorable des hommes, Marc Haeberlin, Académicien Gault&Millau et 5 toques d'Or. Chez lui, le bonheur n'est pas bridé et se prodigue largement à tous ses convives. Certains viennent depuis cinquante ans, donc oui, il y aura quelques têtes chenues, mais souvent, ils en connaîtront un rayon bien plus large que tous les foodies instagrammeurs, distinguant au doigt mouillé de sauce une poulette ou une Albufera. Ici, ils s'offrent le luxe de choisir. D'échapper au diktat d'un menu imposé en 4 heures et 11 plats pour (quelle folie !) se faire plaisir avec le foie gras d'oie, la mousseline de grenouille, la magnifique volaille Miéral avec son baeckeoffe truffé, en 2 services, un délice traditionnel et gourmand avec un jus parfait. Il y a bien quelques détails que l'on pourrait moderniser (enlever les étuis argentés des bouteilles d'eau par exemple), mais il ne faut surtout pas toucher à l'essence même de cette table légendaire, aller au bout, jusqu'au soufflé grandiose ou à la pêche Haeberlin et profiter pleinement de ce moment unique. Conseillée par un sommelier expert, la carte des vins comprend tout ce qui se fait de mieux entre Marlenheim et Thann, alliée à un grand service dans cette atmosphère qu'il faut avoir humé au moins une fois dans sa vie.

HÔTEL

L'Hôtel des Berges - 5 étoiles

4 rue de Collonges au Mont d'Or - T. 03 89 71 87 87 - à partir de : 334€

Sur les bords de l'Ill, un bel hôtel digne d'une maison d'amis grâce à l'accueil très chaleureux des propriétaires des lieux, les familles Haeberlin-Baumann. Les 16 chambres et suites allient lignes fluides, harmonies de couleurs et de matières et le meilleur du confort contemporain. Ce même raffinement infuse la salle du restaurant gastronomique L'Auberge de L'Ill, emmené par le chef Marc Haeberlin, qui revendique une cuisine largement tournée vers la nature. Une nature célébrée aussi dans le spa, logé dans un bâtiment aux allures de grange moderne réunissant sur 800 m² sauna, bassin d'eau chaude et froide, cabines de soin au design japonisant, ainsi qu'une agréable piscine extérieure chauffée. Dernier atout, le lieu propose également les charmes de la Maison du Pêcheur, une cabane chic posée au bord de la rivière.

INGERSHEIM 68040

CHARCUTIER

Charcuterie Sigmann

44 rue de la République - T. 03 89 27 01 75

Bernard Sigmann confectionne ses propres mélanges d'épices. À découvrir dans son pâté en croûte parfumé au gingembre, cardamome et macis ou dans sa saucisse de foie de porc aromatisée, au porto et cognac qui lui donne tout son punch, au thym, à la muscade râpée et à la marjolaine. Dans le boudin noir à la crème et aux lardons, fondant et doux à l'extrême, c'est le parfum de la cannelle qui domine légèrement, tandis que, dans les knacks, c'est le cumin et la coriandre.

KAYSERSBERG 68240

La Table d'Olivier Nasti 19/20

CHEF : OLIVIER NASTI - *CHEF PÂTISSIER :* JORDAN GASCO -
DIRECTEUR DE SALLE : ALEXANDRE WALKE - *SOMMELIER :* JEAN-BAPTISTE KLEIN
9-13 rue du Général de Gaulle - T. 03 89 47 10 17 - Carte 233 € - Menu(s) 230-305 €

Chez Olivier Nasti, la différence se fait d'abord sur la technique. Car poussée aussi loin, aussi précisément, on peut chercher longtemps. Prenez un de ses plats phares l'anguille, fermez les yeux et pensez juste à la texture, la température, au dixième de degré près, cette insertion de brochet herbue, ni trop présente, ni trop absente... Autant de travail, autant de raffinement - et on ne parle même pas de l'harmonie des goûts, du persil, de l'agrume, de l'équilibre en acidité, de l'évocation subliminale de l'anguille au vert -, cela ne concerne, comme ceux qui peuvent vous expliquer les théorèmes d'incomplétude de Gödel, que quelques personnes en France. C'est cela, Olivier Nasti, ce concentré de bonhomie et de rigueur totale, celle d'un passionné de nature et de chasse, d'un chef de famille dévoué qui pousse vers le haut toute une équipe, en cuisine comme en salle, avec le même degré d'exigence. Bon, d'accord, dites-vous, c'est un virtuose de technicité, mais cette fameuse créativité, l'arme absolue des génies qui est aussi le refuge piteux des improvisateurs, en garde-t-il un peu dans sa gibecière ? Tiens, voilà en exemple la truite sauvage pêchée - comme les perchettes qui sont venues pointer le museau précédemment avec le zist de cédrat et mélisse - par Éric Jacquier dans le lac Léman, flanquée de sa copine écrevisse et d'un duo très étonnant, et détonnant, rhubarbe goliath et oseille, une rencontre entre deux acmés d'acidité ici totalement en phase et dosées dans l'équilibre des saveurs pointues. Les hommages à l'Alsace sont très présents dans ce vaisseau emblématique de Kaysersberg depuis des décennies, dans la déco de la nouvelle salle sous les grosses poutres soutenues par des piliers de grès, dans la vaisselle ancienne chinée par le chef lui-même, dans la serviette de kelsch posée pour le dessert. Fleischnacka et tarte flambée inspirent quelques mises en bouche, la choucroute nouvelle truffe noire et jus de livèche sert d'intermède après les exploits de rivière, permettant de passer à gué vers ce diabolique tartare de cerf et caviar osciètre, la terrine de chamois et foie gras ou la «chimère» inspirée de Passard et créant une bête étrange «siamoisant» une caille, une pintade et un pigeonneau cuits ainsi ensemble avec un jus concentré. Voilà, pour l'exclu et la signature, de quoi rassasier les assoiffés. De ce côté aussi, cette maison est dans les premières : Jean-Baptiste Klein, encore bien jeune et déjà bardé de récompenses, dont un titre de MOF et un autre de Sommelier de l'Année Gault&Millau, déploie une carte éblouissante, rangée intelligemment par géographie, terroirs, appellations, puis propriétaires et millésimes. Tout est beau et grand dans cette cave, sans être trop dégoulinante de richesses, pouvant escorter chaque assiette jusqu'aux desserts, forcément alsaciens, forcément généreux, gourmands, fruités et lactés.

Alchémille

15,5/20

CHEF : JÉRÔME JAEGLE

53 route de Lapoutroie - T. 03 89 27 66 41 - Menu(s) 80-140 €

Après les confinements, c'est le moment de redécouvrir l'une des meilleures tables de la route des vins d'Alsace, tenue depuis 2015 par Jérôme Jaeglé. Comme beaucoup de grands chefs, cet ancien de Christian Têtedoie a profité des fermetures pour refaire son décor, plus net et plus pro, avec des tables de bois brut et des suspensions en forme de clarines. Cette cuisine de recherche plaît par sa libre expression et repose sur des achats exclusifs. Le chef passe en salle et raconte sa démarche, son engagement pour les produits, les légumes de ses cinq jardins de permaculture qui escortent les meilleurs poissons du Rhin provenant du tout dernier pêcheur, Jérémy Fuchs. Cette volonté pédagogique s'affirme aussi dans le livret remis au convive en début de repas pour expliquer et détailler les herbes sauvages. Cette fougue du végétal se traduit dans l'assiette par une symphonie de légumes, de racines, de plantes, de feuilles et de fleurs. La brème servie en amuse-bouche est traitée telle une carpe frite du Sundgau. Le silure, maturé comme une viande pendant 20 à 30 jours, est servi avec une salade de fenouil mariné depuis la veille dans une vinaigrette de lierre terrestre. Cuit au barbecue, le chou-rave du jardin est accompagné d'une amusante sauce inspirée de la garniture à tarte flambée contenant du magret de canard fumé, de la berce et de la ciboulette. La tranche de poitrine de cochon fondante est flanquée d'une purée de coriandre, de haricots verts poêlés. Des saveurs végétales nouvelles qui percutent, tout en finesse et cohérence, y compris dans les desserts avec ces quetsches un brin trop acides, infusées dans un sirop de lavande et servies avec de la crème glacée au lait de brebis et une feuille de bouillon blanc. Voilà peut-être la table la plus en phase avec nos envies et nos prises de conscience du moment. Cette convivialité culinaire et l'enthousiasme de Jérôme Jaeglé en font l'une des maisons les plus prisées de la région.

Winstub du Chambard

13/20

9-13 rue du Général de Gaulle - T. 03 89 47 10 17 - Menu(s) 29-34€

Peut-on vraiment parler de winstub ? Si la déco et l'ambiance ainsi créées peuvent effectivement évoquer une taverne alsacienne, le propos, la carte, le service sont plutôt ceux d'une deuxième adresse, et pour tout dire la meilleure «petite table» de KB. Par la qualité des produits, par l'exigence siglée Nasti pour faire de ces plats de tradition les meilleurs possibles, le baeckeoffe comme l'excellente choucroute, particulièrement bien garnie avec des charcuteries de concours. D'ailleurs, la carte elle-même ne reprend pas l'ordinaire winstubien, même si la tarte à l'oignon et les lawerknepfle sont bien là, prolongée sur l'ardoise par des suggestions très «nastiennes», grâce au gibier, la tourte de chevreuil et foie gras et autres plats de caractère, avant l'indispensable kougelhopf glacé au marc de gewurz. Service bien organisé, presque un peu trop policé, cave évidemment passionnante, issue de l'immense catalogue maison.

HÔTEL

Le Chambard - 5 étoiles

9-13 rue du Général de Gaulle - T. 03 89 47 10 17 - à partir de : 255€

Cette adresse vaut tout d'abord par sa géographie, au cœur de Kaysersberg, l'un des plus beaux villages d'Alsace, avec ses maisons à colombages et ses balcons fleuris. Membre Relais & Châteaux, ce 5-étoiles s'est accordé en 2021 un coup de jeune, ce qui en fait aujourd'hui l'un des refuges les plus séduisants de France. Situées dans une demeure du XVIIIe, les 33 chambres et suites offrent un raffinement contemporain avec des matières brutes et des tonalités lumineuses, avec meubles anciens et objets d'art soigneusement sélectionnés. L'espace bien-être réunit une piscine intérieure chauffée, un jacuzzi, un hammam et un sauna, le tout prolongé par une terrasse avec vue sur les vignobles. Pour le reste, rien n'a changé, et c'est tant mieux pour les épicuriens, qui retrouvent intacts les délices proposés dans le restaurant gastronomique ou la traditionnelle winstub, orchestrés par le chef et propriétaire des lieux Olivier Nasti, Meilleur ouvrier de France.

BOULANGER

L'Enfariné

29 rue du Général de Gaulle - T. 03 89 47 63 58

Pour un café-baguette ou un p'tit rouge-baguette ? C'est possible à L'Enfariné, au cœur de ce joli village. Le concept de boulangerie-café n'est pas commun. C'est un lieu de vie, d'échange et de gourmandise. On participerait presque à la fabrication boulangère d'Olivier Krieg, avec le défilé des baguettes qui sortent du four et des senteurs de croissants ou brioches.

CHOCOLATIER

Chocolaterie Strackar

27 rue du Général de Gaulle - T. 03 89 47 76 51

Vincent Strackar, Alsacien d'origine et maître-chocolatier-confiseur, prouve son sens de l'équilibre des saveurs à travers une préparation de bonbons de chocolat aux goûts marqués. Les produits de base sont choisis avec précision avec des pures origines de chocolat du Vietnam, de Tanzanie ou d'Ouganda. Ils peuvent être réalisés à la demande, mais il est plus simple de se laisser embarquer dans la gamme de la maison, très aboutie : enrobages de fruits confits (orangettes, citronettes) ou de fruits secs (mendiants, rochers), «à snacker», ou les ganaches, truffes ou pralinés, «à croquer».

AOP, IGP ET AOC DES PRODUITS DU GRAND EST

Bergamotes de Nancy, boudin blanc de Rethel, chaource, choucroute d'Alsace, crème fraîche fluide d'Alsace, emmenthal français est-central, framboise d'Alsace, jambon sec des Ardennes, kirsch d'Alsace, langres, miel d'Alsace, miel de sapin des Vosges, mirabelle d'Alsace, mirabelle de Lorraine, munster, pâtes d'Alsace, quetsche d'Alsace, soumaintrain, volailles de la Champagne, volailles d'Alsace...

Flamme & Co

TARTES FLAMBÉES REVISITÉES

Avec sa vingtaine de tarte flambées originales, déclinant entrecôte, truite saumonée, escargots, fromages fermiers et autres produits frais et locaux, le restaurant a été distingué comme table originale par le Gault&Millau 2022. Outre l'originalité, toutes les tartes flambées revisitées, sont maison, réalisées à la main et cuites au feu de bois, devant les clients. La charmante terrasse ombragée complète les salles très modernes.

4, rue du Général de Gaulle, 68240 KAYSERSBERG
Tél. : 03-89-47-16-16 – www.flammeandco.fr
Facebook : flammeandco.kaysersberg – Instagram : flammeandcokaysersberg

Le petit Kembs par Cécile et Lionel

LA PROMESSE D'UN GRAND MOMENT

© Vanessa Braunstedter

Il est temps de pousser la porte de ce gastronomique atypique niché dans le village de Kembs. Vous y serez accueillis par Lionel et aurez le plaisir de l'observer évoluer à travers la cuisine ouverte depuis l'une des cinq tables. L'époustouflante carte des vins*, exclusivement français et naturels, la qualité des produits frais, bio et locaux, et l'intimité du lieu rencontrent déjà un franc succès. L'établissement comprend également 3 chambres d'hôtes gérées par Cécile, et propose un nouveau menu en carte blanche chaque semaine.

49, rue du Maréchal Foch, 68680 KEMBS
www.lepetitkembs.fr

« La gastronomie fait trembler d'intelligence nos narines. »

Charles Monselet (1825-1888)

*L'ABUS D'ALCOOL EST DANGEREUX POUR LA SANTÉ

KIENTZHEIM 68240

ÉPICIER

Le Jardin des Épices

3 chemin de Riquewihr - T. 03 89 78 15 15

L'art de mélanger les épices est le fruit d'une quinzaine d'années d'expérience. Sel rose d'Himalaya, sel vert d'Hawaï, poivre sauvage voatsiperifery, huile de pistaches grillées, vinaigre de coing, de riz, arômes naturels sans colorants (banane, barbe à papa)... autant de produits, du plus courant au plus surprenant, qui répondent aux besoins culinaires des cuisiniers avertis, curieux ou simplement imaginatifs.

LAPOUTROIE 68650

FROMAGER

Fromagerie Haxaire

333a la Croix d'Orbey - T. 03 89 47 50 76

La fromagerie Haxaire sait se diversifier. Elle affine un munster AOP, mais aussi de nombreuses autres spécialités, tels la tome, le welsche ou encore la crème de munster. La fromagerie propose également une visite à la ferme. Touristes et locaux peuvent ainsi découvrir La Graine au Lait.

MUHLBACH SUR MUNSTER 68380

BRASSEUR

Brasserie du Marcaire

8 rue de la Gare - T. 03 89 30 10 12

Fondée en 2015, la maison propose des bières artisanales dans la lignée des alsaciennes traditionnelles. On pourra notamment goûter la «Blonde des Cigogneaux», au printemps, mais aussi la blanche, l'ambrée... Visites possibles sur rendez-vous.

MULHOUSE 68100

BOUCHER

Au Plaisir des Viandes

47 avenue d'Altkirch - T. 03 89 53 35 22

Premier Alsacien à décrocher, en 2004, le titre de Meilleur ouvrier de France en boucherie, David Boespflug a ouvert sa propre boutique à Mulhouse. Le désossage des carcasses entières, notamment des génisses charolaises nées, élevées, nourries aux pâturages, mais aussi de l'agneau du Limousin et du veau de lait soyeux, est visible depuis une baie vitrée. Une garantie de fraîcheur et de bonne maîtrise.

FROMAGER

Au Bouton d'Or

5 place de la Réunion - T. 03 89 45 50 17

Ce fromager-affineur sélectionne une large variété de spécialités qu'il affine lui-même dans ses deux caves, l'une dédiée aux fromages de vache, l'autre aux fromages de chèvre. Le personnel vante avec une verve communicative les mérites gustatifs des reblochons fermiers, saint-nectaires et autres vieux comtés qui garnissent généreusement les étals. Le Bouton d'Or est décidément une adresse incontournable.

La Cloche à Fromage

1 rue du Bonhomme - T. 03 89 42 96 67

René Tourrette développe son savoir-faire dans toute l'Alsace, et jusqu'à Marseille, à travers des boutiques qui tiennent compte de son expérience en matière de beaux fromages. Les produits sont affinés dans ses propres caves, les pâtes sèches, molles françaises ou étrangères sont ainsi présentes dans ce qu'elles ont de plus délicat.

PÂTISSIER

Pâtisserie Jacques

50 avenue d'Altkirch - T. 03 89 44 27 32

Gérard et Michel Bannwarth travaillent les entremets avec maestria : saint-honoré, millefeuille, aîda (biscuit crème orange glace chocolat). L'équipe est pro, les produits proposés au top : crème et beurre en provenance d'Échiré, cacao d'exception, vanille Bourbon, fraise mara des bois en saison... Ce choix soigné des produits reste un gage de qualité. Pour les voyageurs : une boutique au Japon.

TORRÉFACTEUR

1924 - Un Monde de Cafés

16 rue Sauvage - T. 03 89 45 15 13

La marque, anciennement nommée Distri-Cafés, est présente dans toute l'Alsace, pour le bonheur des particuliers et professionnels. La boutique, bien placée en centre-ville, propose une palette de 25 variétés, de pures origines ou des mélanges maison, notamment en provenance de plantations d'Amérique centrale, assurant au café un caractère singulier. Ces crus sont aussi disponibles à la dégustation, tout comme le Blue Mountain de Jamaïque.

Tables Gourmandes – 11/20 à 12,5/20

COMMUNIQUÉ

Le Petit Paris
REMARQUABLE

La modernité, la sobriété et l'élégance, depuis le décor des lieux jusqu'à la vaisselle adaptée à chaque type de plats, sont les codes de ce restaurant semi-gastronomique. Le chef, Florent Amiot – à qui Thiébaud Turnani, gérant, laisse carte blanche en matière de création – exécute un travail sensible, dans le respect de la saisonnalité des produits frais et bruts du terroir. La carte réduite est synonyme de 100% fait maison, aussi bien les sauces, que les pains et desserts. On retient, par exemple, l'œuf parfait, escargots de Bourgogne, écume de pommes de terre. Le filet de bœuf façon Rossini avec ses copeaux de truffe est un incontournable. Les amateurs de poisson se régalent avec le dos de skrei, crémeux de haricots tarbais, jus de carcasses de langoustines. Le service est attentionné mais pas pesant, et la carte des vins* est parfaite.

12, rue de la Moselle, 68100 MULHOUSE – Tél. : 03-89-61-17-85
lepetitparis.alsace

« Le bœuf est la reine des viandes ;
le bœuf possède, incluse en lui,
la quintessence de la perdrix,
de la caille, de la venaison, du faisan,
du plum-pudding et de la crème
aux œufs.

Jonathan Swift (1667-1745) »

Le BouDoir de Léa

LIRE EN SAVOURANT UNE DÉLICIEUSE TARTELETTE

Ce concept original a été développé, il y a cinq ans, par Léa au cœur de la librairie Canal BD-Tribulles, spécialisée en BD, Comics et Manga. Ici, La jeune femme crée de fabuleuses tartelettes avec pour base, sa fameuse pâte sablée légèrement rehaussée à la fleur de sel, que l'on peut déguster sur place, dans Le BouDoir, ou à emporter. S'inspirant des fruits de saison qu'elle sélectionne le plus localement possible, Léa propose des pâtisseries et des viennoiseries toujours délicieuses.

15, rue des Tanneurs, 68110 MULHOUSE – Tél. : 03-67-94-12-68
Facebook.com : Le BouDoir de Léa

Les Verriers

LA GOURMANDISE À L'HONNEUR

Niché à quelques encablures du centre-ville de Mulhouse, le restaurant Les Verriers se trouve au dernier étage d'une ancienne verrerie et offre ainsi une vue panoramique. Le restaurant propose un décor mêlant le contemporain, l'industriel et l'élégance, le tout dans une ambiance chaleureuse. La cuisine ouverte vous promet de ravir vos pupilles et vos papilles quand vous passerez à table, avec une cuisine inspirée des goûts et saveurs d'aujourd'hui. Le restaurant Les Verriers, ce sont aussi des desserts gourmands ainsi qu'une cave à vin* prestigieuse. *Ouvert midi et soir, du mardi au samedi. Fermé les dimanche et lundi toute la journée.*

4, rue des Verriers, 68200 MULHOUSE – Tél. : 03-89-62-22-23 – www.restaurantlesverriers.fr

---

Chez Christophe

TRAITEUR AUTHENTIQUE

Christophe Jantel ne manque ni d'authenticité ni de convivialité. C'est ce que ses clients apprécient. Ils vont à sa rencontre sur les marchés de Munster (mardi et samedi matin), de Logelbach (mercredi matin) et de Turckheim (vendredi matin). Ils viennent pour la bonne humeur du professionnel ; ils reviennent pour la qualité de ses pâtisseries salées, comme ses fameux fleischnacka, qu'ils n'ont plus qu'à réchauffer. Mieux, pour la réussite culinaire de leurs événements, ces mêmes clients lui demandent parfois de garnir leurs buffets chauds ou froids.

Tél. : 07-68-30-02-11
contact@chezchristophetraiteur.fr

MUNSTER 68140

PÂTISSIER

Pâtisserie Gilg

11 Grand Rue - T. 03 89 77 37 56

Gilg a été labellisée Entreprise du patrimoine vivant en août 2011. Ce titre exceptionnel distingue les maisons de grand savoir-faire, innovantes et travaillant des produits d'excellence. La ville de Munster peut se prévaloir de ce privilège gourmand, dans cette maison familiale où spécialités locales, gâteaux de voyage, glaces, chocolats tablettes ou en assortiments et entremets révèlent un niveau créativité-plaisir plus que satisfaisant.

NIEDERMORSCHWIHR 68230

PÂTISSIER

Pâtisserie Christine Ferber

18 rue des Trois Épis - T. 03 89 27 05 69

Un grand plaisir mené par l'équipe féminine de Christine, qui prépare des confitures d'une exceptionnelle qualité. Les fruits sont cuits au chaudron en cuivre et, aux côtés des quetsches ou des nèfles, tous les classiques régionaux sont présents : la forêt noire, le kouglof glacé, la torche au marron, la tarte Linzer, le saint-honoré au kirsch ou le Sacher.

OBERBRUCK 68290

BRASSEUR

Brasserie Dioller

28 rue Principale - T. 06 88 39 60 28

Ouverte en 2014 par Christian Fassler, cette brasserie située dans le parc des Ballons des Vosges, à une trentaine de kilomètres à l'est de Mulhouse, produit huit bières artisanales. Au menu, les classiques et les spécialités, la blonde, la stout, la blanche, l'IPA, l'ambrée, mais aussi la bière de Noël, du printemps ou encore la bière aromatisée à l'absinthe.

Auberge Saint Brice

ON ADORE

Dans un cadre nature proche de la chapelle, cette auberge vous invite à de jolis moments de partage autour d'une cuisine fusion parfaitement exécutée, avec des produits locaux en circuit court. En plein air ou dans la salle aux tables embellies de fleurs fraîches, savourez le filet de limande à la sauce rhubarbe, le poulet au curry voire le *vitello tonnato* merveilleusement revisité. Très sympathique carte de vins* de vignerons confidentiels du coin. Hors horaires, petite restauration.

Lieu-dit Saint-Brice, 68480 OLTINGUE – Tél. : 09-82-12-17-69
Facebook : aubergestbrice

“ Un repas, aussi frugal soit-il, est un instant de rencontre. Il peut être une occasion de joie et de communion, unissant profondément les gens.

Elise Boulding (1920-2010) ”

ORBEY 68370

BOULANGER

Turlupain

97 Tannach - T. 03 89 71 28 30

Luc et Muriel Reuiller ont créé Turlupain en 1993. La localisation choisie devait leur permettre de travailler en direct avec des agriculteurs bio, de s'implanter dans un lieu agréable et convivial où le four à bois tient son rôle fédérateur, un vrai projet d'aménagement d'un style de vie adapté. Le pain est confectionné au levain naturel : mélange de graines, noisettes et raisins, pavot... ont la mie savoureuse des pains bien fabriqués et la croûte qui craque délicieusement.

ÉLEVEUR

Le Pré aux Colimaçons

234 Pairis - T. 03 89 71 22 46

Ancien buraliste, Dominique Huss s'est converti à l'héliciculture en 2001. Quelques hectares de terrain au-dessus d'Orbey, quelques conseils glanés auprès de quelques collègues, et c'est désormais lui qui forme les (rares) jeunes souhaitant se lancer dans le métier. Les grands chefs de la région s'approvisionnent ici (notamment Olivier Nasti et Julien Binz). Vente sur place, mais aussi sur les marchés environnants. Prendre rendez-vous sur le site internet au préalable.

RIBEAUVILLÉ 68150

Le Cammissar 13/20

81 Grand'Rue - T. 03 89 86 60 87 - Menu(s) 35-77 €

L'événement de l'année à Ribeauvillé est l'ouverture de cette table tenue par Thomas Eblin, jeune chef de 23 ans à l'ambition affichée. Cet enfant prodige formé à L'Auberge de l'Ill a rénové, avec le soutien de sa famille, une maison historique du centre-ville, jadis fief des seigneurs de Ribeaupierre. L'enseigne rend hommage au peintre strasbourgeois venu se réfugier dans le bourg pendant la Seconde Guerre mondiale. Côté déco, on n'a pas lésiné en conjuguant passé et présent avec ce joli poêle en faïence et ces élégants fauteuils contemporains. Conçue avec des produits de premier ordre, des cuissons parfaites et des sauces légères, cette cuisine, discrètement moderne, plaît pour la maîtrise technique. Après de nombreuses petites attentions servies avec l'apéritif, nous avons apprécié la fraîcheur de cette effilochée de truite gravlax associée à des agrumes et un sorbet aux petits pois. Élaboré selon la tradition, le foie gras de canard, certes fort goûteux, nous a semblé un brin trop parfumé d'épices à pain d'épices. Le style est parfois osé par l'emploi de produits rustiques qui défient la tradition française. Au poulpe ou la poitrine de porc, nous préférons la délicatesse de cet omble chevalier poêlé avec précision et accompagné d'asperges croquantes, de morilles et de beurre mousseux ou encore celle de ce carré d'agneau rôti, souligné par un jus bien réduit et escorté de jolis légumes printaniers de la Ferme Uhl. Le traditionnel vacherin, si souvent galvaudé ailleurs, est ici servi avec des glaces moelleuses et une rare chantilly fraîche. Quant à la poire confite, elle est servie avec un aérien bibeleskaes (fromage blanc) passé au siphon, et garnie de crumbles aux noisettes pleins de peps. La cave de sectarisme local gagnerait à s'étoffer et à s'ouvrir davantage. Quoique sympathique, le service et le conseil des vins est encore en rodage. Une découverte prometteuse pleine de bonne foi et de fraîcheur qui mérite attention et visite.

PÂTISSIER

Pâtisserie Gilg

1 rue Tanches - T. 03 89 49 74 53

Rattachée à la maison mère de Munster, cette boutique propose des produits alsaciens d'excellente facture : langhopf, brioche, beerawecka, mais aussi gâteaux de voyage, glaces, chocolats tablettes ou bonbons, macarons multiparfum personnalisables ou entremets (dacquoise aux noisettes ou «Lacthé» : mousse au chocolat au lait à l'infusion de thé). Un savoir-faire issu de trois générations de pâtissiers, qui se sont succédé toujours pour le meilleur et jamais pour le pire.

RIEDISHEIM 68400

PÂTISSIER

Pâtisserie Kieny

3 rue du Général de Gaulle - T. 03 89 54 04 99

Chez les Kieny, on est cuisinier de père en fils depuis 1850... Laurent, le seul membre de la famille à avoir choisi le métier de pâtissier, signe aujourd'hui le «Diamant Noir», une meringue cacao à la chantilly au chocolat noir, ou le «Texture» et son jeu autour de neuf structures de chocolat.

RIQUEWIHR 68340

La Table du Gourmet 17/20

CHEF : JEAN-LUC BRENDEL - *CHEF PÂTISSIER :* ALEXIS GALLET - *SOMMELIER :* FABIENNE BRENDEL - *SOMMELIER :* ANNE HUMBRECHT

5 rue de la 1ère Armée - T. 03 89 49 09 09 - Menu(s) 65-165 €

On ne peut avoir qu'un coup de cœur pour cette ancienne demeure de vignerons de 1539, l'une des adresses les plus charmantes, blottie dans ce joyau d'architecture aux maisons colorées. Cela fait quarante ans que les Brendel, famille d'esthètes raffinés, ne cessent de moderniser leur cocon feutré, rouge flamboyant aux nombreux recoins et aux poutres médiévales, pour en faire un véritable lieu de fête et d'art de vivre. Cuisinier d'expérience, sensible et plein de punch, Jean-Luc Brendel, tête chercheuse, intello jamais à court d'inspiration, apporte à tout ce qu'il touche la marque d'une forte personnalité. Il a créé un jardin de permaculture où il cultive ses légumes, fruits, herbes et fleurs. Au rythme d'intitulés touchants, «Jardin d'été» (qui change en fonction de la saison), «Éveil des Sens», «Grande Symphonie», Jean-Luc Brendel sort des sentiers battus alsaciens. On aime le raffinement de ces trois tomates présentées comme des bonbons et servies avec un ketchup artisanal et quelques fleurs du jardin. On reste bouche bée devant les admirables pleurotes jaunes dénichées dans une champignonnière de Soultzmatt ; elles accompagnent une trompette d'Albenga, subtilement rehaussée de feuilles de basilic. Quant à la betterave associée à la fleur de dahlia et à un caviar de brochet légèrement fumé, voilà une composition qui cingle mais un brin dominée par la glace au raifort. Les escargots de Caro servis sur une émulsion de pommes de terre sont escortés d'herbes fort subtiles qui auraient pu être davantage mises en valeur si l'assiette avait été plus grande. Notre repas atteint 5 toques avec l'omble chevalier à la cuisson experte, sa peau croustillante et des fleurs de poireaux. Jean-Luc Brendel s'inspire aussi du passé qu'il revisite, à l'image de cette amusante choron qui accompagne l'admirable bœuf salers maturé 4 semaines et cuit sur la braise. Jeux de textures, jeux de couleurs et de saveurs, cette cuisine pleine de poésie percute et coule de source. Et puisqu'il faut bien chipoter, on est moins fans des desserts qui nous semblent être la cinquième roue du carrosse. Sommelière d'expérience, Anne Humbrecht conseille de beaux accords de crus choisis dans une cave qui excelle dans les vins d'Alsace, tandis que la sœur du chef, Fabienne Brendel, pratique l'art de recevoir. Une valeur sûre que cette demeure pleine d'allant cachée dans les vieilles pierres du village médiéval.

BRASSEUR

Brasserie du Vignoble

8 avenue Jacques Preiss - T. 03 89 49 06 72

Reprise en 2015 par Jérôme Schwartz, la Brasserie Hollbeer devient alors la Brasserie du Vignoble. Malgré le changement de nom et d'image, les règles de fabrication, plus ou moins conservées, s'inscrivent dans un héritage brassicole respecté. On pourra goûter des classiques comme des spéciales, de la blonde à la blanche et à l'ambrée, en passant les saisonnières, telles la printanière ou la médiévale.

ROUFFACH 68250

HÔTEL

Château d'Isenbourg - 5 étoiles

9-11 rue de Pfaffenheim - T. 03 89 78 58 50 - à partir de : 164€

À quelques minutes de Colmar et au cœur de la célébrissime route des vins, ce 5-étoiles n'est autre que la propriété viticole du château d'Isenbourg, soit 5 ha de somptueux vignobles qui surplombent le village de Rouffach. Dans un décor soigneusement préservé, l'hôtel propose le charme de ses 41 chambres, parfait témoin de l'art traditionnel alsacien avec mobilier ancien, tapisseries fleuries et surtout une vue spectaculaire sur l'océan des vignes alentour. Une même atmosphère signe les deux salles à manger (l'une dans l'ancienne orangerie du château et l'autre dans une somptueuse salle voûtée), où l'on déguste la cuisine de Matthias Lingelser. Dernière pépite, un spa griffé Decléor avec hammam, sauna et deux piscines, intérieure et extérieure.

SAINT LOUIS 68300

BOULANGER

Leyes

43 rue de Mulhouse - T. 03 89 69 46 53

Les deux activités de boulangerie et de pâtisserie sont à égalité de qualité dans cette boutique aujourd'hui très réputée. Le pain (la baguette tradition est un must), mais aussi la viennoiserie et les brioches font des heureux au quotidien. Le midi, on fait la queue pour les excellents sandwichs.

CAVISTE

Au Monde du Vin

23 avenue de Bâle - T. 03 89 69 22 22

Dans le centre, aux portes de Bâle, cette vaste cave accueille en ses étagères un catalogue méritant de plus de 1350 références en vin et de plus de 850 spiritueux. De prestigieux AOC en passant par les trouvailles de la maison, les rhums, les cognacs, les whiskys et les champagnes, l'enseigne vise large et satisfait toutes les envies. On pourra également s'intéresser à la box «Ma cave idéale», qui invite chaque mois à la découverte de cinq vins. Enfin, un grand nombre d'événements ont lieu autour de la dégustation et de l'œnologie.

AOP, IGP ET AOC DES VINS ET EAUX-DE-VIE DU GRAND EST

Alsace, alsace grand cru, coteaux-champenois, champagne, coteaux-de-coiffy, côtes-de-meuse, côtes-de-toul, crémant-d'alsace, haute-marne, marc d'Alsace gewurztraminer, moselle, rosé-des-riceys, whisky alsacien...

YAM

LE RAFFINEMENT

La signature contemporaine et raffinée du chef et propriétaire du Yam, Kriangkai Klanklong, se lit aussi bien dans la décoration de la salle, du bar lounge et de la grande terrasse ombragée par les arbres, que dans ses plats qui réveillent la gastronomie française par des touches thaïlandaises subtiles.
Kriangkai est un talent inspiré qui crée sa carte en fonction des produits de saison disponibles quand ils sont les meilleurs. Pour révéler leurs saveurs et textures, ils seront – selon son envie du moment – marinés, travaillés crus ou grillés, voire cuits basse température… Kriangkai est aussi une personne attachée à ses souvenirs d'enfance qui aime faire honneur à ses terres natales et aux recettes de sa maman. Aussi, le chef vous propose une gastronomie joyeuse, gourmande et délicate aux accents parfumés et colorés inspirés de la street food thaï, appelée Yam.
On se laisse happer par son univers, on s'installe dans un canapé Chesterfield pour profiter de l'ambiance « chill », on s'émerveille des plats dressés comme des tableaux – Kriangkai a étudié aux Beaux-Arts avant d'être aux fourneaux – et on succombe. Le voyage démarre dès le cocktail* et se poursuit, notamment, avec l'incomparable tartare de thon rouge albacore au jus de citron vert, coriandre, ciboulette, piment et autres secrets. En plat, vous craquerez pour le pigeonneau des Vosges, à la mode cuisine de rue du Nord-Est de la Thaïlande, mariné au curry vert, entre autres herbes et épices, et cuit sur coffre.
Chez Yam, tout est réuni pour qu'un déjeuner professionnel, une soirée entre amis ou des retrouvailles en famille soient de véritables réussites. En effet, en plus du bonheur dans l'assiette, les équipes sont aux petits soins.

4, rue d'Altkirch, 68300 SAINT-LOUIS – Tél. : 03-89-91-27-28
restaurant-yam.com

*L'ABUS D'ALCOOL EST DANGEREUX POUR LA SANTÉ

SIERENTZ 68510

Auberge Saint-Laurent 16/20

CHEF : LAURENT ARBEIT

1 rue de la Fontaine - T. 03 89 81 52 81 - Menu(s) 57-119 €

Laurent Arbeit a réussi le tour de force de transformer la demeure de ses parents en l'une des plus ravissantes auberges entre Mulhouse et la frontière suisse. Les tables rondes distinguées et l'ambiance chaleureuse sont tout à fait du goût de l'élégante clientèle frontalière. Nous avons un petit faible pour le salon rustique, encore plus douillet que la salle ouverte sur la jolie terrasse secrète. Dans son menu «À votre choix», toujours aussi prisé par les fidèles, Laurent Arbeit tient sa ligne de classicisme éclairé : un généreux foie gras de canard revisité avec un gel frais de rhubarbe confite et fleur de sureau ; des langoustines à la chair soyeuse, servies crues dans une raviole de céleri délicatement rehaussée de noisettes. Formé par Alain Ducasse, il n'est pas étonnant que le chef revisite en amusant risotto des quenelles alsaciennes dites «knepfle» dont on aime le goût de champignons relevés de truffe noire sensible. Au contraire la truffe Bianchetto, qui est râpée sur d'admirables saint-jacques «dorlotées au beurre noisette» nous a semblé moins savoureuse. Le pigeonneau de nid provenant de chez Théo Kieffer à Nordhouse est accompagné d'un audacieux croque-monsieur d'abattis au foie gras au goût puissant. On termine son repas en fraîcheur avec ce minivacherin exotique et lait de coco passé au siphon et un moelleux sorbet à la mangue fort goûteux. Les petites attentions servies par une pléthore de personnel tout au long du repas sont nombreuses. Un quasi-sans-faute avec une cave à la hauteur conseillée timidement par Lionel Oberlé.

Tables Remarquables – 15/20 à 16,5/20

Tables de Chef – 13/20 à 14,5/20

Tables Gourmandes – 11/20 à 12,5/20

Tables Originales – 10/20 à 10,5/20

La Croix d'or
UNE INSTITUTION

Ouvert il y a quatre-vingts ans (!) en plein centre de Sierentz, le restaurant de Régis Ehret bénéficie, depuis sept ans, de son amour du métier et de son goût du partage. Avec son équipe de cuisine, il revendique le fait-maison et le traditionnel à travers une carte où chacun trouve son bonheur (cordon bleu, carpe frite, viande de bœuf de qualité...). Le tout accompagné de frites maison et de vins*, soigneusement sélectionnés par le patron. Les fidèles clients apprécient le très bon rapport qualité/prix, la générosité des assiettes, l'amplitude horaire et la décoration des trois salles, privatisables en toute occasion, en plus de la terrasse couverte. La réservation est indispensable pour profiter de cette institution.
Fermé les lundi et samedi midi.

17, rue Poincaré, 68510 SIERENTZ – Tél. : 03-89-38-68-65
www.restaurant-lacroixdor.com – Facebook : La Croix D'or

Restaurant La Pomme d'Or
UNE ÉVASION CULINAIRE À CROQUER

En hommage aux origines tahitiennes de son papa disparu, Thomas Ata propose une cuisine fusion, entre mets traditionnels et notes exotiques. L'escalope de foie gras de canard, bouillon gingembre et citronnelle, est l'une des savoureuses découvertes qui vous attendent, dans une salle de style chalet, avec bois et cheminée, et sur une belle terrasse avec pergola. L'hiver, ne manquez pas les ateliers culinaires du samedi matin ni les soirées thématiques !
Fermé les mercredi soir et jeudi.
Le + : Service traiteur pour vos événements.

43, rue Principale, 68580 STRUETH – Tél. : 03-89-40-92-68
www.lapommedor68.fr

> Manger est bon.
> Avoir mangé est meilleur.
>
> Anatole France (1844-1924)

*L'ABUS D'ALCOOL EST DANGEREUX POUR LA SANTÉ

SOULTZ HAUT RHIN 68360

BRASSEUR

Micro-brasserie la B'ric

3 rue Joseph Vogt - T. 06 67 07 74 79

Aventure familiale commencée en 2016, l'établissement est le fruit du père et du fils, qui ont mis en commun leur passion du houblon. Dans la lignée d'une belle tradition alsacienne, on pourra découvrir la blanche, la brune, la blonde, mais aussi des bières de saison, comme une triple ou une bière de Noël. Pensez à prendre rendez-vous.

SOULTZMATT 68570

BOULANGER

Boulangerie Kitzinger

1 rue d'Or - T. 03 89 47 01 31

Jean-Yves Kitzinger est confortablement installé dans sa petite boutique de Soultzmatt, devenue grande grâce à sa réputation. Les pains sont de belle facture et la star du lieu est incontestablement le kougelhopf, qui a gagné de nombreux prix, pour le plaisir de Jean-Yves et Sandra, comme de leurs clients. Qu'il soit traditionnel, à la frangipane ou renversé, il est toujours d'égale qualité.

SUNDHOFFEN 68280

BOUCHER

Boucherie Jauss

31 Grand'Rue - T. 03 89 71 40 48

Il était une fois l'histoire d'Hélène et Edgard Jauss, qui ont repris une boucherie-charcuterie-restaurant en 1954. De belles cochonnailles et de généreuses viandes, l'agrandissement du laboratoire de production, un nouveau magasin à Horbourg-Wihr, tout en maintenant un côté artisanal. Des éleveurs de proximité soucieux de la qualité de la viande, des veaux de pâturage, des agneaux d'élevage traditionnels. C'est tout un travail d'équipe dont on trouve le résultat sur l'étal, puis dans l'assiette.

Tables Originales – 10/20 à 10,5/20

TURCKHEIM 68230

TRAITEUR

Geismar Traiteur

21 Grand'Rue - T. 03 89 27 14 12

Peu de maisons peuvent se vanter d'être dans la même lignée professionnelle depuis 1784 ! Jacques Geismar est dans le bain des fumets gourmands depuis sa plus tendre enfance, et prendre la succession fut une évidence. Les recettes sont traditionnelles, les spécialités du terroir et les conseils personnalisés : son plat fétiche, le pickelfleisch (un pastrami ashkénaze), ne détrônera pas les produits fumés d'Alsace, choucroute jambon braisé... Un vrai plaisir.

Carte

Addition moyenne d'un prix à la carte englobant le prix d'une entrée + plat + dessert

Menu(s)

Fourchette de prix mentionnant le menu le moins cher et le menu le plus cher proposant à la fois entrée, plat et dessert sans les boissons, qui n'exclut pas les prix intermédiaires

Via Napoli

FOOD TRUCK DE PIZZAS NAPOLITAINES

La promesse est simple comme une bonne pizza napolitaine : allier la tradition d'une pâte cuite au feu de bois dans un four traditionnel et des ingrédients sélectionnés avec soin pour leur origine, leur qualité et leur fraîcheur. Via Napoli propose les incontournables de la pizza et des recettes actuelles sublimant le goût et l'harmonie des saveurs. Du lundi au samedi (18h-21h30), le foodtruck s'installe dans différentes communes du Haut-Rhin : Thann, Steinbach, Wattwiller... Pour connaître les emplacements, consulter le site ou la page facebook.

Tél. : 07-49-66-39-00 – vianapolifoodtruck.eatbu.com
Facebook : FoodtruckViaNapoli

« Ajouter de la tomate et de l'origan, ça devient italien ; du vin et de l'estragon, ça devient français ; du citron et de la cannelle, ça devient grec ; de la sauce de soja, ça devient chinois ; ajouter de l'ail, ça devient bon !

Alice May Brock (1941-) »

Auberge du Gustiberg

PARENTHÈSE AUTHENTIQUE ET RESSOURÇANTE

Cuisine maison, produits issus de la ferme, panorama exceptionnel : La ferme-auberge du Gustiberg, à Urbès, c'est tout cela et plus encore. Vaches, cochons, volailles y sont élevés afin de garnir les assiettes de produits de qualité. Tête de veau, bœuf-gros-sel, repas marcaire, charcuteries de la ferme, ainsi que légumes et fromages issus de fermes voisines font le bonheur des randonneurs qui peuvent également se reposer dans l'une des 8 chambres du gîte. La cerise sur le gâteau : l'impressionnante vue plongeante sur la vallée glaciaire depuis la terrasse de la ferme-auberge. Un sans-faute ! *Ouvert du 01/04 au 15/11 - Fermé le lundi.*

Brennwald, 68121 URBÈS – Tél. : 03-89-82-75-25
www.gustiberg.fr

VIEUX FERRETTE 68126

FROMAGER

Bernard Antony, Éleveur de fromages

5 rue de la Montagne - T. 03 89 40 42 22

L'histoire de Bernard Antony a des allures de conte de fées : né aux confins de l'Alsace, il quitte l'école à 14 ans. De village en village, il vend de tout dans son petit camion, jusqu'à sa rencontre avec Pierre Androuët, qui le prend sous son aile et lui apprend tout son art. Ce fut une révélation, et celui qui devint maître affineur a ouvert ses propres caves, dans lesquelles il mature ses «bébés», achetés chez les meilleurs producteurs, pour en exprimer tout le potentiel. Désormais, c'est son fils Jean-François qui a pris les rênes de cette grande maison.

VIEUX THANN 68800

BOUCHER

Au Palais des Viandes

11 rue Guy de Place - T. 03 89 37 00 44

Le passage de Thann au Vieux-Thann s'est fait dans la continuité, puisque c'est à l'atelier même que le couple d'artisans propose sa production : des plats traiteur de qualité et des menus variant selon les saisons, ainsi que des charcuteries gourmandes avec pâté en croûte, fromage de tête, terrines, saucisses fumées et des viandes bien choisies.

VOGELGRUN 68600

BRASSEUR

Brasserie Saint-Alphonse

2 rue du Rothgern - T. 03 89 72 70 07

Créée en 1998 par Joël Halbardier, né en Belgique, la microbrasserie entend combattre les techniques industrielles en produisant selon les traditions qui ont fait la renommée de la boisson. Elle propose aujourd'hui six cuvées «Sainte-Alphonse», la blonde, l'ambrée, la brune, la «Meid'la, Fille d'Alsace», blonde de fermentation haute uniquement à base de houblons alsaciens, la «Brisach» en Strisselspalt, et la «Colmar Pils», en hommage à son illustre homonyme de la Brasserie de Colmar.

Tables de Chef – 13/20 à 14,5/20

COMMUNIQUÉ

Hôtel-restaurant Le Caballin

ACCUEILLANT ET CONVIVIAL DEPUIS 1962

Anciennement connue sous le nom Le Ranch, cette affaire de famille a été créée il y a soixante ans, sous la forme d'un restaurant adossé à un centre équestre. En 1989, elle a évolué en hôtel-restaurant et a été rebaptisée Le Caballin. C'est Florent Schmidt, représentant la 3e génération, qui en tient les rênes depuis maintenant six ans.

Entouré d'une équipe de 24 personnes, aussi aimables que professionnels, il réserve un accueil convivial aux occupants des 23 chambres de son hôtel 3*, entièrement rénové et agrandi en 2019. Un établissement idéalement situé en plein cœur de la nature et d'un site protégé, avec son étang privé et son immense jardin au bord du Rhin.

C'est ce cadre bucolique et enchanteur que viennent également chercher les clients du restaurant Le Caballin, les résidents de l'hôtels mais aussi des gourmets venus de France et d'Allemagne. Pour eux, le chef Patrick Gosserez et son second de cuisine, Morgane, élaborent une carte de saison 100% maison. Les spécialités alsaciennes comme les bouchées à la reine et la choucroute de poisson, entre autres, y sont en bonne place aux côtés de recettes autour de poissons locaux comme la truite saumonée. Plus tentantes les unes que les autres, ces propositions se dégustent sur une magnifique et vaste terrasse ou dans l'une des salles à la décoration chaleureuse et végétalisée, privatisables pour vos événements spéciaux. Servis par une belle carte d'une centaine de références, les accords mets et vins* participent également à la très bonne réputation de ce restaurant traditionnel qui compte de nombreux fidèles, parfois sur plusieurs générations. Hôtel ouvert toute l'année. *Restaurant ouvert 7j./7, midi et soir.*

Île du Rhin, 68600 VOGELGRUN – Tél. : 03-89-72-56-56
Réservation en ligne sur www.hotellecaballin.com

WESTHALTEN 68250

DISTILLATEUR

Domaine du Bollenberg

Bollenberg - T. 03 89 49 60 04

Un domaine aux multiples activités où l'on trouve à la fois un restaurant (l'Auberge du Vieux Pressoir, installé dans une ancienne ferme), une propriété viticole (le Clos Sainte-Apolline, qui propose une belle gamme de vins régulièrement récompensés), une distillerie, un hôtel et une boutique, où sont rassemblés tous les produits confectionnés sur place : les vins et eaux-de-vie, bien sûr, mais aussi les confitures, gelées, chutneys et foies gras de canard.

WETTOLSHEIM 68920

La Palette

12/20

9 rue Herzog - T. 03 89 80 79 14 - Carte 24 € - Menu(s) 29-79 €

On aime le mouvement, le design culinaire et l'inspiration de cette table discrète de la route des vins d'Alsace, son menu du mois, la gentillesse de l'accueil. Dès la lecture des menus, on est submergé de mots et d'idées. Quelques mariages glissent parfois dans la confusion, mais c'est la rançon d'un sympathique élan de recherche. Au menu du mois à 45 € : tendres piques de saumon d'Écosse associées à un caramel d'ananas trop sucré, épais filet de skrei un brin âpre accompagné de mogettes de Vendée, savoureux jumeau de bœuf confit, jus à l'hibiscus, fricassée de navet de Pardailhan et butternut complété par une riche assiette de légumes un peu ostentatoire. Le dessert est le plat le plus réussi avec cette mousse de pomme gourmande accompagnée par un coulis et un sorbet. Les prix conviviaux, la vingtaine de vins au verre, la belle collection de rieslings grands crus et les nombreuses attentions servies tout au long du repas recueillent l'adhésion d'une clientèle très fidèle.

BRASSEUR

Brasserie Boum'R

3 rue du Château - T. 06 95 54 10 01

Créée en 2016, la brasserie est le fruit de deux colocataires que la passion pour le houblon a poussés en 2012 à se lancer dans l'expérimentation. Quatre ans plus tard, cinq cuvées sont à la vente, avec une préférence marquée pour l'IPA : l'«Imperial IPA», la single «Hop Citra», l'«Exotic IPA», l'«Alsace Pale Ale» et la «Blonde Alsacienne».

WIHR AU VAL 68230

La Nouvelle Auberge 15/20

CHEF : BERNARD LERAY

9 route Nationale - T. 03 89 71 07 70 - Carte 77 € - Menu(s) 48-94 €

Insoupçonnable depuis la départementale qui file vers Munster, cette maison, aux faux airs de restaurant de bord de route, abrite la meilleure table de la vallée. La salle à manger demeure intemporelle : les boiseries douces, le parquet, l'armoire ancienne, les jolis bouquets de fleurs, les tables bien dressées et les tableaux de Waydelich, tout contribue à une atmosphère incroyablement apaisante. La gastronomie de Bernard Leray est à cette image, loin des modes, simplement bien dans son Alsace, généreuse et attachante. Cette cuisine vertueuse, inspirée par le terroir, est proposée au travers de menus bien composés qui recueillent l'enthousiasme des fidèles. On y trouve un savoureux foie gras de canard, avec réduction de chutney, échalotes au vin et gel d'églantine. De très belles asperges blanches de chez Clarisse, bien fermes, sont mises en valeur par une préparation à la fois fine, fraîche et distinguée. Admirable féra du Léman cuite délicatement, accompagnée d'une savoureuse duxelles et coiffée d'amusants crumbles d'amandes, petit clin d'œil à la truite aux amandes. Épais lieu jaune de ligne, transcendé par une cuisson experte, flanqué de petits pois en deux façons et couronné d'oignons. L'agneau Label rouge, mis en valeur par un jus un poil trop salé, est une préparation fort distinguée. Si tous les plats atteignent les 3 toques, les desserts sont de niveau 2 toques, quoique gourmands à souhait à l'instar de la coupe rhubarbe, accompagnée d'une panna cotta à la vanille onctueuse et de reine-des-prés ou cette déclinaison de chocolats Cluizel, associés à la meringue, à une glace chicorée, et une crème tonka. La cave - qui excelle en alsaces avec sa collection de rieslings grands crus, gewurztraminer grand cru, vins de complantation de chez Deiss - est désormais conseillée par Charlotte Leray.

WINTZENHEIM 68920

CHOCOLATIER

Grimmer Artisan Chocolatier

61 route de Colmar - T. 03 89 80 60 40

Une institution depuis plus de quarante ans. Monique et Victor Grimmer, aidés de leurs filles Martine et Laurence, proposent une centaine de chocolats fabriqués maison et des nouveautés : des pralinés en forme de kougelhopf, des bretzels chocolatées en nougatine, des truffes au marc de gewurztraminer ou des chocolats pour diabétiques... Aujourd'hui, leur petit-fils les a rejoints au labo. Possibilité de déguster sur place des entremets et des boissons cacaotées issues d'une vingtaine de variétés à découvrir.

ZELLENBERG 68340

Maximilien

15/20

CHEF : JEAN-MICHEL EBLIN

19a route d'Ostheim - T. 03 89 47 99 69 - Carte 104€ - Menu(s) 41-111€

Posée au pied du village en éperon, dans un écrin de vignes et de vergers, face à Riquewihr et la chaîne des Vosges, cette villa des années 1990 prodigue sans retenue l'art de vivre et l'hospitalité de la route des vins d'Alsace. Dans l'élégante salle à manger classique dotée de tables rondes agréablement espacées, on goûte la lumière et l'environnement, mais aussi la cuisine de Jean-Michel Eblin, Alsacien estampillé et artisan solide passé par L'Auberge de l'Ill. Son expérience et sa maîtrise technique s'expriment en plats de facture classique inspirés par le terroir alsacien. On aime la vivacité de ce hors-d'œuvre à base de queues de gambas bien fermes, préparées en deux façons avec juste ce qu'il faut d'avocat pour la gourmandise et de pomme verte pour la fraîcheur. La chair du joli filet de bar est rendue soyeuse par une cuisson précise et mise en valeur par la délicate fleur de courgette farcie ainsi que par quelques truffes d'été sensibles. On ne se lassera jamais de ce grand classique qu'est cette belle poitrine de pigeon rôtie de Théo Kieffer, accompagnée d'un cromesquis de cuisse confite, coriandre et betterave, et soulignée par un jus épicé bien réduit, solide retour aux fondamentaux de la cuisine française. Les becs sucrés ne seront pas déçus avec les desserts au diapason, à l'instar de cette composition à base de griottes, chocolat et mascarpone, qui n'est pas sans nous rappeler les saveurs de la traditionnelle forêt-noire. Ambiance distinguée, service attentionné mais détendu, dirigé par Anne Eblin.

Carte

Addition moyenne d'un prix à la carte englobant le prix d'une entrée + plat + dessert

Menu(s)

Fourchette de prix mentionnant le menu le moins cher et le menu le plus cher proposant à la fois entrée, plat et dessert sans les boissons, qui n'exclut pas les prix intermédiaires

88

VOSGES

CHAUMOUSEY 88390

Maison Grandclaude

12,5/20

37 rue d'Épinal - T. 03 29 66 80 77 - Menu(s) 30-78 €

La banlieue, ce n'est pas toujours rieur. Mais lorsqu'elle entoure Épinal, au cœur des Vosges, le paysage alentour est forcément une belle nature. Nicolas Grandclaude, que l'on suit dans ses multiples pérégrinations, a posé ses dernières valises où se trouvait la gentille auberge Le Calmosien. En aménageant à sa manière, salle contemporaine aux beaux matériaux, parquet, plateau bois pour chaque table, prolongée d'une cour-terrasse accueillante. Il s'est vite remis dans le rythme, avec ce qu'il aime faire, une cuisine d'aujourd'hui, de néobistrot sans prestige superflu, visant le goût et les harmonies. Un menu déjeuner à 30 € et un menu-carte modulable selon le nombre de plats. Et si les compositions sont simples, la confection est bien celle d'un chef, qui a du métier et du toucher, sur le maquereau déclinaison de chou parfum café, l'agneau avec son conchiglioni farci d'effilochée et courgette au chèvre frais. Un dessert de saison franchement bon (pêche pochée passion meringue praline rose), cave modeste et raturée, avec un petit choix au verre sous couvert d'accord, mais qui ne cherche pas à valoriser la région.

AOP, IGP ET AOC DES PRODUITS DU GRAND EST

Bergamotes de Nancy, boudin blanc de Rethel, chaource, choucroute d'Alsace, crème fraîche fluide d'Alsace, emmenthal français est-central, framboise d'Alsace, jambon sec des Ardennes, kirsch d'Alsace, langres, miel d'Alsace, miel de sapin des Vosges, mirabelle d'Alsace, mirabelle de Lorraine, munster, pâtes d'Alsace, quetsche d'Alsace, soumaintrain, volailles de la Champagne, volailles d'Alsace...

Boucherie GUILLAUME
LA TRADITION DU FAIT MAISON

La Boucherie-Charcuterie Traiteur Guillaume est une entreprise artisanale familiale qui vous propose plus de 300 références chaque jour : des viandes de qualité, des charcuteries maison, fumées sur place au bois de hêtre et aussi des crudités et salades composées fraîches, des entrées froides ou à réchauffer, des plats du jour à emporter, un service traiteur à la carte et des buffets froids variés. La Maison dispose également d'une jolie gamme de produits traditionnels aux qualités gustatives avérées. Gourmets, n'hésitez pas !

26, rue Maurice Barrès, 88130 CHARMES
Tél. : 03-29-38-13-34

Seven Restaurant
UNE CUISINE D'INSTINCT

Maraîchers locaux, viande lorraine, glaces artisanales, Mathieu Ferreira, secondé par Anthony et Aurore, propose une bistronomie travaillée au fil des saisons et selon son inspiration. Foie gras maison, salade vosgienne, tartare de saumon, saint-jacques à la crème d'aneth, filet de bœuf, canette ou magret, le chef travaille des produits frais locaux. **Le + :** Terrasse ombragée et champêtre.

1, place de la Gare, 88170 CHÂTENOIS – Tél. : 09-81-94-27-20
Facebook : Seven-Restaurant

Le Bois Chenu
L'AUTHENTICITÉ DANS UN ÉCRIN DE VERDURE

Situé au pied de la basilique Sainte-Jeanne d'arc, le restaurant de Vincent Dudragne offre une cuisine traditionnelle inspirée de voyages. Un poulet fermier sauce aux morilles, un cromesqui de gambas au lait de coco citron vert et une profiterole garnie d'une glace artisanale sont, en saison, figurent parmi ses gourmandises emblématiques. Terrasse avec vue panoramique sur la vallée.

2, lieu-dit la Basilique, 88630 DOMRÉMY-LA-PUCELLE
Tél. : 03-29-94-01-80 – www.leboischenu.fr

> La bonne cuisine est honnête, sincère et simple.
>
> Elisabeth David (1913-1992)

ÉPINAL 88000

Les Ducs de Lorraine

14,5/20

5 rue de Provence - T. 03 29 29 56 00 - Carte 162 € - Menu(s) 55-130 €

Face au Champ de Mars, cet hôtel particulier du XIXe siècle, construit en 1873 par Victor Peters, riche propriétaire d'une usine de filature, a été converti en restaurant en 2001. Esprit Belle Époque des salons en enfilade aux volumes majestueux, plafonds hauts, boiseries, tables joliment dressées, porcelaine signée Coquet et service professionnel enthousiaste : tous les éléments sont réunis pour que la fête soit au rendez-vous. En cuisine, Stéphane Ringer et Rémi Gornet élaborent une cuisine classique basée sur les déclinaisons tel ce festival de foie gras de canard du Domaine de la Limagne où l'on dénombre pas moins de trois terrines toutes préparées de façon différente, comme cette crème brûlée ou même ce «yaourt». Les coquilles saint-jacques cuites à la plancha, fraîches et bien traitées, sont accompagnées d'une crème de cèpes et d'une mousse de Charlotte, auxquelles il manque un brin d'audace. La maison est par ailleurs spécialisée dans les combinaisons de produits, avec ce dos de saint-pierre cuit à la plancha accompagné d'une demi-queue de homard rôti en carapace, purée de panais et jus de rôti. Le filet de pigeon de Colombier est associé au foie gras poêlé et aussi curieusement à du ris de veau, servi dans un consommé de canard, artichauts, copeaux de truffe melanosporum. Deuxième point fort après le décor, le chariot de pâtisseries, délicieusement régressif, constitué de gâteaux frais et gourmands, même si les glaces et sorbets un peu trop fermes proviennent directement du congélateur. En cave, les meilleurs domaines bourguignons font honneur à cette gastronomie généreuse.

BOUCHER

Kneuss et Fils

Place Saint-Goery - T. 03 29 31 16 73

La viande bouchère est exclusivement française, d'animaux garantis «nés, élevés et abattus en France», pour une traçabilité sans faille. Les produits charcutiers sont faits sur place : terrine de queue de bœuf, rillettes zeste de citron et sel de Guérande, saucisses... Un service de commande en ligne livrable sous 48h est assuré par la maison : macarons au foie gras, très prisés pour les fêtes ou, plus traditionnellement, bœuf bourguignon et blanquette de veau.

CHARCUTIER

Maison Lecomte

15 rue Aubert - T. 03 29 82 52 40

La Maison Lecomte est installée dans cette rue commerçante d'Épinal depuis près de trente ans. Ce charcutier-traiteur a mis en place un service de portage à domicile, plus pratique et adapté aux besoins des clients pressés. Pour les achats volumineux, la livraison se fait jusqu'à votre véhicule, à proximité de la boutique. Le service traiteur permet, sur commande, d'assurer un buffet complet. Le rayon boucherie propose des viandes labellisées et une entière traçabilité des produits.

TORRÉFACTEUR

La Brûlerie du Café

Marché Couvert - T. 03 29 32 46 92

L'unique torréfacteur artisanal d'Épinal vous offre ici une merveilleuse occasion d'emporter un produit frais supplémentaire lorsque vous faites votre marché. N'hésitez pas à tester toutes les variétés de café en choisissant un cru différent chaque semaine, que vous emporterez en petite quantité pour lui garantir une plus grande fraîcheur et des arômes plus subtils.

Membres de l'Académie Gault&Millau

Tables Exceptionnelles – 19/20 à 19,5/20

Tables de Prestige – 17/20 à 18,5/20

Tables Remarquables – 15/20 à 16,5/20

Tables de Chef – 13/20 à 14,5/20

Tables Gourmandes – 11/20 à 12,5/20

Tables Originales – 10/20 à 10,5/20

Green Bagel Café

LE BAGEL AMÉRICAIN *MADE IN* FRANCE

Pour tous vos petits creux de la journée, pensez Green Bagel café ! À Épinal ou à Nancy, c'est là que vous accueillent Jessy et Maxime. Vous pourrez déguster de délicieux bagel salés ou sucrés composés de produits frais locaux à l'instar du Grizzly à la savoureuse cream cheese, saumon fumé d'Écosse, câpres, ciboulette, avocat et confit d'oignons ou de l'incontournable bagel de Camille au Nutella, banane et amandes effilées. En intérieur ou en terrasse, vous savourerez une jolie pause dans un cadre cosy et profiterez du bar à jus de fruits frais bio, des smoothies, du coffee shop, des cookies et muffins aux multiples saveurs. Une expérience inédite que vos papilles apprécieront !

18, rue des Petites Boucheries, 88000 ÉPINAL – Tél. : 09-80-38-85-79
Facebook : @greenbagelcafeepinal
11, rue de la Visitation, 54000 NANCY – Tél. : 09-52-43-89-58
Facebook : @greenbagelcafenancy

Le Moulin Cotant

CUISINE TRADITIONNELLE FRANÇAISE

Ce sont des recettes d'antan que proposent Arnaud et Frédéric dans leur restaurant tout en bois et sur pilotis : terrines, fromage de tête, poule au pot, poisson de saison et pain maison. Un menu du jour avec quotidiennement une viande et un poisson, additionné le week-end d'une pièce de bœuf. Buffet d'entrées et de desserts à volonté dont la succulente tarte aux myrtilles.

Le + : Terrasse sur un îlot de verdure avec vue sur le ruisseau.

41, rue de la Chenale, 88240 FONTENOY-LE-CHÂTEAU
Tél. : 09-54-02-74-53 – Facebook : people/Moulin-Cotant - moulincotant.fr

« Manger est bon.
Avoir mangé est meilleur.
Anatole France (1844-1924) »

GÉRARDMER 88400

Les Bas-Rupts

14/20

181 route de la Bresse - T. 03 29 63 09 25 - Carte 85€ - Menu(s) 45-110€

C'est une maison des Vosges qui a tout compris, avec son sublime chalet et ses belles chambres, sa cuisine locale indépassable. À 58 €, l'omble chevalier en gelée d'aigre doux, céleri et pomme, le lieu jaune chutney de pignons de pins et anchois, quinoa et fregola sarda. Service professionnel.

HÔTEL

Les Bas-Rupts - 4 étoiles

181 route de la Bresse - T. 03 29 63 09 25 - à partir de : 170€

Au cœur de la forêt vosgienne, un parfait refuge pour tous les amoureux de nature et d'authenticité. Propriété de la famille Witdouck depuis cinq générations et membre Relais & Châteaux, ce domaine réunit un ensemble de petits chalets de montagne qui abritent 23 chambres et suites ultra-chaleureuses avec leurs charpentes apparentes et leurs murs en lambris. Emmené par le chef Michel Philippe, le restaurant ravira tous les gourmands avec une cuisine aux accents du terroir, servie dans une grande salle réchauffée d'une belle cheminée. Dernier atout des lieux, un espace détente avec sauna, piscine et hammam, mais aussi un court de tennis. De quoi se ressourcer avant de partir à la découverte des trésors alentour (randonnée à pied à travers la forêt et balades en raquettes dès les premières neiges).

BOUCHER

Maison Baudoin

24 boulevard Kelsch - T. 03 29 63 01 91

Quand on aime les bons produits, Hervé Baudoin est un nom à retenir. Les bêtes de ce boucher sont choisies avec soin dans les environs et fournissent une viande de qualité. Andouille et fromage de tête méritent toute l'attention des adeptes, sans parler du lard et palette fumés maison qui relèvent les préparations ménagères. Belles terrines et autres spécialités charcutières, toutes superbement réussies.

CHOCOLATIER

Schmitt Chocolatier

15 rue François Mitterrand - T. 03 29 63 31 98

Jean-Émile Schmitt, fils de pâtissiers, est à l'origine de la création de la boutique éponyme. Gourmand et investi dans la préparation des chocolats, il concocte une élégante gamme classique que l'on retrouve dans le salon de thé-restaurant au 9, place Albert-Ferry.

CONFISEUR

Confiserie Géromoise

680 route d'Épinal - T. 03 29 50 22 12

Depuis 2015, les frères Wexler conservent la tradition vosgienne dans la confection de leurs confiseries et mettent un soin tout particulier à la fabrication de friandises bio. Le bonbon des Vosges est certifié sans colorants, les pastilles à l'huile essentielle et miel de sapin, ou les gommes réglisse ou myrtilles, renvoient à des sensations anciennes transmises de génération en génération. Dans un autre ordre de goût, les cacahuètes torréfiées et caramélisées permettent des plongées délicieusement sucrées et addictives.

LES 7 PRINCIPES DE GAULT&MILLAU

1

L'indépendance totale vis-à-vis des établissements.

2

Le recrutement d'enquêteurs exigeants, gourmets et gourmands.

3

L'anonymat des enquêteurs lors des évaluations.

4

La visite dans des conditions normales de fréquentation.

5

Le règlement des additions.

6

La mise à jour régulière par des évaluations continues.

7

La vérification de nos informations

Auberge du Pont des Fées
PASSION ET PARTAGE

Le concept que prêche Matthieu Chemin, gérant et Chef de ce restaurant, est celui d'Eurotoques, une association créée voilà 30 ans par Pierre Romeyer et Paul Bocuse pour sauvegarder et promouvoir les produits alimentaires de qualité et d'origine locale. Salade vosgienne, terrine traditionnelle, rognons, pied de porc farci au ris de veau, suggestions autour de l'œuf parfait au fil des saisons, produits du terroir, l'inspiration de Matthieu est infinie. Traditionnelles à midi et bistronomiques le soir, les gourmandises sont renouvelées selon ses inspirations et ses envies. Pour finir sur une note sucrée, ne manquez pas l'incontournable mousse au chocolat maison ou la Pavlova aux fruits de saison.
Le + : Terrasse avec brasero central et vue sur les montagnes.

74, boulevard de Colmar, 88400 GÉRARDMER
Tél. : 03-29-63-21-92 – www.lepontdesfees.fr

“ Je vais, dans mon ardeur poétique et divine
Mettre au rang des beaux arts
celui de la cuisine.
Joseph Berchoux (1760-1838) ”

COMMUNIQUÉ

La Gallery
QUÊTE D'ORIGINALITÉ

Si vous êtes en quête d'originalité, dans la déco comme dans l'assiette, alors vous avez choisi la bonne adresse à Gérardmer. Amatrice d'art, Delphine, la sympathique patronne depuis maintenant 4 ans, en a fait un restaurant-galerie *« pour faire venir l'art à toutes les personnes qui fréquentent mon restaurant »*, confie-t-elle. Aussi, elle décore les murs de son établissement avec les œuvres, disponibles à la vente, de peintres et photographes locaux qu'elle renouvèle régulièrement.
En cuisine, c'est une matière première de qualité et de saison, issue de l'agriculture et de la pêche raisonnées, que Delphine transforme, veillant à ce que les assiettes soient généreuses. Là encore, l'originalité est sa priorité. La preuve ou plutôt les preuves prennent la forme d'un burger vosgien, avec son pain aux myrtilles et steak Angus bio ou encore d'une raclette (transformée en planche, l'été) garnie de six fromages et six charcuteries ! Quel que soit votre choix, vous pourrez l'accompagner d'un vin*, produit en agriculture raisonnée par de petits producteurs, qu'elle sélectionne et que Jefferson vous sert, avec le sourire, dans une ambiance familiale.
En plus de sa carte courte, de ses mini portions pour les enfants, de ses suggestions pour les végétariens et les flexitariens variant selon l'inspiration, La Gallery expérimente la consommation d'insectes séchés, pourquoi pas sous forme de chips de criquets ou de grillons, qu'elle ajoute sur le plateau de tapas de ses clients les plus friands de nouveauté.
Si vous êtes en quête d'originalité, et de convivialité, alors vous êtes au bon endroit, au calme dans cette petite rue piétonne…
Ouvert tous les jours à midi (sauf le mercredi) – Pendant les vacances scolaires : 7j/7, midi et soir.

32, bis rue François Mitterrand, 88400 GÉRARDMER – la-gallery-restaurant.eatbu.com
Facebook : Restaurant La Gallery.

*L'ABUS D'ALCOOL EST DANGEREUX POUR LA SANTÉ

GRANGES SUR VOLOGNE 88640

TORRÉFACTEUR

Cafés Canton

19 quai de Vologne - T. 03 29 51 41 30

Cafés Canton est une entreprise familiale qui torréfie depuis 1921. La pérennité et le succès de la société lui permettent aujourd'hui d'écouler près de 100 tonnes de café par an, qu'elle distribue à plus de 500 bars et restaurants de la région. Les particuliers ont eux aussi la chance de pouvoir acheter ce café, en grain ou moulu, en allant à la boutique-atelier, où ils découvriront par la même occasion le processus de fabrication. De belles machines à expresso sont également en vente, à tous les prix.

Membres de l'Académie Gault&Millau

Tables Exceptionnelles – 19/20 à 19,5/20

Tables de Prestige – 17/20 à 18,5/20

Tables Remarquables – 15/20 à 16,5/20

Tables de Chef – 13/20 à 14,5/20

Tables Gourmandes – 11/20 à 12,5/20

Tables Originales – 10/20 à 10,5/20

COMMUNIQUÉ

L'Ebresse

RÉSERVEZ VITE !

Cette adresse incontournable est la réalisation de Nicolas Fournier, un restaurateur talentueux qui fait de la belle cuisine une aventure culinaire à savourer en mode décontractée dans un lieu cocooning contemporain chic. Jérémy Chambon, Chef, n'a de cesse de se confronter à la création pour s'adapter aux produits de saison. Nous retenons, en entrée, le risotto d'asperges d'Alsace, œufs de truites locales, écume de sauce hollandaise. Une merveille qui sera, par exemple, suivie d'une pièce de bœuf maturé découpée sur place et saisie selon vos souhaits. Les desserts sont remarquables comme en témoigne la sphère glacée à la fleur de sureau dans sa coque au chocolat noir et insert cerises.
Vous apprécierez également l'accueil chaleureux, la terrasse ensoleillée, et la belle gamme de vins*, spiritueux et cocktails.

2, rue du Hohneck, 88250 LA BRESSE – Tél. : 03-29-61-28-31 – www.lebresse.com

« Le vin stimule l'appétit
et donne du goût à la nourriture.
Il favorise les discussions, l'euphorie
et peut transformer un simple repas
en événement mémorable.

Derek Cooper (1925-2014) »

Fromagerie Gérard
DEPUIS 1898

La Fromagerie Gérard est emblématique de la région ; 200 000 litres de lait sont collectés chaque jour pour fabriquer le Géramont (premier fromage vendu en Allemagne) et le Montagnard des Vosges au bon lait de montagne. Ce dernier est régulièrement primé dans les concours agricoles et notamment le prestigieux World Cheese Award (médailles de bronze et d'argent en 2021). Pour compléter ces savoureux fromages, Patricia Chapuis, responsable de la boutique, et son équipe promeuvent des produits exclusivement locaux. On trouve ainsi une belle gamme vosgienne de chocolats, miels, confitures, sirops, bonbons et autres biscuits, jus de fruits bio, limonades et bières*.

Les + : Dégustations organisées lors de fêtes ou d'événements accords vins-fromages, box fromages, plateaux et coffrets cadeaux.

2, place du Général Leclerc, 88530 LE THOLY – Tél. : 03-29-60-45-17
www.fromagerie-gerard.com

La Cocotte
LE TERROIR VOSGIEN

Andouille du Val d'Ajol, pièce du boucher, fromages et glaces de la ferme, Cédric Karcher et Nolan, le Chef, concoctent des mets 100 % maison issus de produits du terroir local. Menu du jour et carte renouvelée chaque mois avec 3 propositions apéritives, 4 entrées, 5 plats, 3 burgers originaux cuisinés avec de l'agneau ou de la truite saumonée et 5 desserts.

Le + : Terrasse ombragée sur la place du Val d'Ajol.

91, Grande Rue, 88340 LE VAL D'AJOL
Tél. : 03-55-19-03-29
Facebook @lacocotte.levaldajol

*L'ABUS D'ALCOOL EST DANGEREUX POUR LA SANTÉ

SAINT DIÉ DES VOSGES 88100

PÂTISSIER

Pâtisserie Laurent

52 rue Thiers - T. 03 29 56 74 83

Laurent Franchois a gagné la reconnaissance des amateurs de chocolat. Et c'est bien mérité. Sa production donne un immense plaisir en bouche. Pralinés amandes feuilletés, noisettes, ganaches café vanille Tonka ont le goût juste du «reviens-y». Financiers, cakes ou pains d'épices aux mirabelles sont des gâteaux de voyage qui complètent la gamme des entremets classiques ou glacés, avec le vosgien sorbet et coulis myrtille, glace vanille macaron et chantilly. Atelier de fabrication de macarons, choux, pâtes feuilletées.

Carte

Addition moyenne d'un prix à la carte englobant le prix d'une entrée + plat + dessert

Menu(s)

Fourchette de prix mentionnant le menu le moins cher et le menu le plus cher proposant à la fois entrée, plat et dessert sans les boissons, qui n'exclut pas les prix intermédiaires

Boulangerie Martin

DEPUIS 22 ANS

Dans cette boulangerie-pâtisserie historique, Cyrille Martin propose des produits d'une très belle qualité artisanale, réalisés à partir de matières premières sélectionnées en circuits courts. Baguette Tradition sur levain en fermentation lente, pains spéciaux, viennoiseries pur beurre dont les excellents croissants fraise-rhubarbe ou chocolat blanc, pâté lorrain… Il a également imaginé une large proposition d'éclairs : myrtilles, caramel, spéculos, vanille, framboise, poires, pommes caramélisées… Son inspiration est infinie !

17, rue de l'Hôtel de Ville, 88420 MOYENMOUTIER
Tél. : 03-29-41-54-26

Le Fournil des Délices

LE MEILLEUR DE L'ARTISANAT

Les effluves de la baguette Tradition, cuite toute la journée sur place, vous attirent vers la boutique de Cyrille Martin. Adepte des circuits courts, le boulanger sélectionne les meilleurs ingrédients locaux pour fabriquer dans les règles de l'art pains spéciaux, croissants fraise-rhubarbe ou chocolat blanc, pâté lorrain et revisiter l'éclair avec des variantes aux myrtilles, caramel, spéculos, pommes caramélisées… Gourmets, régalez-vous !

Le + : Espace dégustation.

38, avenue du Général de Gaulle, 88420 MOYENMOUTIER – Tél. : 09-72-89-68-60
Facebook : Le-Fournil-des-Délices

Le Croc Vosgien

RAPIDITÉ ET BONS PRODUITS

Dans leur sandwicherie-saladerie, c'est une offre variée que vous proposent Vanessa et Laëtitia : des sandwiches froids ou chauds comme le Vosgien (au lard alsacien, munster, oignons, crème et traditionnel râpé de pommes de terre), d'appétissantes salades telles la Vosgienne ou l'Exotic, et des mets végétariens ou végans. Les propositions sont composées de crudités fraîches, de fromages AOP et d'ingrédients de qualité.

20, rue Concorde,
88100 SAINT-DIÉ-DES-VOSGES
Tél. : 03-29-58-86-64
www.crocvosgien.fr

INDEX DES ÉTABLISSEMENTS

A

B

RESTAURANT · HÔTEL · ARTISAN · ANNONCEUR

INDEX ÉTABLISSEMENTS

C

RESTAURANT HÔTEL ARTISAN ANNONCEUR

D

RESTAURANT HÔTEL ARTISAN ANNONCEUR

RESTAURANT HÔTEL ARTISAN ANNONCEUR

RESTAURANT HÔTEL ARTISAN ANNONCEUR

N

O

P

RESTAURANT HÔTEL ARTISAN ANNONCEUR

Q

R

S

RESTAURANT HÔTEL ARTISAN ANNONCEUR

INDEX ÉTABLISSEMENTS

RESTAURANT HÔTEL ARTISAN ANNONCEUR

INDEX DES VILLES

I

J

K

L

M

N

O

P

R

S

T

U

V

W

Z

PRÉSIDENT-DIRECTEUR GÉNÉRAL PATRICK HAYOUN

RÉDACTION

DIRECTEUR DE LA RÉDACTION STÉPHANE BRÉHIER, sbrehier@gaultmillau.fr
RÉDACTEUR EN CHEF, PÔLE VINS, ALCOOLS & SPIRITUEUX LAURENT VUILLAUME
RÉDACTRICE EN CHEF, PÔLE HÔTELLERIE LYDIA BACRIE
DIRECTRICE ARTISTIQUE INGRID MAUPOUX
RÉDACTRICE EN CHEF ADJOINTE FLORENCE SAINT-MARTIN
CHARGÉE DE PRODUCTION MAUD LOLIA
ASSISTANTE DE LA RÉDACTION & ICONOGRAPHIE JULIE VANAZZI
ASSISTANT ICONOGRAPHIE LUCA PEUGEOT
SECRÉTAIRES DE RÉDACTION BRIGITTE ROUX, FANNY JACQUET
MAQUETTISTES – PRÉPRESSE MARIE-HÉLÈNE MARTIN, DIDIER NAULEVADE
ASSISTANTE MAQUETTE CANNELLE PETIT
RESPONSABLE DE LA BASE DE DONNÉES ARMAND BOLZER
ASSISTANTE BASE DE DONNÉES YULIA MATROSOVA
SOCIAL MEDIA MANAGER JÉRÔME PELEYRAS, jpeleyras@gaultmillau.fr
COMMUNITY MANAGER LISA MARCHAL
CONTRIBUTEURS LÉGENDES CARTOGRAPHIE, BENJAMIN PAUSÉ (illustrateur)

ENQUÊTES

DIRECTEUR DES GUIDES & DES ENQUÊTES MARC ESQUERRÉ

PUBLICITÉ & PARTENARIATS

DIRECTEUR COMMERCIAL NICOLAS MOLINA, nmolina@gaultmillau.fr
RESPONSABLE TÉLÉMARKETING DAVID CHAMARD, dchamard@gaultmillau.fr
RESPONSABLE PARTENARIATS LAURA JACQUIN, ljacquin@gaultmillau.fr

RÉGIE PUBLICITAIRE

COM'EN RÉGIONS SAMUEL BARUK & JOSEPH BARUK
40, rue de l'Est – 92100 Boulogne-Billancourt – T. 01 83 90 66 90

ÉVÉNEMENTS

DIRECTRICE DES ÉVÉNEMENTS FRANCE FERNANDES, ffernandes@gaultmillau.fr
CHEFFE DE PROJET EMMA LACHEVRE, elachevre@gaultmillau.fr
CHEFFE DE PROJET LISA DIRAISON, ldiraison@gaultmillau.fr
CHEFFE DE PROJET ARTISTIQUE LÉA FERRY, lferry@gaultmillau.fr

AUDIT & CONSEIL

RESPONSABLE FRANCK TESSON, ftesson@gaultmillau.fr – T. 01 41 40 03 93

COMPTABILITÉ

DIRECTRICE ADMINISTRATIVE ET FINANCIÈRE LAETITIA NAHUM, finance@gaultmillau.fr

ÉDITIONS GAULT&MILLAU – 37-39, rue Boissière – 75016 Paris – france@gaultmillau.fr
Gault&Millau SA au capital de 250 000 €
DÉPOT LÉGAL décembre 2022
IMPRESSION Dupliprint à Mayenne, France
ISBN 978-2-37557-078-4

PEFC 10-31-1316

FABRIQUÉ EN FRANCE